WOI

DE EERSTE WERELDOORLOG IN FOTO'S

WOI

DE EERSTE WERELDOORLOG IN FOTO'S

DOOR
J.H.J. ANDRIESSEN

© 2002 Rebo International b.v.
Deze uitgave: © 2013 Rebo Productions b.v.

www.rebo-publishers.com   info@rebo-publishers.com

Tekst: J.H.J. Andriessen
Productie: Studio Imago, Amersfoort
Redactie: Studio Imago, Elze Mulder, Léon Honings
Omslagontwerp: visueel, Etten-Leur
Opmaak: Studio Imago, Amersfoort, Barbara van Overhagen

ISBN 978 90 366 3204 1

11e druk 2013

Alle rechten voorbehouden.

INHOUD

Voorwoord	10

AAN DE VOORAVOND VAN HET CONFLICT — 12

De Frans-Pruisische oorlog van 1870-1871	12
Het imperialisme van de grote mogendheden	13
Frankrijk	13
Het congres van Berlijn, de landkaart opnieuw ingevuld	14
De Fransen in Afrika, de kolonialen aan de macht	16
Fashoda, een gevaarlijke ontwikkeling	16
De verdere Franse kolonisatie, de ondergang van de minister van Buitenlandse Zaken	19
De Agadirconferentie, het Duitse rijk geblameerd	21
De tweede Marokkocrisis, Duitsland zendt oorlogsschip Panther	22
De Duitse koloniale expansie, economische en politieke concurrentie	25
Het Britse koloniale rijk, Groot-Brittannië als supermacht	27
Het systeem van de allianties	28
Duitsland en zijn bondgenoten	28
De geheime Frans-Russische militaire conventie van 1894, aanloop naar de Eerste Wereldoorlog	32
Groot-Brittannië, het einde van het Victoriaanse tijdperk	34
De Brits-Duitse marinewapenwedloop. De bouw van de Dreadnought en het Duitse vlootbouwprogramma.	39
Servië als spanningsbron, de moord op Alexander Obrenovic	43

DE CRISIS VAN 1914 — 50

De posities van Oostenrijk-Hongarije en Rusland	50
De moord te Serajevo. Dramatische gevolgen voor de wereldvrede	55

De reacties van de grote mogendheden, uitstel van de Oostenrijk-Hongaarse mobilisatie ... 59

De 'blanco cheque' van Duitsland ... 61

Het Weense ultimatum ... 62

De mobilisatie van de grote mogendheden ... 65
  Duitsland mobiliseert ... 65
  De Russische mobilisatie ... 67
  Groot-Brittannië, 1 miljoen vrijwilligers ... 69
  Frankrijk mobiliseert ... 72

De houding van Turkije en Italië ... 74
  Italië ... 74
  Turkije ... 76

DE OORLOG BREEKT UIT ... 78

De militaire plannen ... 78
  De motieven ... 79

Het Von Schlieffenplan ... 81

Het Franse plan nr. 17 ... 83

Het Britse aanvalsplan ... 85

Het Oostenrijk-Hongaarse aanvalsplan ... 86

De Russische oorlogsplannen ... 87

DE BEWEGINGSOORLOG ... 88

De Duitse inval in België en Luxemburg ... 88
  Het begin van de strijd ... 93
  De gevechten om de stad Luik ... 95
  De strijd bij Namen ... 99
  De gevechten om Antwerpen ... 104
  Duitse gruweldaden in België, de dood van captain Fryatt en miss Cavell ... 109

De slag aan de Marne ... 112
  Het keerpunt ... 112

De race naar de zee, de slag bij de IJzer en bij Ieper	117
Von Moltke ontslagen, Von Falkenhayn treedt aan	117
De slag aan de IJzer, heroïsche strijd van het Belgische leger	122
De veldslagen bij Ieper	141
De tweede slag, gasaanval	159
De derde slag	169
De vierde en laatste slag bij Ieper	171
Zware en bloedige verliezen	171
De strijd in het oosten, de Russen vallen aan	172
De slag bij Tannenberg, een heldenrol voor Von Hindenburg en Ludendorff	176
De strijd aan de Mazurische meren	181
De Duitsers vallen aan	181
De gevechten in Galicië	194

DE GROTE VELDSLAGEN VAN 1915 EN 1916   198

Gallipoli	198
De aanzet	198
Gecombineerde land- en zee-operatie, amateurisme viert hoogtij	214
De landing	233
Het einde van het avontuur, Hamilton wordt teruggeroepen	238
De veldslagen bij Verdun	242
Operatie 'Gericht', het Franse leger moet doodbloeden	242
De gevechten in het Bois des Caures, Duitse opmars vertraagd	259
De val van Fort Douaumont, een gelukkige samenloop van omstandigheden	272
De verovering van het dorpje Douaumont	276
De strijd om Fort Vaux	285
De gevechten om de Mort Homme en heuvel 304	295
De verovering van beide heuvels	296

De verdere strijd	297
Gifgasgranaten op Fort Souville	297
De bloedige strijd aan de Sommerivier	299
De eerste juli	339
Het Britse ras	353
De Brusilovoffensieven	354
Het junioffensief	354
Nieuwe poging	356
De strijd bij Isonzo, Italië in de oorlog	360

DE STRIJD OP ZEE 374

De Duitse vlootplannen	374
De onbeperkte onderzeebootoorlog	384
De torpedering van de Lusitania (1)	388
De slag bij Jutland	391
De Hochsee Flotte vaart uit	391
De Duitse tactiek	391
De resultaten	409
De ondergang van de Duitse vloot te Scapa Flow, de laatste gang	417

AMERIKA IN DE OORLOG 428

Amerika neutraal?	428
De torpedering van de Lusitania (2)	437
Een kille dag	437
De Britse versie	439
De Duitse versie	440
De Amerikaanse positie	444
De feiten	446
Het Zimmermanntelegram, de laatste druppel	454
De Amerikaanse oorlogsverklaring, de finale akte	457

HET EINDE — 460

De Russische revolutie — 460
De tsaar treedt af — 460
Rusland treedt uit de oorlog — 465

Het Duitse maartoffensief in 1918 — 474
Een laatste poging — 474
Operatie Michaël gaat van start — 477
De tweede poging, 'operatie George' — 494
De derde poging, het plan 'Hagen' — 498
De vierde poging, 'operatie Gneisenau' — 502
De vijfde poging, operatie Marneschutz, de slag om Reims — 503
Het geallieerde tegenoffensief — 504

8 augustus, de 'Zwarte dag' voor het Duitse leger — 506

Duitsland vraagt om een wapenstilstand — 542

Vrede zonder overwinnaars — 559
De wapenstilstandsonderhandelingen — 559
Wilsons veertienpuntenplan — 569
De wapenstilstand — 581

Het vredesverdrag van Versailles, een wissel op de toekomst van Europa — 583

Bibliografie — 588

Register — 599

Fotoverantwoording — 600

VOORWOORD

De vreselijke strijd die van 1914 tot 1919 plaatsvond en die Eerste Wereldoorlog wordt genoemd, ligt al weer meer dan 80 jaar achter ons en is in feite echt geschiedenis geworden.

Wat is toch de reden dat die oorlog steeds zo in de herinnering is gebleven en zelfs een volgende, wellicht nog vreselijker oorlog, de Tweede Wereldoorlog, heeft overleefd? Vandaag de dag lijkt de interesse in wat er in 1914-1918 gebeurde zelfs levendiger dan ooit tevoren en het aantal publicaties over deze periode verheugt zich in een nog steeds toenemende belangstelling.

De geschiedschrijving van de Eerste Wereldoorlog is lange tijd gedomineerd door voornamelijk Britse historici. Groot-Brittannië speelde natuurlijk ook een zeer grote rol in het conflict en bijna elk Brits gezin had in die tijd wel een vader, zoon of familielid te betreuren. Dat was echter bij de Fransen evenzeer het geval, om nog niet te spreken van het Duitse volk dat eveneens een hele generatie jonge mannen op het slagveld achterliet.

Ook Franse en Duitse historici besteedden uiteraard aandacht aan de periode 1914-1918 en er verschenen ook in die landen enorm veel publicaties. Het waren echter vooral de Britse geschriften die over de gehele wereld ingang vonden en het was dan ook onovercomelijk dat de visie op de gebeurtenissen van die tijd een duidelijk Brits stempel kregen.

Dat kwam natuurlijk vooral doordat de kennis van de Engelse taal in Europa een enorme vlucht had genomen en door bijna iedereen werd verstaan en of gelezen, terwijl dat met de Duitse en vooral met de Franse taal veel minder het geval was. Historici waren dan ook veelal aangewezen op Engelstalig bronnenmateriaal en dat was natuurlijk ook logisch. Die taal verstond men en dat vergemakkelijkte het onderzoek enorm. Weliswaar verwees men vaak in de biografieën naar niet-Brits bronnenmateriaal, maar veelal betrof het dan toch vertalingen en niet de originele bron.

In de jaren twintig van de vorige eeuw riep een aantal historici van naam om revisie van het Verdrag van Versailles of ze spraken op z'n minst hun grote twijfel uit over de geldigheid van artikel 231 van dat verdrag, dat Duitsland als enige schuldige aan de oorlog aanwees. De Amerikanen liepen daarbij voorop. Niet alleen weigerde het Amerikaanse Congres het Verdrag van Versailles te ondertekenen, ook bekende historici als Sydney Fay, Barnes en R. Owen publiceerden indrukwekkend feitenmateriaal waarin ze het verdrag veroordeelden.

Ook van Duitse zijde werd er uiteraard een vloed van feiten aangedragen en de Weimarregering stelde een parlementaire enquêtecommissie in, die opdracht kreeg de schuldvraag te analyseren. Daarbij werd gebruikgemaakt van de beëdigde verklaringen van de belangrijkste betrokkenen. Ten slotte waren er dan nog publicaties van Franse, Britse en Nederlandse schrijvers en historici die hun steentje bijdroegen aan de revisionistische gedachte. De tijd was echter nog niet rijp en de pogingen om tot een revisie van het Verdrag te komen werkten averechts en liepen op niets uit.

Pas in de zestiger jaren kwam er weer wat belangstelling voor het onderwerp maar door de publicatie van *Griff nach der Weltmacht* van de Duitse historicus Fritz Fischer, die de schuld en verantwoordelijkheid voor het ontstaan van de Eerste Wereldoorlog weer geheel en eenzijdig bij Duitsland legde, ontstond er een enorme discussie tussen voor- en tegenstanders, een discussie die tot op de dag van vandaag nog steeds voortduurt.

Toch is er de laatste jaren een voorzichtige verandering van de visie op de Eerste Wereldoorlog en op het ontstaan en de verdere gang van zaken merkbaar. Nieuwe inzichten, nieuw beschikbaar gekomen bronnenmateriaal en een kritischer benadering door een nieuwe generatie historici, in Groot-Brittannië zelf, maar vooral ook buiten het Verenigd Koninkrijk, zijn er de oorzaak van dat de geschiedschrijving over de Eerste Wereldoorlog langzaam maar zeker aan het veranderen is. Het zal echter waarschijnlijk nog jaren duren voordat de inzichten van het verleden zullen kunnen worden vervangen door een nieuwe en mogelijk juistere visie op de rol die de toen aan de oorlog deelnemende landen in het drama dat Eerste Wereldoorlog heette, in werkelijkheid hebben gespeeld.

In *De Eerste Wereldoorlog in foto's* heeft de auteur getracht nieuwe inzichten en nieuw bronnenmateriaal een eigen plaats te geven en afstand te nemen van de mythevorming die in de loop van de vorige eeuw onoverkomelijk heeft plaatsgevonden.

Nadrukkelijk stelt hij daarbij dat deze, soms andere visie op het oorlogsgebeuren en de rol van sommige regeringen daarin op geen enkele wijze de opoffering, daadkracht en dapperheid van de soldaat aan het front, van welke nationaliteit dan ook, ter discussie stelt. Integendeel, de soldaten uit de 'Grote Oorlog' verrichtten vaak schitterende daden van onbegrijpelijke heldenmoed, dapperheid, opoffering, doorzettingsvermogen en kameraadschap en dat op een wijze waarvan wij ons in de 21^e eeuw zelfs bij benadering geen voorstelling meer kunnen maken. Hij spreekt daarom de hoop uit dat het in dit boek bijeen gebrachte fotomateriaal enigermate inzicht zal geven in het grote, ja onmenselijke lijden en sterven van de frontsoldaat uit de Eerste Wereldoorlog en dat dit inzicht tot een vernieuwde en kritische interesse moge leiden in het hoe en waarom van de oorlog van 1914-1918, die ongeveer 30 miljoen slachtoffers kostte, een hele generatie jonge mannen van het leven beroofde en de wereld voorgoed van aanzien heeft veranderd.

Akersloot,
februari 2002

J.H.J. Andriessen

AAN DE VOOR-AVOND VAN HET CONFLICT

De onafwendbare oorlog

DE FRANS-PRUISISCHE OORLOG VAN 1870-1871

Misplaatste trots, politieke en persoonlijke geldingsdrang, overmoed en gebrek aan realiteitszin, dat waren de oorzaken die leidden tot de Frans-Pruisische oorlog (1870-1871), die ontstond nadat Frankrijk zich verzette tegen de ambities van een Pruisische prins om de vacante Spaanse troon te bestijgen. Frankrijk wenste geen Pruisische invloed in een aan hem grenzend liggend land en eiste dat de Pruisische koning de prins van zijn stap zou weerhouden. Deze wendde daarop inderdaad zijn invloed aan en de prins moest zich mokkend terugtrekken maar dat scheen nog niet genoeg te zijn. Frankrijk eiste nu dat de Pruisische koning ook nog de garantie zou geven dat er nimmer een Pruis op de Spaanse troon zou gaan zitten. Uiteraard een onmogelijke eis die de koning dan ook niet kon inwilligen, wat voor Frankrijk aanleiding was om Pruisen de oorlog te verklaren.

Een uitermate noodlottige stap, want in een serie hevige veldslagen werd het Franse leger in de pan gehakt, keizer Napoleon III gevangengenomen en de Franse hoofdstad Parijs door de Duitsers bezet. Om de schande en vernedering nog completer te maken werd in de beroemde spiegelzaal te Versailles het Duitse keizerrijk uitgeroepen, waarna Duitsland de rijke Franse provincie Elzas-Lotharingen, dat overigens in vroeger tijden door de Fransen van de Duitsers was afgenomen, weer inlijfde. Het Duitse keizerrijk was geboren en naar het scheen, de macht van Frankrijk voorgoed gebroken.

Toch lag juist in dit gebeuren reeds de kiem verborgen van een nieuwe oorlog, een oorlog die geheel Europa in vuur en vlam zou zetten en die wij nu 'Eerste Wereldoorlog' noemen. Het Franse volk, geschokt en verslagen, verloor het vertrouwen in zijn leger dat diep vernederd was en zich nog maar nauwelijks vertoonde. Het zou tot 1880 duren voordat men zich weer ging bekommeren om 's lands grenzen en de defensie weer ernstig ging nemen.

In de daarop volgende jaren werd de nieuwe grens met Duitsland voorzien van een verdedigingsgordel met uitermate sterke, welhaast onneembare forten en de militairen begonnen weer plannen te maken om ééns met Duitsland af te rekenen en Elzas-Lotharingen weer te heroveren.

De gekroonde hoofden van Europa voor het laatst bijeen in 1910 bij de begrafenis van koning Edward VII. Op de foto: Hakon (Noorwegen) Ferdinand (Bulgarije), Manuel (Portugal), Wilhelm II (Duitsland), George (Griekenland), Albert (België), Alfons XIII (Spanje), George V (Groot-Brittannië) en Christian (Denemarken).

HET IMPERIALISME VAN DE GROTE MOGENDHEDEN

FRANKRIJK

De steeds openlijker naar buiten komende revanchegedachte en de daarmee gepaard gaande toenemende anti-Duitse sfeer in Frankrijk werd echter niet door iedereen gedeeld. Sommige politici waren van mening dat een nieuwe oorlog met Duitsland alleen maar ellende kon brengen. Zij wezen erop dat andere landen zoals Amerika, Engeland en Rusland niet hadden stilgezeten en inmiddels grote koloniale rijken hadden gesticht. Frankrijk, zo verklaarden ze, zou erbij gebaat zijn dat eveneens te doen en liefst zo snel mogelijk, vóórdat de kansen waren verkeken. Een koloniale politiek was volgens hen de enige juiste weg. Zij kregen voorlopig hun zin, voorlopig, omdat de Fransen de gedachte aan revanche nimmer geheel lieten varen.

Het volk begreep echter dat Frankrijk nu eerst zou proberen zijn koloniale bezittingen uit te breiden. Dit zou het land belangrijker maken en daardoor zou de kans ooit Elzas-Lotharingen terug te krijgen aanzienlijk worden vergroot, zo was men van mening. Langzaam maar zeker begon de Franse buitenlandse politiek zich dan ook op het verwerven van nieuwe koloniën te concentreren en werd de blik haast automatisch op Afrika gericht waar nog grote stukken land voor het grijpen lagen.

HET CONGRES VAN BERLIJN, DE LANDKAART OPNIEUW INGEVULD

De eerste aanzet voor de Franse expansieplannen in Afrika werd overigens reeds in 1878 gegeven tijdens het beroemde Congres van Berlijn. Een groot aantal landen kwam daar onder leiding van de Duitse rijkskanselier Bismarck bijeen, om de zogenaamde 'Oosterse kwestie' op te lossen.

Deze kwestie was ontstaan door de Russisch-Turkse oorlog van 1877-1878 waarbij Rusland Turkije versloeg en grote delen van het Turkse gebied in bezit nam en onder zijn vrienden op de Balkan met gulle hand begon uit te delen. Zo ontstond de Russische satellietstaat Groot-Bulgarije, waarvan het grondgebied tot aan de Egeïsche Zee reikte.

Onmiddellijk kwamen de Britten daartegen in het geweer. Men wenste geen Russische invloed in de Middellandse Zee. Ook Italië voelde zich ongelukkig, terwijl Oostenrijk-Hongarije de geweldige uitbreiding van de Russische invloedssfeer op de Balkan eveneens met lede ogen aanzag. Men eiste nu van Rusland dat het zijn plannen drastisch zou wijzigen, wat dit land beleefd maar beslist weigerde. Groot-Brittannië en Oostenrijk-Hongarije begonnen nu met de wapens te kletteren, Bismarck bood zijn bemiddeling aan en uiteindelijk ging Rusland door de knieën en moest akkoord gaan met het houden van een conferentie om de ontstane problemen op te lossen en de veroverde Turkse gebieden te herverdelen.

Keizer Wilhelm II van Duitsland in staatsie-uniform op jeugdige leeftijd.

Rusland kwam er tijdens die conferentie nogal bekaaid van af. Van Groot-Bulgarije bleef niet veel meer over, een deel werd teruggegeven aan de Turken. Servië kreeg eveneens een brok toegewezen, waardoor dit land in een klap

Sultan Mohammed van Turkije (1844-1918). Kwam op 65-jarige leeftijd op de troon nadat hij jarenlang opgesloten was in zijn eigen paleis. Overleed kort na de ineenstorting van de centrale machten in 1918.

Generaal Kitchener tijdens de Boerenoorlog in Zuid-Afrika. Werd in 1914 Brits minister van Oorlog.

zo'n vijftig procent meer gebied kreeg en ook Roemenië mocht in de buit meedelen. Zuid-Bulgarije werd omgedoopt in Rumelië en als een aparte provincie onder een christelijke gouverneur met een eigen leger weer onder de Turkse sultan geplaatst en ten slotte werd Oostenrijk-Hongarije belast met het toezicht op Bosnië-Herzegovina, dit tot groot ongenoegen van de Serven die zelf een oog op dit gebied, waar veel Serven woonden, hadden laten vallen. Dit laatste zou in de toekomst nog tot zeer grote problemen leiden. Groot-Brittannië nam tijdens de conferentie en passant Cyprus nog even in bezit, uiteraard tegen de wil van de Turkse sultan, maar de omstandigheden waren dusdanig, dat die niet zo veel meer te willen had en zich lijdzaam bij deze 'diefstal', zoals hij het noemde, van zijn gebied moest neerleggen.

Het laatste woord was daarmee echter nog niet gesproken, want nu verzette Rusland zich tegen het feit dat het als overwinnaar uiteindelijk bijna niets had overgehouden. Groot-Brittannië, steeds zeer gul als het maar het gebied van anderen betrof, bood Rusland nu als compensatie de Kaukasus aan, maar nu kwam ook Frankrijk met eisen op tafel.

Als Groot-Brittannië zomaar Cyprus, een gebied dat nota bene binnen de invloedssfeer van de Fransen lag, in bezit kon nemen, dan moest daar toch ten minste iets voor de Fransen tegenover worden gesteld, zo redeneerde men. Heel genereus bood Groot-Brittannië nu ook de Fransen gebied aan dat aan een ander toebehoorde, namelijk Tunis. De Fransen accepteerden dit aanbod gretig en zo werd op het Congres van Berlijn de wereld opnieuw ingedeeld, waarbij niet geschroomd werd grondgebied van anderen eenvoudigweg in beslag te nemen en aan elkaar cadeau te doen.

DE FRANSEN IN AFRIKA, DE KOLONIALEN AAN DE MACHT

Direct na het Congres van Berlijn leek de rust in Europa voorlopig te zijn weergekeerd. Aan Frankrijk, waar zoals gezegd de kolonialen langzaam maar zeker de overhand kregen over de revanchisten, gaf het Congres van Berlijn de eerste en belangrijkste steun in de rug.

Tunis, een Turkse provincie, lag nu als een rijpe appel voor het grijpen. De grootmachten, waaronder Groot-Brittannië, hadden deze provincie, aan de oostkant van het reeds in 1830 door de Fransen in bezit genomen Algerije, immers de Fransen op een presenteerblaadje aangeboden!

Vreemd genoeg echter aarzelden die met het incasseren van deze prijs. Pas nadat Bismarck, die graag zag dat de Fransen Tunis in bezit zouden nemen omdat dit hun aandacht van de revanchegedachte zou afhouden, gedreigd had anders de Italianen te zullen steunen bij hun aanspraken op Tunis, kwam er beweging in de zaak. Op 24 april 1881 namen de Fransen dan toch uiteindelijk de stap en stuurden, onder het voorwendsel de Turkse gouverneur te hulp te snellen bij het onderdrukken van een opstandje aan de grens, ruim 30.000 soldaten naar Tunis en namen daar de regering in handen.

De bezetting van Tunis was het begin van de verdere Franse expansie in Afrika. Frankrijk zou uiteindelijk uitgroeien tot de tweede koloniale macht ter wereld. De Franse politici wilden echter nog meer en al spoedig richtten ze nu hun ogen op Egypte en de Nijlvlakte, een gebied waar ze reeds eerder, onder Napoleon I, hun voetstappen hadden gezet. Deze interesse in Egypte zou hen echter uiteraard in conflict brengen met Groot-Brittannië dat Egypte reeds voor zichzelf gereserveerd had.

FASHODA, EEN GEVAARLIJKE ONTWIKKELING

In 1898 was een Franse militaire missie naar de Boven-Nijl gezonden. De Franse regering was het namelijk volstrekt oneens met de Britse bezetting van Sudan, nadat het in 1882 al geheel Egypte had onderworpen. Frankrijk had zelf grote interesse in dat deel van Afrika en nam het de Britten kwalijk dat die nu Sudan bezetten zonder daarover zelfs maar met Frankrijk overleg te plegen.

De Franse militairen, onder leiding van de kapitein Marchand, arriveerden op 10 juli 1898 in het plaatsje Fashoda alwaar ze onmiddellijk de Franse vlag hesen. De Britten reageerden direct met het zenden van enkele kanonneerboten over de Nijl. De oorlogs-

Edward Grey, de Britse minister van Buitenlandse Zaken.

AAN DE VOORAVOND VAN HET CONFLICT

De Britse generaal Henry Wilson, de motor achter de Brits-Franse voorbereiding op de oorlog.

Links: Wilhelm II en Von Moltke (2ᵉ van links), de Duitse opperbevelhebber, tijdens manoeuvres.

schepen arriveerden daar op 19 september en werden welkom geheten door de in groot tenue gestoken Marchand. Dat schoot de later beroemd geworden generaal Kitchener, die de leiding had over de Britse expeditie, in het verkeerde keelgat en hij sommeerde Marchand op niet mis te verstane wijze zijn biezen te pakken en niet te vergeten daarbij de Franse vlag mee te nemen. Marchand weigerde beleefd maar beslist, waarop beide partijen hun stellingen betrokken en hun regeringen om advies vroegen.

Er dreigde nu een ernstig conflict tussen beide landen en de Franse minister van Buitenlandse Zaken, Delcassé, bood aan te onderhandelen. De Britten weigerden, er viel niets te onderhandelen, de Fransen moesten onmiddellijk verdwijnen en ze stelden een ultimatum. Oorlog dreigde en de Fransen moesten eieren voor hun geld kiezen en hun troepen uit Fashoda terughalen. De verhouding tussen beide landen was daarna natuurlijk niet al te best meer, maar in 1902 zochten de Britten weer toenadering en stuurden koning Edward VII naar

Parijs voor een officieel bezoek. Dit bezoek luidde het begin in van een verbetering van de officiële relaties. De sfeer werd vriendelijk en uiteindelijk sloten beide landen in 1904 een vriendschapsverdrag waarbij de handelsbetrekkingen werden aangehaald. Nog wat later resulteerden de nieuwe betrekkingen in een geheime militaire overeenkomst waarbij beide landen gingen samenwerken op militair gebied, een samenwerking die gericht was op een mogelijke toekomstige oorlog tegen Duitsland, een oorlog overigens waarvan Duitsland zelf nog niet het flauwste idee had.

DE VERDERE FRANSE KOLONISATIE, DE ONDERGANG VAN DE MINISTER VAN BUITENLANDSE ZAKEN

Intussen keek men in Frankrijk met begerige ogen naar verdere mogelijke expansie in Afrika. Men droomde van een groot koloniaal rijk dat van de Atlantische Oceaan tot aan Tunis zou reiken en Marokko zou daar een onderdeel van moeten worden. Franse diplomaten openden nu geheime besprekingen met Italië, Spanje en Groot-Brittannië over de uitbreiding van de Franse belangen in Afrika, terwijl ze, evenals Duitsland, toch medeondertekenaars waren van het verdrag van Madrid waarin de verhoudingen in Marokko nu juist waren vastgelegd en gegarandeerd. Nu Frankrijk méér wilde, overlegde het wel met Groot-Brittannië, Italië en Spanje maar liet Duitsland bewust buiten deze besprekingen, omdat men wel wist dat dit land dan zeker compensatie zou eisen.

Duitsland had namelijk al vanaf 1886 commerciële belangen in Marokko gevestigd en daar zelfs drie scheepvaartmaatschappijen opgericht. Het nam de derde plaats in Marokko op handelsgebied in. Het is duidelijk dat men die belangen niet zomaar zonder slag of stoot aan Frankrijk zou overlaten, zeker niet als daar niets tegenover zou worden gesteld. Toen Duitsland in 1904 dan toch kennis kreeg van de ware bedoelingen van Frankrijk maakte het ondubbelzinnig duidelijk dat het daar niet zomaar genoegen mee zou nemen. De Franse houding was dan ook volstrekt onnodig en beledigend geweest.

De Duitse regering besloot nu een signaal af te geven dat ze zich zou verzetten tegen het vergroten van de Franse invloed in Marokko. De rijkskanselier verzocht de keizer, die zich toen juist op een cruise in de Middellandse Zee bevond om Tanger aan te doen, om een kort bezoek af te leggen. Wilhelm II, die eigenlijk niets voor zo'n bezoek voelde, had echter

Delcassé.

AAN DE VOORAVOND VAN HET CONFLICT

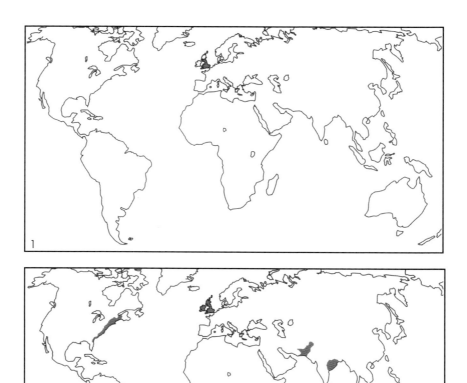

De Britse koloniale expansie. 1. Moederland in 1600, 2. Uitbreiding in 1700, rechterpagina: 3. Uitbreiding in 1800, 4. Uitbreiding in 1918.

weinig keus en op 31 maart 1905 ging hij in Tanger aan land voor een korte visite aan de sultan. Daar verklaarde hij zich te beschouwen als de beschermer van de Marokkaanse integriteit, en zette daarmee uiteraard de Fransen de voet dwars. De uitkomst van dit bezoek had tot gevolg dat er grote onenigheid ontstond tussen de Franse minister-president Rouvier, die vreesde voor een ernstig conflict met Duitsland, en zijn minister van Buitenlandse Zaken, Delcassé. Die beschouwde Wilhelms bezoek als bluf en hij wilde zijn expansiepolitiek voortzetten. Hij was dan ook van plan enkele oorlogsschepen naar Tanger te zenden om zijn politiek kracht bij te zetten. Rouvier riep nu de hulp van de Franse president in en na een stormachtige kabinetszitting werd Delcassé de wacht aangezegd en verdween deze voorlopig van het politieke toneel.

AAN DE VOORAVOND VAN HET CONFLICT

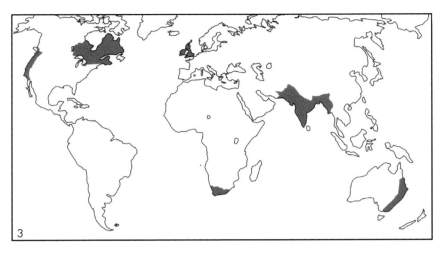

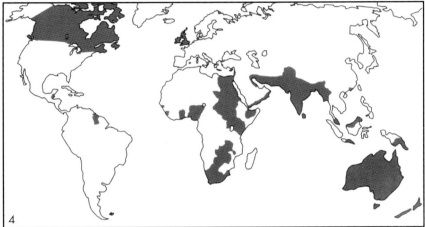

DE AGADIRCONFERENTIE, HET DUITSE RIJK GEBLAMEERD

De Duitse diplomatie had dus gezegevierd, maar dat werd haar niet in dank afgenomen en de gevolgen werden dan ook al spoedig zichtbaar. Duitsland eiste een internationale conferentie om de problemen eens goed uit te praten. Deze vond in april 1906 plaats te Algeciras en leidde tot een verdrag waarbij de positie van Frankrijk ten opzichte van Marokko werd geregeld en vastgelegd. Voor Duitsland werd de conferentie een grote teleurstelling. Op enkele punten na kregen de Fransen namelijk bijna overal hun zin. Het werd Duitsland pijnlijk duidelijk dat het nog maar weinig vrienden had en dat het geheel geïsoleerd dreigde te raken, want bijna geen land steunde de Duitse standpunten. Alleen Oostenrijk-Hongarije stelde zich aan zijn zijde op maar alle andere landen, ook

AAN DE VOORAVOND VAN HET CONFLICT

Ansichtkaart van de beide bondgenoten Wilhelm II en keizer Franz-Joseph van Oostenrijk-Hongarije.

Italië, dat toch deel uitmaakte van de Duits-Oostenrijk-Hongaars-Italiaanse Driebond, lieten hem in de steek.

De schok was groot, vooral ook omdat Duitsland zo'n uitspraak absoluut niet had verwacht en zich nu realiseerde dat zijn positie als grootmacht toch wel heel wankel was geworden.

DE TWEEDE MAROKKOCRISIS, DUITSLAND ZENDT OORLOGSSCHIP *PANTHER*

In 1911 ontstond er wederom een crisis toen Frankrijk besloot toch troepen naar Marokko te zenden onder het mom dat men de eigen landgenoten wilde beschermen tegen aldaar uitgebroken onlusten. Terwijl men vooraf wel Groot-Brittannië geconsulteerd had, liet men ook nu weer Duitsland in het ongewisse en dit land zag de troepenzending dan ook als de zoveelste Franse poging de Duitse belangen in Marokko te dwarsbomen. Als antwoord stuurde men een Duits oorlogsschip, de *Panther* naar Tanger als signaal dat Duitsland niet van plan was zich bij de situatie neer te leggen en zijn belangen in Marokko te laten schenden.

Ook deze keer liep alles nog met een sisser af. Wederom durfde Frankrijk het niet tot een oorlog te laten komen, maar dat was wel meteen de laatste keer. Ook nu weer ontving Duitsland geen enkele steun van andere staten en bleek zijn volstrekte isolement. De Pantheractie had Frankrijk echter nog meer in de armen van de Britten gedreven en had derhalve een tegengesteld effect.

Duitsland stond alleen, te midden van een hem vijandige wereld en het was te verwachten dat een en ander binnen afzienbare tijd tot een groot conflict zou leiden. Nog eenmaal zou de Duitse diplomatie echter zegevieren. De nieuwe Duitse minister van Buitenlandse Zaken Kiderlen Wächter vond het, na alle problemen die men door de Marokko-affaire ondervonden had, verstandiger om zich uit dat land terug te trekken. Hij wilde de Duitse commerciële belangen aldaar eventueel opofferen in ruil voor compensatie. Omdat hij van mening was dat een verdere aanwezigheid in Marokko niets oploste en er alleen maar toe bijdroeg dat Frankrijk en Engeland zich steeds nauwer aaneensloten, iets wat hij zo veel mogelijk wenste te voorkomen, dacht hij de druk op Frankrijk eerst zo veel mogelijk op te voeren om dan met compensatie-eisen te komen en daarna Marokko te verlaten.

Had de komst van de Panther in Tanger reeds de nodige beroering gebracht, de Duitse compensatie-eis sloeg in als een bom. Duitsland vroeg de gehele Franse Congo in ruil voor zijn desinteresse in Marokko en bood als toegift het eiland Togo of een deel van Duits Kameroen aan. Frankrijk wendde zich onmiddellijk tot Rusland en Groot-Brittannië en vooral dit laatste land reageerde uitermate heftig. De Britse minister Lloyd George hield een rede waarin hij zelfs met oorlog dreigde indien Duitsland de Britse rol op het wereldtoneel dacht te kunnen bedreigen. Het was ook toen dat de Britten besloten zich op een oorlog met Duitsland te gaan voorbereiden en de Britse generaal Henry Wilson naar Parijs ging om eventuele Frans-Britse militaire acties tegen Duitsland te coördineren.

De Duitse keizer, die het zenden van de *Panther* naar Tanger al niet zo had zien zitten, schrok enorm van deze Britse reactie en gaf zijn minister nu te verstaan dat de Marokkaanse kwestie hem absoluut geen oorlog waard was en dat Kiderlen Wächter niet tot het uiterste mocht gaan.

Het Duitse oorlogsschip *Panther* dat in 1911 naar Tanger werd gezonden als signaal dat de Fransen rekening dienden te houden met Duitsland.

AAN DE VOORAVOND VAN HET CONFLICT

President Poincaré van Frankrijk (2ᵉ van rechts) die een grote rol speelde bij het uitbreken van de Eerste Wereldoorlog.

Ook Frankrijk was overigens geschrokken van de Pantheractie. Ook nu weer werd gevreesd voor oorlog en de Franse politici hadden er weinig vertrouwen in dat, als het erop aan zou komen, Rusland en Groot-Brittannië hun daadwerkelijk zouden steunen. Derhalve besloot men alsnog met Duitsland aan tafel te gaan zitten om over de gevraagde compensatie te gaan onderhandelen. In november 1911 werden beide landen het eens. Duitsland stemde in met een blijvende Franse invloed in Marokko, ook als Frankrijk aldaar militair wilde optreden. In ruil daarvoor ontving Duitsland ruim 250.000 vierkante kilometer gebied in Frans-Congo, mede waardoor ze nu een flinke koloniale mogendheid werd.

De Pantheractie had vruchten afgeworpen en Kiderlen Wächter had zijn zin gekregen. Ook Frankrijk kon tevreden zijn, het kon nu ongehinderd zijn gang gaan in Marokko zonder vrees voor Duitse inmenging. Alleen in Groot-Brittannië maakte men zich vreselijk druk en rinkelde men met de sabel. Spoedig echter na de Frans-Duitse overeenkomst verminderde de spanning weer wat en werd de verhouding tussen de drie landen weer wat normaler en zelfs wat vriendelijker. De wereldvrede zou nog enkele jaren respijt krijgen, al wierpen donkere wolken hun schaduwen reeds vooruit.

DE DUITSE KOLONIALE EXPANSIE, ECONOMISCHE EN POLITIEKE CONCURRENTIE

Aan het einde van de 19ᵉ eeuw was Duitsland een natie in volle opkomst. Meer dan een derde van zijn snel groeiende bevolking was jonger dan 15 jaar. Het ontwikkelde zich tot een hoog geïndustrialiseerd land dat steeds meer en steeds weer nieuwe producten ontwikkelde en daar natuurlijk markten voor zocht. Dat leverde echter wel problemen op omdat het daarbij moeite kreeg voldoende afzetgebieden te vinden. Ook de import van de voor de productie noodzakelijke grondstoffen werd steeds problematischer.

Om een beeld te schetsen: tussen 1887 en 1912 nam de Duitse invoer met maar liefst 244 procent toe en de export met ongeveer 215 procent. Daarmee was de groei van de Duitse export in die periode groter dan die van de Verenigde Staten (173%), Engeland (113%) en Frankrijk (98%). Duitsland produceerde ook steeds meer kolen, ijzer en staal en zijn chemische industrie ontwikkelde zich tot de belangrijkste van Europa. Er ontstonden enorme bedrijven die zich in een duizelingwekkend tempo verder ontwikkelden.

Het zal duidelijk zijn dat deze economische groei in Engeland met argusogen werd gevolgd, vooral toen de Duitse chemische industrie grote orders begon binnen te halen die vroeger altijd naar de Britten waren gegaan. Voorheen zuiver Britse exportgebieden werden ineens overspoeld met goedkopere en kwalitatief vaak betere producten en vooral op de markten voor elektrotechnische apparaten, textiel en scheepsbouw werd Duitsland een zeer geduchte concurrent. In sommige gevallen exporteerden de Duitsers meer producten naar Britse markten dan de Britten zelf. Toen Duitsland er nu ook nog toe overging een eigen koopvaardijvloot op te bouwen, (voorheen vervoerden Britse koopvaardijschepen het grootste deel van de Duitse producten), raakten de Britten echt gealarmeerd. Duitsland werd nu een echte bedreiging vonden ze, geen militaire bedreiging, maar een economische en daar had men niet direct een duidelijk weerwoord op.

Het werd de Duitse regering echter wel duidelijk dat, wilde men het groeiend aantal hongerige magen kunnen blijven voeden en de toenemende beroepsbevolking aan het werk kunnen houden, industrialisatie en export een bittere noodzaak was geworden. Om verzekerd te zijn van de daarvoor benodigde ruwe grondstoffen en zonder voortdurend afhankelijk te blijven van de 'goodwill' van Groot-Brittannië,

De Russische tsaar Nikolaas II.

werd het verkrijgen van eigen koloniën als een onmisbare factor gezien. Dit streven echter werd niet door iedereen gewaardeerd en Duitsland werd dan ook in veel gevallen behoorlijk tegengewerkt. Overal waar het wilde expanderen, zoals in China bij de huur van Kiow Chow in 1897, bij de poging zich op de Salomonseilanden te vestigen in 1898, toen het probeerde op de Filippijnen een handelsvestiging te realiseren, bij de poging bunkerstations of handelsposten in Aden (Jemen) langs de Perzische kust en op de route naar India te vestigen, overal vond het Rusland, Japan of Engeland op zijn weg en het werd Duitsland welhaast onmogelijk gemaakt om de nodige economische expansie op vreedzame wijze te realiseren.

Het is dan ook niet geheel onlogisch dat de behoefte aan eigen koloniën en een daarbij behorende eigen oorlogsvloot om de aan- en afvoerroutes te kunnen beschermen, toenam naarmate de tegenwerking door de andere landen groeide. Gezien in het licht van die tijd, is het begrijpelijk dat Groot-Brittannië, dat het hebben van de sterkste vloot ter wereld als een conditio sine qua non zag voor zijn voortbestaan als eilandenrijk, zich nu niet alleen in economisch opzicht, maar ook militair bedreigd ging voelen en hoewel men dit in Duitsland wel begreep, vond men daar toch dat men geen andere keuze had dan op de ingeslagen weg voort te

Russische troepen defileren voor de Franse president tijdens diens bezoek aan St. Petersburg in juli 1914.

gaan. Helaas werd daarbij door Duitsland niet altijd even tactisch en voorzichtig opgetreden zodat de Britten zich steeds onbehaaglijker gingen voelen.

HET BRITSE KOLONIALE RIJK, GROOT-BRITTANNIË ALS SUPERMACHT

De Britten waren eigenlijk reeds vanaf de zeventiende eeuw bezig geweest met het opbouwen van koloniale bezittingen. Toen in 1914 de Eerste Wereldoorlog begon had Groot-Brittannië het grootste koloniale bezit ter wereld. Dit omvatte onder andere Australië en Nieuw-Zeeland, Hongkong, Singapore, Maleisië, India, Zuid-Afrika, Egypte, Sudan, Nigeria, Goudkust, Brits Oost-Afrika en Oeganda, Somalië, Rhodesië, Sierra Leone, West-Indië en Canada. Maar nog was dit niet genoeg.

Bij het uitbreken van de oorlog liet men nog het oog vallen op een deel van Perzië, delen van Aziatisch Turkije waaronder het grootste deel van Mesopotamië met Bagdad, de baai van Haifa en Akka in de Middellandse Zee, Helgoland en natuurlijk de Duitse koloniën.

Om zijn koloniën te kunnen beschermen en de verbindingen tussen Groot-Brittannië en hun overzeese gebiedsdelen open te kunnen houden, hadden de

AAN DE VOORAVOND VAN HET CONFLICT

Haldane, Brits minister van Oorlog, oprichter van het Britse expeditieleger dat in 1914 naar Frankrijk werd gezonden.

Britten in de loop der eeuwen een enorme vloot opgebouwd, de machtigste vloot ter wereld en geen land dat er ook maar aan dacht de Britse suprematie op zee in twijfel te trekken, laat staan die uit te dagen. Groot-Brittannië kon dan ook beschouwd worden als het machtigste land ter wereld en het was, niet geheel onlogisch, van plan dat ook zo te houden.

Het was duidelijk dat een ieder die geacht werd een bedreiging voor zijn positie te vormen, als een vijand van het rijk werd beschouwd en bestreden moest worden. Groot-Brittannië voerde een politiek met als doel het machtsevenwicht in de wereld te handhaven. Zodra een land te sterk dreigde te worden sloot Groot-Brittannië zich bij diens vijanden aan, waardoor de waaghals zich wel tweemaal bedacht, alvorens zich de toorn van de Britten op de hals te halen.

Gedurende tal van jaren slaagde Groot-Brittannië erin op deze wijze de rust in Europa te handhaven, alhoewel onder de oppervlakte processen gaande waren die aan deze betrekkelijke rust een eind zouden maken. In die processen speelde Duitsland met zijn economische expansie en zijn vlootbouwplannen een belangrijke rol.

HET SYSTEEM VAN DE ALLIANTIES

DUITSLAND EN ZIJN BONDGENOTEN

Direct na de Frans-Pruisische oorlog stelde Bismarck alles in het werk om Frankrijk politiek te isoleren. Hij wilde voorkomen dat het ooit weer toe zou treden tot de selecte kring van grootmachten, omdat het zich dan waarschijnlijk weer tegen Duitsland zou keren en opnieuw een gevaar zou kunnen vormen. Derhalve was hem er alles aan gelegen om te voorkomen dat Frankrijk machtige bondgenoten zou krijgen. Een van die mogelijke bondgenoten zou Rusland kunnen zijn. Bismarck zocht nu contact met de Russische ambassadeur in Berlijn en bood een bondgenootschap aan. Hij had al eerder met Oostenrijk-Hongarije eenzelfde verbond gesloten en in 1873 kwam dan ook het 'driekeizerverbond' tot stand waarbij de drie keizers elkaar plechtig beloofden samen te

AAN DE VOORAVOND VAN HET CONFLICT

De Russische minister van Oorlog, Suchomlinov, die het Russische leger weer opbouwde na de nederlaag tegen Japan (1904-1905) en die later in ongenade zou vallen.

De Duitse Hochsee Flotte, bron van Britse agitatie, hier op de Noordzee.

werken en een gezamenlijke politiek te zullen volgen indien de vrede van buitenaf bedreigd zou worden.

Toch was de verhouding tussen de drie landen niet optimaal. In 1879 kwam er zelfs bijna een breuk toen de Russische tsaar protesteerde tegen het feit dat Duitsland in alle belangrijke kwesties steeds de kant van Oostenrijk-Hongarije koos.

Bismarck besloot toen niet alles meer op één kaart te zetten omdat hij het gevoel had dat de Russen niet langer te vertrouwen waren. Zonder hen in te lichten sloot hij daarom op 7 oktober 1879 in het diepste geheim nog een apart militair verdrag met Oostenrijk-Hongarije waarin beide landen afspraken elkaar te helpen als Rusland een van beiden zou aanvallen. Natuurlijk stelde men Rusland daarvan ook achteraf niet op de hoogte en dit land hoorde pas negen jaar later bij toeval van deze geheime overeenkomst.

In 1881 en 1884 werd het verdrag nog hernieuwd, maar in 1887 was de verhouding tussen Duitsland en Rusland zo verslechterd dat Rusland uit protest het driekeizerverbond verliet. Onmiddellijk trachtte Bismarck de schade zo veel mogelijk te beperken en hij bood de Russen nu een apart verbond aan dat hij later zijn 'rugdekkingsverdrag' noemde. Bismarck beloofde hierin dat Duitsland neutraal zou blijven indien Rusland zou worden aangevallen door Oostenrijk-Hongarije en hij verklaarde zich ook bereid de Russische invloedssfeer op de Balkan te accepteren. Natuurlijk hield Bismarck dit verdrag, dat weer in flagrante strijd was met het met Oostenrijk-Hongarije afgesloten verdrag, voor deze

laatste verborgen. Uiteraard was het te verwachten dat dit eens tot moeilijkheden zou leiden.

In elk geval zorgde Bismarck met al deze geheime afspraken ervoor dat Frankrijk geen nieuwe vrienden kreeg en keurig geïsoleerd bleef.

In 1881 was ook Italië tot het Duits-Oostenrijk-Hongaars verbond toegetreden en ontstond de 'Triple Alliantie' of Driebond. Italië maakte zich zorgen over de groeiende Franse invloed in Noord-Afrika waar het zelf ook interesses had. Door samen te werken met Duitsland en Oostenrijk-Hongarije hoopte Italië voldoende gewicht in de schaal te kunnen leggen om de Franse plannen waar nodig te kunnen dwarsbomen. Ook dit verdrag was weer geheim maar de deelname van Italië lekte natuurlijk na enige tijd toch uit. Zodra Frankrijk ervan hoorde probeerde het Italië uit de Triple Alliantie los te weken door allerlei beloften te doen over een mogelijke verdeling van elkaars invloedssferen in Afrika. Alhoewel Italië formeel eerst niet op deze Franse avances inging, werd in het diepste geheim toch een aantal afspraken gemaakt en in 1902 sloten beide landen zelfs een zeer geheim verdrag waarbij Italië beloofde neutraal te zullen blijven indien Frankrijk zou worden aangevallen door Duitsland, nota bene het land waarmee men even later het bestaande verbond weer verlengde. Vanaf dat moment zou Italië door zijn beide partners in de Triple Alliantie, die overigens hun vermoedens hadden, worden gewantrouwd en later zou blijken dat ze het daarbij aan het rechte eind hadden.

Toen Bismarck in 1890 moest aftreden werd hij opgevolgd door graaf Caprivi. Caprivi vond Bismarcks geheime herverzekeringsverdrag met de Russen in strijd met het bondsverdrag met Oostenrijk-Hongarije en daarom onaanvaardbaar. Hij achtte het regelrecht verraad tegen de Oostenrijk-Hongaren (en dat was het natuurlijk ook) en adviseerde de keizer het verdrag, toen dat afliep, niet te verlengen. Wilhelm II volgde zijn advies op waarmee hij, hoe goed wellicht ook bedoeld, een keerpunt veroorzaakte in de geschiedenis, een keerpunt dat Frankrijk de kans gaf zich uit zijn isolement los te maken en dat voor Duitsland op de langere termijn zeer negatieve gevolgen zou hebben.

DE GEHEIME FRANS-RUSSISCHE MILITAIRE CONVENTIE VAN 1894, AANLOOP NAAR DE EERSTE WERELDOORLOG

Zoals gezegd, nadat Frankrijk in 1871 door het Pruisische leger was verslagen en diplomatiek totaal geïsoleerd was geraakt, duurde het enige tijd voordat het land zich van de catastrofe had hersteld en de verdediging van zijn grenzen weer serieus ging nemen. Rond 1880 begon men met de bouw van een nieuwe verdedigingsgordel van forten langs de grens met Duitsland waarmee men de toegang tot het land welhaast hermetisch dacht af te sluiten voor aanvallende troepen. In die tijd begon ook de gedachte aan revanche weer de kop op te steken en in 1887, kort nadat het laatste fort in de verdedigingslinie gereed was gekomen, stelde de Franse generale staf zijn eerste offensieve plannen op, die er natuurlijk op gericht waren het verloren gegane Elzas-Lotharingen weer in de Franse moederschoot te doen terugkeren. In deze plannen werd de verdedigingsstrategie geheel losgelaten en het leger omgevormd tot een zuiver offensief gerichte

Admiraal Von Tirpitz (midden) en prins Heinrich von Preussen (2ᵉ van links) tijdens een privébezoek aan de Royal Yachtclub of Queenstown in 1900.

De 'Dreadnought'. Met de bouw van dit schip intensiveerde Groot-Brittannië de marinewapenwedloop met Duitsland aanzienlijk.

strijdmacht. De aanval werd het heilige credo en de Franse soldaat leerde aan te vallen ten koste van alles en met alle middelen. Het woord verdediging werd uit het Franse militaire woordenboek geschrapt.

Terwijl de militairen zich dus voorbereidden op de herovering van het 'heilige' Elzas-Lotharingen, zaten ook de diplomaten niet stil. Alle middelen werden nu aangewend om de door Bismarck veroorzaakte diplomatieke isolatie van Frankrijk te doorbreken en Frankrijk weer als grootmacht terug te plaatsen op de kaart van Europa.

Frankrijks eerste kans daartoe kwam toen Duitsland het eerder genoemde herverzekeringsverdrag met Rusland niet meer wilde verlengen. Zodra de Fransen daar lucht van kregen zonden ze, het was toen 1890, de generaal Boisdeffre naar Rusland, die besprekingen begon over een mogelijke Frans-Russische militaire samenwerking.

Boisdeffre werd met open armen door de Russen ontvangen. Hun oude wens, een vrije doorgang vanuit de Zwarte Zee, via de Dardanellen en de Bosporus naar de Middellandse Zee, leefde nog steeds sterk. Deze zeestraten waren echter als gevolg van een besluit van de toenmalige grootmachten, Groot-Brittannië, Frankrijk, Pruisen en Oostenrijk, na het einde van de Krimoorlog bij verdrag (Parijs 1856) voor oorlogsschepen verboden zodat de Russische oorlogsvloot in de Zwarte Zee zat opgesloten.

Wilde men daar verandering in brengen, dan zou men toestemming moeten hebben van alle ondertekenaars. Tot nu toe hadden die zich echter steeds voor handhaving van het verdrag verklaard. De Russen hoopten nu dat ze, door nauw samen te werken met de Fransen, mogelijk een eerste steen uit de verdragsmuur zouden kunnen losmaken. Ook de problemen die men met Groot-Brittannië

Napoleon III (1808-1873), keizer van Frankrijk.

over Perzië had, maakte een alliantie met Frankrijk aantrekkelijk.

De Fransen deden er alles aan om de betrekkingen met Rusland op een hoger peil te brengen. In juli van hetzelfde jaar stuurde men zelfs een marine-eskader voor een officieel bezoek naar Rusland waarmee men de toenadering tussen beide landen nog eens nadrukkelijk wilde onderstrepen. Een jaar later bezocht de Russische minister van Buitenlandse Zaken Giers Parijs, om de onderhandelingen voort te zetten. Het duurde echter nog tot 1893 voordat men tot een definitieve overeenkomst kwam. De Russische tsaar, die het verdrag voor Rusland ondertekende, eiste daarbij dat het strikt geheim zou blijven en uitsluitend bekend mocht zijn bij de Franse president en zijn eerste minister. Zo kon het gebeuren dat Frankrijk een geheim militair verdrag sloot met Rusland zonder dat de Franse regering en het Franse parlement daarvan op de hoogte waren.

Een gedegen bestudering van deze militaire conventie maakt duidelijk dat er, ondanks de vredelievende aanhef van het verdrag, weinig twijfel kon bestaan aan de agressieve bedoelingen van beide landen. Frankrijk wenste Elzas-Lotharingen terug, Rusland wilde een vrije toegang tot de Middellandse Zee. Beide landen konden hun doel echter alleen bereiken door samen te werken en aldus werd besloten. Eens zouden Frankrijk en Rusland de strijd met Duitsland aanbinden, op een moment dat ze er militair gereed voor zouden zijn en de situatie gunstig was. Intussen bouwde men de legers en vloten verder uit, stelde gezamenlijke plannen op en bereidde zich voor op het 'grote moment' dat, zo dacht men, omstreeks 1917 zou kunnen plaatsvinden.

Frankrijk was erin geslaagd door alert optreden en handige diplomatie niet alleen een machtige bondgenoot, Rusland, aan zich te binden, maar had ook de Triple Alliantie ernstig verzwakt door in het geheim afspraken met een van haar leden, Italië, te maken waardoor die alliantie minder sterk was dan ze dacht te zijn. Het zou daar overigens niet bij blijven. Frankrijk richtte zich nu op Groot-Brittannië in een poging ook dat land als bondgenoot in zijn toekomstige strijd tegen Duitsland binnen te halen.

GROOT-BRITTANNIË, HET EINDE VAN HET VICTORIAANSE TIJDPERK

In 1901 stierf, op hoge leeftijd, de Britse koningin Victoria waarmee een eind kwam aan een periode van voorspoed en vooruitgang. Victoria werd opgevolgd door Edward VII, een man met uitgesproken en niet al te positieve gedachten over Duitsland en de Duitse keizer en tegelijkertijd een echte liefhebber van de Franse cultuur en levenswijze.

Eind 1905 viel het conservatieve Britse kabinet dat plaats moest maken voor de Liberalen. Minister van Buitenlandse Zaken in de nieuwe regering werd Edward Grey, een man die sterk anti-Duits was en reeds in 1885 schreef dat Duitsland Engelands voornaamste vijand was. Grey was een groot voorstander van het in 1904 met Frankrijk gesloten vriendschapsverdrag (*entente cordiale*), waarbij hij opmerkte dat het goed zou zijn als dit verdrag zou worden uitgebreid tot andere (militaire?) terreinen. Hij schreef onder andere dat Europa steeds verdeeld was in twee kampen, de Triple Alliantie (Duitsland, Oostenrijk-Hongarije en Italië) en de Duple Alliantie (Frankrijk en Rusland), maar dat het nu duidelijk was voor iedereen dat Engeland zich aan de kant van Frankrijk had geschaard. Hij ondersteunde dan ook van harte de geheime militaire besprekingen die de Britse regering met de Fransen was begonnen en toen hij in 1905 minister van Buitenlandse Zaken werd liet hij die besprekingen onverminderd voortzetten.

Het Britse volk, het parlement en de meeste leden van de Britse regering waren echter niet op de hoogte van deze Brits-Franse militaire besprekingen en Grey hield deze ook steeds strikt geheim omdat hij wel begreep dat ze dan zeer waarschijnlijk op grote weerstand zouden stuiten. Slechts de minister-president, Asquith, de minister van Oorlog, Haldane, en enkele generaals en hoge ambtenaren waren deelgenoot van Greys geheim en deze groep mannen kwam uiteindelijk tot de conclusie dat Groot-Brittannië over een legermacht diende te beschikken die snel naar Frankrijk zou kunnen worden gezonden om dat land te helpen als het in oorlog met Duitsland zou komen.

Op 10 januari 1906 diende minister Haldane dan ook reeds een plan in voor de vorming van een Expeditionary Force die binnen veertien dagen in Frankrijk of België aan land zou kunnen gaan en werd er begonnen met de opbouw van een in principe tegen Duitsland gerichte legermacht, geschikt om binnen een periode van twee weken te kunnen worden ingezet in België of Frankrijk ter assistentie van de Fransen in een te verwachten oorlog met Duitsland.

Intussen trachtte de Britse generaal Grierson ook met de Belgen tot militaire besprekingen te komen en hoewel de Belgische regering niets van dit soort besprekingen moest hebben omdat ze strijdig waren met het neutraliteitsprincipe dat België per verdrag was opgelegd, ging de Belgische generaal Ducarne in het geheim toch

De Franse generaal Boisdeffre, een van de initiatiefnemers voor de Frans-Russische conventie van 1894.

aan de onderhandelingstafel zitten en zegde de Britten toe dat indien de Duitsers zouden gaan mobiliseren en in de omgeving van Aken troepen zouden samentrekken, het Belgische leger onmiddellijk tot de aanval zou overgaan. Grierson beloofde in dat geval ruim 100.000 Britse soldaten ter beschikking van de Belgen te zullen stellen. Griersons opvolger, generaal Henry Wilson verhoogde dit aantal in 1910 tot 160.000 man. Toen in 1912 de Belgische regering de touwtjes strakker in handen nam en elke militaire afspraak met de Britten verbood, stelde Wilson nieuwe plannen op waarbij hij er niet voor terugschrok eventueel tot een Britse landing over te gaan, ook indien de Belgische regering zich daartegen zou verzetten. Opvallend hierbij is natuurlijk dat ook de Britse militaire leiding een schending van de, mede door Groot-Brittannië gegarandeerde, neutraliteit van België in geval van militaire noodzaak kennelijk aanvaardbaar achtte, iets wat men nu juist van Duitsland ten zeerste veroordeelde en moreel zo verwerpelijk achtte. Overigens, ook de Fransen hadden plannen ontwikkeld om België eventueel zonder toestemming van de Belgische regering binnen te vallen als ze dat militair nodig achtten en nog vlak voor het uitbreken van de oorlog in 1914 deed de Franse generale staf een verzoek daartoe bij de Franse president Poincaré.

In 1910 werd generaal Henry Wilson benoemd tot directeur militaire operaties en daarmee de belangrijkste inspirator van de Frans-Britse militaire samenwerking. Jaarlijks werden de gezamenlijke militaire plannen verder uitgebouwd waarbij ook de samenwerking tussen beide zeemachten werd geregeld.

De afsluiting van een tijdperk. Het stoffelijk overschot van de Britse koningin Victoria wordt vervoerd met het koninklijke jacht (midden) over de Theems, naar haar laatste rustplaats.

In maart 1911 waren de schema's voor een landing van ruim vier Britse divisies in Frankrijk en België tot in detail gereed en op 20 juni van dat jaar tekende Wilson een overeenkomst met de Franse generaal Dubail waarin dit aantal tot zes werd uitgebreid. Van al deze besprekingen en afspraken bleven het Britse parlement en de meeste Britse ministers echter geheel onkundig en toen er toch vragen werden gesteld, antwoordde minister Grey dat er geen enkele afspraak met de Franse regering was die de Britten tot deelname aan een oorlog met Duitsland zou kunnen verplichten. Dit keer werd hij echter niet geloofd omdat men toch enige details te weten was gekomen. Verschillende ministers dreigden met ontslag als de waarheid niet boven tafel zou komen. Men eiste een schriftelijke verkla-

Lord Kitchener, de Britse minister van Oorlog. Hij voorzag een lange strijd en de noodzaak van een enorm groot leger.

ring van de minister-president dat er geen verdere Frans-Britse besprekingen over militaire samenwerking meer zouden worden gehouden zonder daarvoor vóóraf toestemming van het parlement te hebben ontvangen. Deze verklaring werd daarop noodgedwongen afgegeven, maar Grey trok zich er niet veel van aan en de besprekingen werden gewoon voortgezet. Het jaar daarop bespraken de Franse en Britse militaire plannenmakers de positie van de zeemachten. Besloten werd om de Franse vloot geheel uit de Noordzee terug te trekken en over te plaatsen naar de Middellandse Zee. De Britse vloot vertrok daarop bijna geheel uit de Middellandse Zee om onder meer de Franse kust tegen eventuele aanvallen van de Duitsers te kunnen beschermen. Zo waren de vloten van Groot-Brittannië, Frankrijk en Rusland zo efficiënt mogelijk verdeeld en kon ieder zich op het hem toegewezen terrein concentreren.

Nu de militaire relatie met Frankrijk geregeld was – Grey zette overigens nimmer ook maar één handtekening en de afspraken werden steeds in het grootste geheim en mondeling afgehandeld – wilde hij ook met Rusland de banden nauwer aanhalen. Grey zag voor Rusland, dat militair ernstig verzwakt was in de Russisch-Japanse oorlog van 1904, een belangrijke rol weggelegd. Hij dacht daarbij aan een Frans-Russisch-Britse samenwerking, gericht tegen Duitsland. Zo'n samenwerking zou in geval van oorlog voor Duitsland fataal zijn. Op 31 augustus 1907 sloten beide landen een verdrag waarbij ze een aantal geschillen regelden en een jaar later bezocht de Britse koning de tsaar, waarbij ook hoge militairen meegingen. Tijdens de daaropvolgende besprekingen drongen de Britten

De onoverwinnelijk geachte Britse Grand Fleet, die echter in 1916 bij de slag bij Jutland de Duitse Hochsee Flotte niet de baas kon worden.

aan op een versterking van de Russische strijdkrachten om samen met Frankrijk en Groot-Brittannië een 'beslissende rol op het wereldtoneel te kunnen spelen indien de situatie daarom zou vragen.' Daarbij maakten de Britten duidelijk dat zij verwachtten dat er binnen zeven à acht jaar een alarmerende situatie zou kunnen ontstaan indien de Duitsers doorgingen met de bouw van hun oorlogsvloot. Rusland zou in die situatie dan zonder twijfel een beslissende rol kunnen spelen, aldus de Britse militaire woordvoerder. De Russen reageerden positief en zo had de Britse minister van Buitenlandse Zaken wederom een stap gezet op de weg naar een verdere diplomatieke en militaire isolatie van Duitsland. Dat land zou in een eventuele oorlog nu strijd moeten voeren op twee fronten tegelijk tegen drie machtige vijanden. Zo'n oorlog zou Duitsland niet kunnen winnen en de uitkomst ervan was dan ook voor beide zijden voorspelbaar.

Goed beschouwd stonden er in 1914 dus twee blokken tegenover elkaar, de Triple Entente (Rusland, Frankrijk en Groot-Brittannië) en de Triple Alliantie (Duitsland, Oostenrijk-Hongarije en Italie), waarvan met name Italië de zwakke factor was en als onbetrouwbaar moest worden beschouwd. Voor Duitsland werd het duidelijk dat binnen enkele jaren de overmacht te groot zou zijn en dat een oorlog dan voor hem fataal zou worden. Derhalve begonnen de militairen aldaar aan te dringen op een preventieve oorlog zolang Duitsland daartoe nog de kans had omdat alleen dan de oorlog, die naar ieders verwachting zeker komen zou, nog gewonnen zou kunnen worden. De Duitse keizer en zijn rijkskanselier weigerden echter steeds op deze verzoeken in te gaan.

DE BRITS-DUITSE MARINEWAPENWEDLOOP.
DE BOUW VAN DE DREADNOUGHT EN HET DUITSE VLOOTBOUWPROGRAMMA

Inmiddels had het Duitse vlootbouwprogramma, opgesteld door admiraal Von Tirpitz met de bedoeling andere landen te weerhouden van een aanval op Duitsland, bij de Britten, en met name bij de Britse admiraliteit, een zekere paniek teweeggebracht.

Begin 1900 begon de Britse regering zich reeds zorgen te maken over de snelgroeiende economische macht van Duitsland. Men vroeg zich af waar dit toe zou leiden en wat er zou gebeuren als Duitsland de toevoer van grondstoffen vanuit de koloniën naar het moederland zou onderbreken, bijvoorbeeld tijdens een oorlog. Het Duitse vlootbouwprogramma versterkte de bezorgdheid nog eens extra en de Britse regering liet nu onderzoeken hoe in zo'n geval te handelen. Men kwam tot de conclusie dat als het Duitsland zou lukken de verbindingen tussen Groot-Brittannië en zijn overzeese gebiedsdelen te blokkeren, de ramp niet te overzien zou zijn. Tegelijkertijd merkte men echter dat het omgekeerde eveneens het geval zou kunnen zijn. Daarom werd besloten tot een volledige blokkade van Duitse havens in geval van oorlog. In 1907 waren de plannen gereed en alhoewel dit lijnrecht inging tegen de door de Britten zelf mede opgestelde internationale zeewetten, werd het in 1909 uiteindelijk als 'militair noodzakelijk' aanvaard.

Voor admiraal Von Tirpitz was de gedachte aan een mogelijke Britse zeeblokkade een van de belangrijkste redenen om zijn vlootplannen door te zetten, want als de Duitse vloot maar sterk genoeg zou zijn, zou Groot-Brittannië zich

AAN DE VOORAVOND VAN HET CONFLICT

Een Britse soldaat neemt afscheid voordat hij naar het front vertrekt.

mogelijk wel tweemaal bedenken alvorens tot blokkade over te gaan. Voor deze gedachte vond hij brede steun.

Intussen waren de Britten met de bouw van de 'Dreadnought' begonnen, een geheel nieuw type oorlogsschip dat qua snelheid, bepantsering en bewapening alles wat er tot dan toe aan oorlogsschepen bestond, ver achter zich liet. De Britse positie als sterkste zeemacht ter wereld werd door de bouw van dit type schip weer voor jaren zekergesteld.

Natuurlijk had dit wel consequenties en men realiseerde zich terdege dat hierdoor een verscherpte wapenwedloop met Duitsland zou ontstaan. Om dat te voorkomen vroegen de Britten nu om een ontwapeningsconferentie die in Den Haag zou moeten plaatsvinden en waarbij ze voorstelden alle vloten, dus ook de Britse vloot, te verkleinen. Dit op het eerste gezicht positieve initiatief was natuurlijk toch wel wat naïef. Immers, na het gereedkomen van de Dreadnought kon Groot-Brittannië het zich veroorloven een aantal verouderde schepen van de sterkte af te voeren en te vervangen door minder, maar veel krachtigere Dreadnoughts.

Het is dan ook niet geheel onbegrijpelijk dat Duitsland zich tegen dit Britse voorstel verzette. Vooral ook toen de Duitsers geruchten opvingen over het Brits-Russische verdrag dat in 1907 tussen beide landen werd gesloten en dat men terecht als het begin van een entente zag. De Duitsers begonnen zich nu toch wel zorgen te maken, vooral toen in 1908 de Franse president een staatsbezoek aan Groot-Brittannië bracht en direct daarna de Franse kranten begonnen aan te dringen op de invoering van de dienstplicht in Groot-Brittannië. Ook het bezoek van de Britse koning aan Rusland in datzelfde jaar waarbij hij hoge militairen in zijn gevolg had, maakte de Duitsers niet geruster. Het deed bij hen het vermoeden rijzen dat er nu ook een militair verdrag tussen beide landen werd overwogen. Duitsland zag zich steeds meer ingesloten worden door vijandig gezinde omringende landen en dat versterkte de wens om de eigen defensie nog serieuzer te nemen dan men al deed.

De Britse admiraliteit maakte gebruik van de zorg die men in Engeland had over de Duitse vlootbouwplannen om meer fondsen beschikbaar te krijgen voor het uitvoeren van de eigen plannen. In januari publiceerde men een rapport waaruit moest blijken dat Duitsland niet alleen een eigen Dreadnoughtprogramma had opgezet, maar ook dat dit land in 1912 over 21 van dit soort schepen zou beschikken. Om de Duitsers vóór te blijven wilde men dat er fondsen beschikbaar zouden komen om nog acht Dreadnoughts extra te bouwen die dan in 1912 gereed zouden moeten zijn.

Dit keer kreeg de admiraliteit kritiek uit onverwachte hoek. Churchill, op dat moment president van de Board of Trade, verzette zich tegen dit naar zijn mening misleidende voorstel en betoogde dat dit het resultaat was van een 'paniekerige voorstelling van zaken, naar voren gebracht uit strikt partijpolitieke motieven als onderdeel van een fantastisch, sensationeel, agressief en zwalkend beleid'. Een duidelijke uitspraak dus die in de pers ook veel steun en aandacht ontving. De Britse marine ging echter door met het verspreiden van nogal sensationele waarschuwingen over de toenemende kracht van de Duitse vloot, maar in 1912 bleek haar ongelijk toen bekend werd dat Duitsland in dat jaar geen 21, maar slechts twaalf Dreadnoughts tot zijn beschikking had. In werkelijkheid heeft de Duitse vloot dan ook nooit een serieuze bedreiging gevormd voor de Britten.

De kritiek in Engeland zelf op de wijze waarop de wapenwedloop met Duitsland zich ontwikkelde, werd steeds heviger. De pers vroeg zich openlijk af waarom er niet aan samenwerking gedacht werd in plaats van het vergroten van de tegenstellingen. Die kritiek werd zo hevig dat de regering er niet meer onderuit kon komen om, althans naar buiten toe, een poging te wagen om tot vermindering van de spanningen tussen beide landen te komen. Toen er in 1912 dan ook van Duitse zijde het initiatief genomen werd om besprekingen te openen over een mogelijke vermindering van de ontstane tegenstellingen, stuurde de Britse minister van Buitenlandse Zaken Grey de minister van Oorlog Haldane naar Berlijn waarbij deze echter de strikte opdracht kreeg zich slechts te oriënteren over de Duitse plannen, maar zich niet te laten verleiden tot het maken van afspraken.

Haldane werd tot zijn eigen verbazing in Berlijn uiterst vriendelijk ontvangen. De keizer sloofde zich uit hem naar de zin te maken en de rijkskanselier deed er alles aan om tot een werkelijke oplossing te komen. Beide heren werkten een conceptovereenkomst uit waarover Haldane later schreef: 'Ik ging niet naar Berlijn met de opdracht om een verdrag te sluiten. Dit soort zaken vergt veel meer voorbereiding, maar ik ging wel met de bedoeling om te onderzoeken of zo'n verdrag tot de mogelijkheden zou behoren. Ik weet natuurlijk niet hoe de Britse regering over de resultaten van mijn onderhandelingen zal oordelen, maar tot nu toe zijn ze zeer succesvol verlopen op een wijze die noch verwacht was, noch voorzien.'

Met dit soort sprekende propaganda waarschuwde de Britse regering voor de machtslust van Duitsland.

Helaas, Grey, waarschijnlijk geschrokken

De afschuwelijke moord op de Servische koning Alexander en zijn echtgenote beroerde de hele wereld. Op de foto: zijn opvolger koning Peter Karadjorjevic (1903) streefde een 'Groot-Servië' na en sloot zich nauw aan bij Rusland.

van het succes van Haldane, wierp onmiddellijk barrières op, stelde een aantal nieuwe eisen en vertraagde zijn antwoorden. Deze tactiek leidde tot grote frustraties bij de Duitse keizer die vreesde dat de Britten de Duitse voorstellen en bereidwilligheid niet serieus namen. Uiteindelijk kwam er van de aanvankelijk door Haldane gemelde positieve ontwikkelingen niets meer terecht. De onwil van Grey, die de Franse ambassadeur over het bezoek van Haldane aan Duitsland had ingelicht en hem daarbij verteld had dat: 'wat het resultaat ook moge zijn, ik er zorg voor zal dragen dat de besprekingen op geen enkele wijze de goede relatie met Frankrijk zullen verstoren', was daarvan de voornaamste oorzaak. Groot-Brittannië had daarmee een goede kans om tot vermindering van de spanningen te komen, laten liggen.

De wapenwedloop tussen beide landen ging nu onverminderd voort en de kans op vrede verminderde zienderogen met het voortschrijden van de tijd.

SERVIË ALS SPANNINGSBRON, DE MOORD OP ALEXANDER OBRENOVIC

Terwijl de spanningen op het internationale diplomatieke toneel toenamen, werd de situatie op de Balkan steeds onrustiger. Na opstanden in 1800 en 1807 waarbij het Servië lukte zich gedeeltelijk aan de Turkse overheersing te ontworstelen, was het land in 1813 toch weer geheel onder Turkse controle gekomen. In 1829 dwongen de Russen de Turkse sultan echter de Serven zelfbestuur toe te staan waardoor hun eigen invloed aldaar natuurlijk weer aanzienlijk toenam. In 1867 echter slaagde de toenmalige heerser van Servië, koning Milan Obrenovic, erin met behulp van Oostenrijk-Hongarije de laatste Turkse troepen definitief uit Servië te verdrijven en kon het land als volledig onafhankelijk worden beschouwd. Wel werd het nu al snel economisch geheel afhankelijk van Oostenrijk-Hongarije. In feite kan gesteld worden dat dit land Servië als een soort protectoraat behandelde, daarbij handig gebruikmakend van de zwakheden van koning Milan Obrenovic. De ontevredenheid in Servië over deze afhankelijke positie steeg met de dag en de complotten en aanslagen waren niet van de lucht. Milan moest dan ook in 1889 aftreden ten gunste van zijn zoon Alexander Obrenovic. 'De appel valt niet ver van de boom' luidt een bekend spreekwoord en dat was bij de nieuwe koning ook het geval. Alexander volgde eenzelfde politiek ten opzichte van Oostenrijk-Hongarije als zijn vader en dat werd hem natuurlijk niet in dank afgenomen. In juni 1903 werd hij, samen met zijn echtgenote, haar twee broers en de minister van Oorlog, tijdens een coup van legerofficieren op waarlijk beestachtige wijze vermoord, wat meteen ook het einde betekende van het geslacht Obrenovic. Omdat Oostenrijk-Hongarije de coup in het geheim had gesteund hoopte het dat het nieuwe bewind daar dankbaar voor zou zijn. Men kwam echter bedrogen uit. Acht dagen na de moord werd de Servische troon weer bezet.

De zestigjarige Peter Karadjordjevic keerde uit zijn

Koning Peter en zijn minister-president Pašić (met baard) die een grote rol speelden bij het ontstaan van de Eerste Wereldoorlog.

AAN DE VOORAVOND VAN HET CONFLICT

Pašić en de Servische kroonprins Alexander, de latere koning van Joegoslavië.

ballingschap te Genève terug en werd onmiddellijk door Rusland erkend en gesteund. Peter propageerde de Groot-Servische gedachte en verklaarde zich openlijk voorstander van aansluiting van Bosnië-Herzegovina bij het Servische moederland. Hij knoopte direct nauwe banden aan met Rusland dat daar maar al te graag op inging. De Russische invloed in Servië nam nu weer enorm toe en de Oostenrijk-Hongaarse positie brokkelde af. Langzaam maar zeker ontworstelde Servië zich ook aan de reeds onder koning Milan ontstane en knellende economische banden waarbij de Servische handel en export bijna geheel door Oostenrijk-Hongarije werd bepaald. Dat land reageerde niet erg verstandig op deze Servische pogingen zijn economische onafhankelijkheid terug te winnen en werkte op alle mogelijke manieren tegen in een wanhopige poging zijn vergaande invloed en bevoorrechte positie aldaar te handhaven.

In 1906 ontstond de zogenoemde varkensoorlog, een economische oorlog waarbij Servië erin slaagde zijn belangrijkste exportproduct, varkens, niet meer via Oostenrijk-Hongarije te laten lopen, maar rechtstreeks naar nieuwe afzetgebieden in Frankrijk, Duitsland, Italië, Egypte en Bulgarije te sturen. Zo rekende het definitief af met de Oostenrijk-Hongaarse monopoliepositie.

Nu Peter erin geslaagd was zijn land in economisch opzicht aan de Oostenrijk-Hongaarse economische overheersing te ontworstelen begon hij zich ook op politiek gebied tegen dat land te keren. Bosnië-Herzegovina werd daarbij zijn strijdmiddel. Het beheer over dit voorheen Turkse gebied was tijdens het Berlijnse congres aan Oostenrijk-Hongarije opgedragen. Er woonden zeer veel Slaven en Peter begon daar nu onrust te zaaien en aan te dringen op aansluiting bij Servië. 'Alle Slaven onder een dak', werd zijn officiële slogan en al snel kreeg hij het leger, de regering en de bevolking warm voor deze politiek. Voor Rusland was dit natuurlijk koren op de molen en het begon de Servische aspiraties dan ook van harte te ondersteunen.

AAN DE VOORAVOND VAN HET CONFLICT

Zo was de situatie op de Balkan na het aantreden van koning Peter Karadjordjevic in het nadeel van Oostenrijk-Hongarije veranderd en had dit land een bondgenoot (Servië) verloren terwijl Ruslands invloed op de Balkan aanzienlijk toenam.

De basis voor een toekomstig conflict op de Balkan was gelegd en Oostenrijk-Hongarije begon zich zorgen te maken over de veiligheid van zijn grenzen. Zoals we later zullen zien, niet geheel ten onrechte.

Er ontstond nu een innige band tussen Rusland en Servië en daarmee een potentieel gevaar voor het voortbestaan van Oostenrijk-Hongarije en zelfs voor de vrede in heel Europa.

Als gevolg van het alliantiesysteem zou zelfs het kleinste conflict in de Balkan de meest ernstige gevolgen kunnen krijgen. Servië was een zeer ambitieus land met als ideaal de vorming van één groot Servisch Rijk waarbinnen alle Slaven verbonden zouden zijn. Oostenrijk-Hongarije was beheerder van de provincie Bosnië-Herzegovina met enkele miljoenen Slaven binnen zijn grenzen, die steeds meer onder de invloed kwamen van de voortdurende Servische propa-

Putnik, de Servische opperbevelhebber in 1914.

AAN DE VOORAVOND VAN HET CONFLICT

Koning Nikolaj van Montenegro die samen met Servië en Rusland de oorlog inging.

ganda en agitatie. Rusland, dat zijn invloed op de Balkan wilde handhaven en uitbreiden, liet Servië de kastanjes uit het vuur halen door als voortdurende bron van onrust te fungeren om de positie van Oostenrijk-Hongarije te verslechteren, dat zelf ook de eerste viool op de Balkan wilde spelen. Alle condities voor een groot conflict waren aanwezig en deze gespannen situatie zorgde voor een voortdurende stille dreiging.

Het is duidelijk dat het Rusland was dat alle troeven in handen hield. Het hoefde Servië slechts te ondersteunen in zijn Groot-Servische ambities om op een door hemzelf gewenst moment de vlam in de pan te kunnen laten slaan en een conflict te veroorzaken. Zo'n conflict tussen Servië en Oostenrijk-Hongarije zou Duitsland als gevolg van zijn alliantieafspraken verplichten zijn bondgenoot te steunen. Frankrijk en mogelijk ook Groot-Brittannië zouden zich bij Rusland aansluiten, als dit land over Servië in conflict zou komen met Oostenrijk-Hongarije. Heel Europa zou in korte tijd in vuur en vlam staan.

AAN DE VOORAVOND VAN HET CONFLICT

Een voor die tijd opmerkelijke vrouw. Sergeant Flora Sands vocht mee met het Servische leger, raakte enkele malen gewond en ontving een hoge onderscheiding, het kruis van verdienste in de orde van Kara George.

Dat was echter precies wat enkele staatslieden in Frankrijk en Rusland voor ogen stond toen ze hun alliantieplannen vervolmaakten en ook Groot-Brittannië daarin wisten te betrekken. Een Europese oorlog, waarbij Duitsland te maken zou krijgen met drie vijanden tegelijk, een oorlog die het, gezien de enorme overmacht, zeker verliezen moest; een oorlog dus waarin Frankrijk Elzas-Lotharingen zou terugkrijgen, Rusland zijn toegang tot de Middellandse Zee en een blijvende en vergaande invloed op de Balkan zou veiligstellen en Groot-Brittannië verlost zou worden van een concurrent die dreigde hem economisch en politiek voorbij te streven. De motieven van de ententelanden waren duidelijk genoeg.

AAN DE VOORAVOND VAN HET CONFLICT

Het was natuurlijk logisch dat zo'n oorlog pas zou mogen uitbreken op een moment dat de bondgenoten daarvoor gereed zouden zijn. Pas dan zou de grote afrekening kunnen beginnen. Dat zou nog enkele jaren duren, men schatte zelf tot 1917, en in die tussentijd was het zaak de rust op de Balkan zo veel mogelijk te bewaren en zich op de strijd voor te bereiden.

Het past dan ook geheel in het tijdsbeeld dat, met Russische steun en Russisch geld, in Servië een nieuwe 'radicale partij' werd opgericht die onder meer het verlenen van steun aan revolutionaire bewegingen in Oostenrijk-Hongarije en in de provincie Bosnië-Herzegovina in haar doelstellingen had opgenomen. Naast deze politieke partij werden er ook nog andere verenigingen en organisaties opgericht, allen met het doel de 'Groot-Servië'-gedachte te propageren onder de Slavische volkeren. Tot hen behoorden onder andere de 'Narodne Odbrana' en de 'Ujedindenje Ili Smrt', ook wel de 'Zwarte Hand' genoemd. Deze laatste, onder leiding van het hoofd van de inlichtingendienst van het leger, kolonel Dimitrijevic, was de gevaarlijkste en had terrorisme hoog in haar vaandel staan. De leden zwoeren op straffe des doods eeuwige trouw en geheimhouding. Het was vooral deze organisatie die zich op de 'bevrijding' van Bosnië-Herzegovina richtte en binnen enkel jaren in bijna alle geledingen van het openbare leven binnendrong. Haar leden vond men tot in de hoogste kringen en uiteindelijk slaagde men erin om praktisch alle belangrijke posten in leger, politie en regering in handen te krijgen.

Servië richtte zich nu openlijk en met alle kracht op agressie, agitatie en terrorisme tegen Oostenrijk-Hongarije en werd daarbij in het geheim krachtig gesteund door Rusland. Het aantal aanslagen en terreurdaden in Bosnië-Herzegovina bereikte een ongekend hoogtepunt en Servië werd zo langzamerhand een reële bedreiging voor de dubbelmonarchie. De situatie was dan ook bijzonder explosief geworden.

... En het aanzien van de wereld zou drastisch veranderen.

AAN DE VOORAVOND VAN HET CONFLICT

In 1908 besloot de Oostenrijk-Hongaarse minister van Buitenlandse Zaken Aehrenthal (1906-1912) daar iets aan te doen. Hij zocht zijn Russische collega Iswolski op en deelde deze mede dat Oostenrijk-Hongarije besloten had om Bosnië-Herzegovina te annexeren zodat het leger kon worden ingezet om de rust aldaar te herstellen. In ruil voor Russische medewerking bood hij echter steun aan bij het Russische streven naar toestemming van de grootmachten voor het openstellen van de Dardanellen en Bosporus voor Russische oorlogsbodems.

Iswolski hapte toe, dacht echter dat er eerst een internationale conferentie zou komen om dit te bespreken, maar hij had nog maar net bevestigend geantwoord of Aehrenthal maakte de annexatie al bekend en Oostenrijk-Hongaarse troepen trokken de provincies reeds binnen. Omdat de overige grootmachten niets voor een conferentie voelden bleef Iswolski met lege handen staan en dat betekende een definitieve breuk met Oostenrijk-Hongarije.

In Servië zag men de ambities die men met Bosnië-Herzegovina voor ogen had in een klap in het niets verdwijnen. Men was uitzinnig van woede en dreigde zelfs met oorlog. Slechts de tussenkomst van de grootmachten kon erger voorkomen en Servië werd gedwongen zich met de annexatie akkoord te verklaren. Het gevolg was wel dat Rusland en Servië nu nog nauwer samen gingen werken en de anti Oostenrijk-Hongaarse sentimenten steeds sterker werden. In de daarop volgende twee Balkanoorlogen (1912 en 1913) veranderde de politieke constellatie op de Balkan wederom. Er vormde zich een hecht Slavisch blok waarbij Servië zijn territorium wederom kon uitbreiden en Roemenië zich (zij het nog niet openlijk) bij Rusland en Servië aansloot, terwijl Bulgarije, verzwakt als het was, de uitgestoken hand van Oostenrijk-Hongarije gretig aanvaardde en zich aan diens kant schaarde.

DE CRISIS VAN 1914

De spanning stijgt, Europa mobiliseert

DE POSITIES VAN OOSTENRIJK-HONGARIJE EN RUSLAND

De positie van Oostenrijk-Hongarije was er, zoals gezegd, na de Balkanoorlogen niet beter op geworden. Het land zag zich nu geplaatst tegenover een hem vijandig gezind Slavisch blok onder leiding van Rusland, een Rusland dat er alles aan deed om het Servische nationalisme verder aan te wakkeren en de spanningen op de Balkan op te voeren. Daar kwam nog bij dat de Servische agitatie in Bosnië-Herzegovina tot een explosieve situatie had geleid. Aanslagen en moorden volgden elkaar op met de regelmaat van de klok en de Bosnische regering verklaarde dat alleen de allerzwaarste maatregelen het land nog van een catastrofe zouden kunnen redden. De positie van Oostenrijk-Hongarije als grootmacht, het hele bestaan van de dubbelmonarchie stond op het spel en de regering begon zich op maatregelen te bezinnen waarbij de opperbevelhebber, generaal Conrad von Hötzendorff, steeds grotere druk ging uitoefenen op de regering om tot mobilisatie over te gaan en Servië binnen te vallen om een eind te maken aan het terroristische regime aldaar. 'Servië', zo stelde hij, 'kan alleen met de macht van de wapens worden gecorrigeerd. Langer wachten maakt de kans dat Rusland zich ermee zal gaan bemoeien en Servië openlijk zal steunen, steeds groter. Daarom moeten we nu aanvallen voor het te laat is, vooral omdat Rusland nu nog niet gereed is om oorlog te voeren.'

Dat de situatie inderdaad ernstig genoemd kon worden blijkt mede uit zijn analyse van de toestand. 'Oostenrijk-Hongarije', zo stelde hij, 'wordt zowel van binnenuit als van buitenaf bedreigd. Van binnenuit door de tegenstellingen tussen de etnische groeperingen in Bosnië; de Serven die bij Servië willen horen; de Tsjechen die een onafhankelijke staat willen; de moslims die aansluiting bij Turkije zoeken en de christenen die bij Oostenrijk-Hongarije willen blijven. Ten slotte is er nog de onrust in het Hongaarse deel van het rijk.'

Van buiten komen de bedreigingen door:
1 Het streven van Rusland naar invloed in Constantinopel, naar een leidende rol in de Balkan en om de Duitse plannen in Azië te doorkruisen.
2 Italië, dat delen van Oostenrijks gebied aan de Italiaanse grenzen in bezit wil krijgen en de hegemonie in de Adriatische Zee wil.
3 Het streven van Servië naar een Groot-Servisch rijk en zijn agitatie in Bosnië en Herzegovina om dit te bereiken.
4 Roemenië, dat de door Roemenen bewoonde Oostenrijkse gebieden in be-

Aartshertog Franz-Ferdinand van Oostenrijk-Hongarije met zijn gezin. Hij werd in 1914 tijdens een bezoek aan Bosnië vermoord.

DE CRISIS VAN 1914

Unieke foto van de aartshertog tijdens de manoeuvres in Bosnië op 27 juni 1914, enkele dagen voor de moordaanslag.

zit wil krijgen.
5 De toenemende openlijke vijandigheid van Frankrijk tegen bondgenoot Duitsland.

Het is duidelijk dat Conrad daar een zorgwekkend plaatje schetste en dat de situatie voor Oostenrijk-Hongarije zeker niet rooskleurig genoemd kon worden. De problematiek stapelde zich dan ook hoog op en alleen zeer wijze staatslieden zouden daar mogelijk een oplossing voor kunnen vinden. De vraag mag gesteld worden of Oostenrijk-Hongarije wel over zulke wijze staatslieden beschikte.

Intussen was men in Rusland natuurlijk volledig op de hoogte van de problemen waar Oostenrijk-Hongarije zich voor gesteld zag, ze waren een direct gevolg van de door de Russische regering gevolgde politiek ten aanzien van haar buurland.

Na de annexatie van Bosnië-Herzegovina door Oostenrijk-Hongarije was de houding van de Russische minister van Buitenlandse Zaken, Iswolski, uiteraard totaal veranderd. Hij voelde zich persoonlijk gekrenkt door het, wat hij noemde 'verraad' van Aehrenthal en stelde nu alles in het werk om de schade zo veel mogelijk te beperken. In 1909 begon hij onderhandelingen met Bulgarije en sloot daarmee een militair verdrag. In artikel 5 van dit verdrag lezen we: 'Gezien het feit dat de realisatie van de heilige idealen van de Slavische volkeren in de Balkanstaten, welke zo na aan het hart van Rusland liggen, uitsluitend gerealiseerd kunnen worden na een positieve afloop van Ruslands strijd met Duitsland en Oostenrijk-Hongarije… etc.', een wel zeer duidelijke verwijzing naar de Russische bedoelingen en plannen voor de toekomst.

In oktober van datzelfde jaar sloot Iswolski ook nog een geheime overeenkomst met Italië waarin beide landen hun invloedssferen erkenden waardoor de Triple Alliantie verder verzwakt werd. Iswolski kon tevreden zijn. Hij had de grondslagen gelegd voor een verdere verzwakking van de Triple Alliantie en een versterking van de Russische positie in de Balkan. Wat hem betrof kon de toekomstige Europese oorlog, 'zijn oorlog' zoals hij bij het uitbreken ervan zou uitroepen, niet snel genoeg beginnen. Hij vertrok naar Parijs waar hij, als Russisch ambassadeur, zijn pogingen om die oorlog te doen helpen uitbreken, onverdroten zou voortzetten.

Iswolski werd in Rusland als minister van Buitenlandse Zaken opgevolgd

De Oostenrijks-Hongaarse opperbevelhebber veldmaarschalk Conrad von Hötzendorf (1852-1925). Hij drong voortdurend aan op een preventieve oorlog tegen Italië en Servië. Toen de oorlog in 1914 uitbrak bleek zijn leger niet gereed te zijn en moest de mobilisatie worden uitgesteld.

door Sazonov die Iswolski's politiek in grote lijnen voortzette. Hij streefde naar het vormen van een Balkan League, een bond van Balkanlanden onder Russische leiding, en slaagde erin de banden tussen Servië en Bulgarije verder te versterken. Ook stond hij aan de wieg van de alliantie tussen Servië en Montenegro waarmee de Balkanbond steeds sterker werd. De Balkanoorlogen gooiden weer roet in het eten toen Servië en Bulgarije lijnrecht tegenover elkaar kwamen te staan en Bulgarije onverwacht Servië binnenviel. Zijn troepenmacht werd echter smadelijk verslagen waarna een verzwakt Bulgarije zich van Rusland afwendde en maar al te graag de toegestoken hand van Oostenrijk-Hongarije aannam. Veel had Oostenrijk-Hongarije daar overigens niet aan want Bulgarije was totaal verzwakt uit de strijd tevoorschijn gekomen. Sazonov slaagde er echter in om Roemenië, dat de Serven had geholpen in hun strijd tegen de Bulgaren, los te weken uit de Triple Alliantie waarbij het sinds 1883, via een geheim militair en politiek verdrag met Oostenrijk-Hongarije, aangesloten was. Toen de oorlog in 1914 uitbrak stelde dit land zich dan ook neutraal op en sloot zich wat later alsnog bij de entente aan.

Ook op marinegebied was Sazonov actief. Op 16 juni 1912 sloot hij met Frankrijk naast de bestaande legerconventie nu ook een marineverdrag waar-

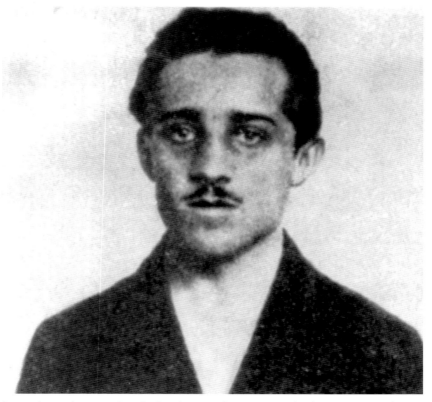

Princip, de moordenaar van Franz-Ferdinand en zijn echtgenote. Hij stierf in de gevangenis aan tbc.

bij onder andere een herschikking van de beide vloten werd afgesproken. Frankrijk zou zijn gehele vloot naar de Middellandse Zee overbrengen en Rusland zou de Zwarte Zeevloot versterken. Met Groot-Brittannië werd afgesproken dat dit zijn Middellandse Zeevloot naar de Noordzee zou overbrengen waarbij de Britten beloofden om, ingeval van een Duitse aanval op Frankrijk, de Franse kust te zullen beschermen. Eerder, in 1907, sloten Rusland en Groot-Brittannië al een politiek verdrag waarbij de problemen tussen beide landen met betrekking tot Perzië, Afghanistan en Tibet werden opgelost. Verder werden er besprekingen gevoerd over een marineverdrag waarbij de Britten gevraagd werd ook de Oostzeekusten te beschermen. Besprekingen hierover waren nog gaande toen in augustus 1914 de oorlog uitbrak en participatie van Engeland een feit werd. Ten slotte sloot Sazonov in juli 1912 nog een geheim verdrag met aartsvijand Japan zodat Rusland ook van die kant geen gevaar meer had te duchten indien het verwikkeld zou raken in een oorlog met Oostenrijk-Hongarije en Duitsland.

Twee van de drie samenzweerders, Cabrinovic en Grabez, die de moordaanslag op Franz-Ferdinand beraamden.

Intussen was de agitatie in Bosnië-Herzegovina weer in volle hevigheid losgebarsten en de Bosnische regering verklaarde dat een catastrofe nog slechts kon worden voorkomen door direct militair ingrijpen. Onder die omstandigheden bracht de Oostenrijk-Hongaarse troonopvolger, Franz-Ferdinand, op 25 juni 1914 een officieel bezoek van enkele dagen aan Bosnië-Herzegovina voor het bijwonen van de jaarlijkse militaire manoeuvres, een bezoek dat in feite de lont zou worden die het kruitvat van de Balkan zou doen ontploffen. De oorlog, die uiteindelijk zo'n 30 miljoen slachtoffers zou eisen, stond op het punt van uitbreken.

DE MOORD TE SERAJEVO. DRAMATISCHE GEVOLGEN VOOR DE WERELDVREDE

Op 28 juni 1914, tijdens een rijtoer door Serajevo, kwamen aartshertog Franz-Ferdinand, de Oostenrijk-Hongaarse troonopvolger en zijn vrouw Sophie door moordenaarshand om het leven. Wie waren hun moordenaars en wat waren hun drijfveren?

Het drama, dat de directe aanleiding zou vormen voor het ontstaan van de Eerste Wereldoorlog, begon in het dorpje Sabac aan de rivier de Sava. In de ochtend van de 28ᵉ mei 1914 arriveerden drie jonge Bosnische studenten, Princip, Grabez en Cabrinovic, vanuit Belgrado per boot in dit kleine havenplaatsje waar ze contact opnamen met een zekere Popovic, lid van het geheime Servische genootschap 'De Zwarte Hand', de terroristische organisatie die aansluiting van Bosnië-Herzegovina bij Servië nastreefde. De Zwarte Hand had een groot aandeel in de organisatie van de opstanden en terreuracties in Bosnië en haar leden zwoeren strikte geheimhouding op straffe des doods. De organisatie was wijdvertakt en had haar leden in de hoogste politieke en militaire kringen. Ze stond onder leiding van de Servische kolonel van de militaire inlichtingendienst, Dimitrijevic, eerder betrokken bij de moord op het Servische koningspaar.

De drie studenten waren vanwege hun anarchistische en anti-Oostenrijkse activiteiten in Bosnië in grote problemen gekomen en om aan arrestatie te ontkomen illegaal naar Servië uitgeweken waar hun weinig moeilijkheden in de weg werden gelegd. Al snel verkeerden ze weer in anarchistische kringen en toen het nieuws van het bezoek van de aartshertog in Belgrado bekend werd, zagen ze daarin een geweldige kans hun vaderland een dienst te bewijzen en het gehate Oostenrijk een slag toe te brengen. Het plan voor een aanslag op Franz-Ferdinand werd geboren en met de uitvoering daarvan een begin gemaakt.

Al snel werden ze in contact gebracht met een zekere majoor Jankovic, rechterhand van kolonel Dimitrijevic, die hen van wapens en munitie voorzag en er ook voor zorgde dat ze daarmee leerden omgaan. Hij zorgde ervoor dat ze zonder problemen de grens naar Bosnië over konden komen en bracht hen in contact met Popovic die de opdracht kreeg hen verder te helpen.

Keizer Franz-Joseph van Oostenrijk-Hongarije (1830-1916) regeerde 68 jaar onafgebroken. Hij was tegen oorlog met Servië en gaf pas na lang aarzelen het mobilisatiebevel af.

Popovic gaf hen op zijn beurt een aanbevelingsbrief mee voor het hoofd van de douane van de dichtstbijzijnde grensplaats, Loznica, een zekere Prvanovic, eveneens lid van de Zwarte Hand, die hen via Tuzla over de grens met Bosnië hielp. Op 6 juni bereikten de drie studenten Serajevo en trokken daar bij familie in. Princip ontmoette daar zijn vriend Ilic, eveneens revolutionair, en bracht hem op de hoogte van het plan om de aartshertog te vermoorden. Gedurende de volgende weken bespraken Princip en zijn medesamenzweerders de komende aanslag waarbij ze vele scenario's onder de loep namen. Pas op 27 juni, de dag voor Franz-Ferdinands aankomst in Serajevo, publiceerden de kranten het programma van zijn bezoek. Hun team was inmiddels

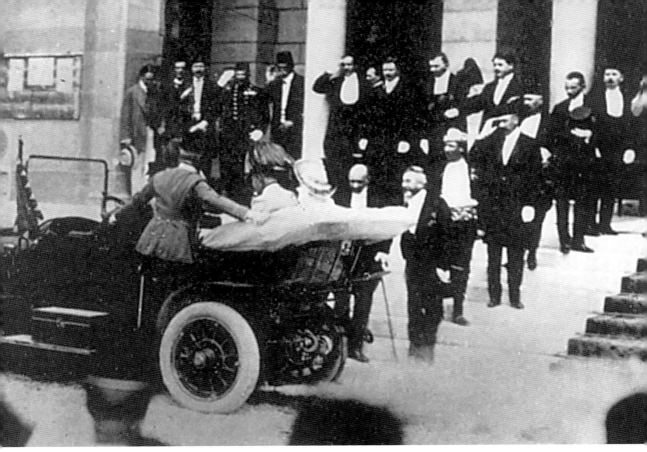

Franz-Ferdinand en echtgenote Sophie bij hun aankomst bij het gemeentehuis te Serajevo.

uitgebreid met nog drie man die ze tijdens hun lange gesprekken in obscure gelegenheden ontmoet hadden. Toen het programma bekend werd, besloten ze zich langs de route op te stellen en naar gelang de mogelijkheden zich zouden aandienen, hun wapens te gebruiken en de aanslag uit te voeren.

De volgende dag, zondag 28 juni 1914, brak aan. Franz-Ferdinand en zijn vrouw kwamen in de ochtend per trein in Serajevo aan en vertrokken per auto naar het gemeentehuis waar een receptie zou worden gegeven. Rijen publiek stonden langs de route opgesteld. Tussen hen in, op flinke afstanden van elkaar, de zes samenzweerders. Behalve hun wapens hadden ze allemaal een flesje met cyaankali bij zich voor het geval dat de aanslag zou mislukken en ze gearresteerd zouden worden.

De stoet passeerde Cabrinovic die niet aarzelde, de veiligheidspin uit een granaat trok en hem in de richting van Franz-Ferdinand gooide. De granaat kwam op de teruggeslagen kap terecht, rolde ervanaf en ontplofte op straat. Onmiddellijk trok de chauffeur van Franz-Ferdinand met grote snelheid op terwijl Cabrinovic zijn cyaankali probeerde in te nemen, maar hij liet het flesje vallen waardoor de inhoud verloren ging. Hij rende daarop weg en sprong in de rivier waar hij echter even later werd gegrepen en gearresteerd.

Franz-Ferdinand keek achterom en zag dat de volgauto was gestopt en dat de inzittenden gewond waren. Meteen echter trok zijn chauffeur weer op en de auto passeerde achtereenvolgens Princip en daarna Grabez die beiden echter te ver af stonden om handelend op te treden. De aanslag leek mislukt, Franz-Ferdinand besloot het programma normaal door te laten gaan. Na een kort bezoek aan het gemeentehuis stapten hij en zijn vrouw weer in de auto, op weg naar het militair hospitaal waar hij de gewonde inzittenden van de volgauto wilde bezoeken. Toen passeerde zijn auto de plek waar Princip zich nog ophield. Deze trok zijn pistool en loste enkele schoten in de richting van het aartshertogelijke paar. De schoten troffen doel, Sophie stierf vrijwel onmiddellijk, Franz-Ferdinand even later. Alle samenzweerders werden gearresteerd maar het kwaad was reeds geschied. De moord op Franz-Ferdinand zette de wereld in brand, keizerrijken en koninkrijken verdwenen en miljoenen zouden het leven verliezen in een strijd die vier lange jaren zou duren, een strijd die in zich reeds de kiem

Na hun bezoek verlaten Franz-Ferdinand en zijn echtgenote het gemeentehuis waarna hun laatste reis zou beginnen.

droeg van een nieuw nog groter conflict, dat 'Tweede Wereldoorlog' zou worden genoemd.

DE REACTIES VAN DE GROTE MOGENDHEDEN, UITSTEL VAN DE OOSTENRIJK-HONGAARSE MOBILISATIE

De aanslag op de Oostenrijkse troonopvolger veroorzaakte in de gehele wereld een schok van afschuw en indien Oostenrijk-Hongarije op dat moment Servië zou zijn binnengevallen, zou geen macht ter wereld zich daartegen hebben verzet. Maar er kwam geen Oostenrijk-Hongaarse aanval.

Nu bleek dat zijn troepen bij lange na niet gevechtsgereed waren. Al jaren sprak men over een preventieve oorlog, maar toen het moment daarvoor was aangebroken bleek men niet in staat tot een snelle reactie. Oostenrijk-Hongarije faalde volkomen en liet een voor hem unieke kans om zijn doelen met betrekking tot Servië te realiseren en tegelijkertijd een wereldoorlog te voorkomen, onbenut. Wat wel geschiedde, was het begin van een proces van eindeloze besprekingen, politieke consultaties, ministerraadvergaderingen, kortom: een scala van activiteiten die een snelle oplossing steeds verder in de weg stonden.

Door dit uitstel kreeg de wereld tijd zich van de schok te herstellen en al spoedig keerde de oude anti-Oostenrijk-Hongaarse stemming weer terug en zo bleef het initiatief in handen van de tegenpartij. De dag na de aanslag meldde generaal Conrad von Hötzendorff zich met het verzoek om tot mobilisatie te mogen overgaan. De keizer wees zijn verzoek echter af en Conrad noteerde in zijn dagboek dat het duidelijk was dat zowel in Duitsland als in eigen land de politieke wil en vastberadenheid ontbraken om de enig juiste actie te ondernemen. Ook de minister van Buitenlandse Zaken, Berchtold, wilde snelle actie maar vond daarbij de Hongaarse premier Tisza op zijn weg. Deze wilde eerst bewezen zien dat de Servische regering schuldig of medeschuldig aan de aanslag zou zijn. Ook achtte hij het tijdstip om een oorlog met Servië te beginnen erg ongunstig omdat hij vreesde dat Italië en Roemenië zich niet aan hun alliantieverplichtingen zouden houden terwijl Bulgarije nog niet officieel tot de alliantie was toegetreden. Ten slotte achtte hij het noodzakelijk eerst zeker te stellen of Duitsland een Oostenrijks-Hongaarse actie tegen Servië wel zou steunen.

Minister Berchtold was tot de conclusie gekomen dat de voorzichtige buitenlandse politiek die hij tot dan toe gevolgd had, eerder nadelig dan voordelig voor zijn land was geweest.

Princip, die de dodelijke schoten loste.

Steeds had hij de opperbevelhebber tegengehouden als die aandrong op het voeren van een preventieve oorlog. Tijdens de beide Balkanoorlogen had hij niet ingegrepen en de vele vernederingen van de kant van Servië en Rusland over zijn kant laten gaan met als enig resultaat dat men Oostenrijk-Hongarije niet langer serieus nam en niet meer geloofde in zijn levensvatbaarheid als grote mogendheid. Hij vreesde dat, nu Turkije praktisch uit Europa was verdwenen, zijn land als volgende op de lijst stond. Deze vrees werd na de moord op de troonopvolger verder versterkt en hij kwam nu tot de slotsom dat het noodzakelijk was alles in het werk te stellen om het Servische bewind te verwijderen als voornaamste oorzaak van agitatie en anti-Oostenrijk-Hongaarse intriges.

Berchtold stond daarin niet alleen. Zelfs de oude en vredelievende keizer Franz-Joseph was tot dezelfde conclusie gekomen al bleef hij aandringen op uiterste voorzichtigheid. De keizer schreef nu een brief aan zijn bondgenoot, de Duitse keizer Wilhelm II, waarin hij stelde dat de situatie onhoudbaar was geworden. Hij beschuldigde de Serven ervan dat hun pogingen om alle Serven te verenigen onvermijdelijk moesten leiden tot een botsing met zijn land en dat Servië derhalve een permanent gevaar voor de monarchie was geworden. Hij eindigde met een formeel verzoek om hulp van bondgenoot Duitsland in de komende strijd en stuurde een missie, onder leiding van graaf Hoyos, naar Berlijn om zijn verzoek kracht bij te zetten.

DE 'BLANCO CHEQUE' VAN DUITSLAND

Op 5 juli ontving Wilhelm II Hoyos en vertelde hem dat Duitsland zijn bondgenoot niet in de steek zou laten; hij verwees hem naar de rijkskanselier. Wel drong hij aan op snelle actie omdat de wereld nu nog onder de indruk was van de afschuwelijke moord en daardoor nog met Oostenrijk-Hongarije sympathiseerde. Hij gaf als zijn mening er zeker van te zijn dat Rusland niet tussenbeide zou komen omdat dit land nog niet gereed was en zich nog geen oorlog kon veroorloven. Op 6 juli bevestigde de Duitse rijkskanselier per brief dat Duitsland overtuigd was van het gevaar dat zijn bondgenoot liep en zich derhalve volledig achter Oostenrijk-Hongarije opstelde. De kanselier drong eveneens aan op snelle actie. Deze brief heeft men later wel de 'blanco cheque' van Duitsland aan Oostenrijk-Hongarije genoemd.

In Wenen beschouwde men de missie naar Berlijn als een groot succes en op 7 juli vond een ministerraadvergadering plaats waarin Berchtold mededeling deed van de Duitse steun. Hij stelde nu voor om Servië binnen te vallen waarbij hij erkende dat men daarbij het gevaar van Russische interventie liep. 'Maar', zo stelde hij, 'Rusland deed er alles aan de Balkanlanden te verenigen met als enig doel ze in een wat later stadium tegen de dubbelmonarchie te gebruiken (...). Oorlog komt er dus toch' zo stelde hij en 'de situatie kan derhalve alleen maar

De begrafenisstoet van het echtpaar te Triëst in augustus 1914.

De Oostenrijks-Hongaarse minister-president Berchtold. Hij nam het besluit tot oorlog met Servië óók indien dat een wereldoorlog tot gevolg zou hebben.

slechter worden.' De Hongaarse premier Tisza verzette zich echter wederom, waarschuwde nogmaals voor Rusland en eiste de verzekering dat er, als het toch tot oorlog zou komen, geen Servisch gebied geannexeerd zou worden. De vergadering eindigde ten slotte zonder dat men tot een definitief besluit was gekomen.

Berchtold drong er nu bij de keizer op aan een ultimatum te zenden aan de Servische regering, maar deze weigerde dit omdat hij van mening was dat nog niet alle diplomatieke middelen waren uitgeput terwijl het bewijs dat de Servische regering schuldig was, nog niet geleverd zou zijn. Berchtold gaf echter niet op en stelde op eigen initiatief een ultimatum op. Hij lichtte de Duitse ambassadeur mondeling in welke eisen hij aan Servië dacht te stellen. Vervolgens zond hij een hoge ambtenaar naar Servië om onderzoek te doen en eventuele bewijzen te verzamelen over Servische medeplichtigheid.

Inmiddels namen de spanningen in Oostenrijk-Hongarije snel toe. Met name de pers roerde zich danig. Zo publiceerde men een interview van de Russische ambassadeur in Belgrado met een Bulgaarse journalist, waarin de ambassadeur verklaarde er zeker van te zijn dat als Servië eenmaal in het bezit zou zijn van Bosnië-Herzegovina, Bulgarije Macedonië zou kunnen krijgen. Deze publicatie maakte grote indruk op Tisza die, mede als gevolg van de grote druk die op hem werd uitgeoefend, langzaam maar zeker zijn afwijzende houding begon los te laten.

Op 14 juli riep Berchtold wederom de ministerraad bijeen en ditmaal ging Tisza, onder bepaalde voorwaarden, akkoord met een oorlogsverklaring aan Servië. Wel handhaafde hij zijn eis dat er geen annexatie van Servisch gebied zou plaatsvinden om daarmee Rusland een argument om te interveniëren uit handen te nemen.

HET WEENSE ULTIMATUM

De vergadering nam nu unaniem het besluit Servië een ultimatum te doen toekomen. Tisza's akkoord was van een enorme draagwijdte. Tot dan toe had hij alles in het werk gesteld om oorlog te voorkomen. Dat hij pas na lang aarzelen toegaf toont aan dat men, ondanks het feit dat er grote druk op hem werd uitgeoefend, moeilijk kan volhouden dat Oostenrijk-Hongarije lichtzinnig en slordig is omgesprongen met het zeer verstrekkende en gevaarlijke besluit uit-

DE CRISIS VAN 1914

Franz-Joseph op hoge leeftijd tijdens een receptie te Wenen.

eindelijk toch tot oorlog met Servië over te gaan. Zowel de keizer als Tisza gingen pas in laatste instantie overstag, maar niet nadat zijzelf volledig overtuigd waren geraakt van de noodzaak voor zo'n besluit. Zij zagen zich voor de keus gesteld: de vernietiging van de dubbelmonarchie of oorlog. De keuze viel hun zeer zwaar.

Op 19 juli werd de definitieve tekst van het Oostenrijk-Hongaarse ultimatum aan Servië opgesteld. De in de nota gestelde eisen waren dusdanig zwaar dat men ervan uitging dat Servië ze wel moest verwerpen. Een van die eisen was dat Oostenrijk-Hongarije zich het recht voorbehield om een eigen onderzoek uit te voeren op Servische bodem, een eis die geen enkel zichzelf respecterend land zou kunnen inwilligen. Men geloofde echter niet meer in Servische beloften en het ultimatum was dan ook zo opgesteld dat oorlog onvermijdelijk werd. De nota werd uiteindelijk op 23 juli 1914 om 18.00 uur aan de Serven overhandigd. Zoals verwacht werd het ultimatum door hen afgewezen en op 25 juli ondertekende keizer Franz-Joseph het bevel tot de beperkte mobilisatie, de 28^e gevolgd door de oorlogsverklaring aan Servië. Al spoedig vonden de eerste oorlogshandelingen plaats. Een flottielje kanonneerboten beschoot de Servische

Op 23 juli 1914 overhandigde de Oostenrijks-Hongaarse ambassadeur in Belgrado het fatale ultimatum dat de Eerste Wereldoorlog inleidde.

Een enthousiaste menigte kwam bij het uitbreken van de oorlog bij elkaar op de Unter den Linden.

hoofdstad Belgrado en richtte daar grote schade aan, maar het eerste schot dat gelost werd was tevens het startschot voor een wereldbrand die vier jaar zou duren en miljoenen levens zou kosten.

DE MOBILISATIE VAN DE GROTE MOGENDHEDEN

DUITSLAND MOBILISEERT

Nadat de Duitse ambassadeur kennis had genomen van de tekst van het ultimatum aan Servië gaf hij dit onmiddellijk door aan Berlijn. De Duitse minister van Buitenlandse Zaken, Jagow, noemde het ultimatum 'reichlich scharf' en klaagde dat het nu veel te laat was 'dazu Stellung zu nehmen'. Ook verklaarde hij dat Wenen met dit ultimatum alle schepen achter zich verbrand had, maar hij distantieerde zich er niet van. Op 27 juli zond hij Berchtold zelfs een telegram waarin hij waarschuwde dat er de komende dagen mogelijk via Berlijn bemiddelingsvoorstellen zouden komen, maar dat men zich daar verder niets van moest aantrekken omdat Duitsland deze voorstellen alleen maar doorstuurde om de verhouding met Groot-Brittannië niet te verstoren in dit stadium. Op 28 juli adviseerde hij Berchtold echter toch om rechtstreekse besprekingen te openen met Rusland. Die reageerde hierop niet en haalde daarmee de woede van de Duitse kanselier op zijn hals die de volgende dag verklaarde dat Duitsland natuurlijk gereedstond om zijn bondgenoot te ondersteunen, maar er niets voor voelde in een oorlog te worden betrokken als Oostenrijk-Hongarije zo lichtzinnig te werk ging en niet naar zijn adviezen wilde luisteren.

Berchtold, geschrokken, gaf zijn ambassadeur daarna alsnog opdracht met de Russische minister van Buitenlandse Zaken aan tafel te gaan zitten, maar het bleek al te laat. Diezelfde dag schreef de Duitse opperbevelhebber Von Moltke een brief aan zijn collega generaal Conrad von Hötzendorff waarin hij deze dringend verzocht nu niet meer met de mobilisatie te wachten, omdat dit nu nog de enige kans voor Oostenrijk-Hongarije was om te overleven. Duitsland, zo beloofde hij, zou zonder enige terughoudendheid aan die oorlog deelnemen. Op 31 juli 1914 om 12.33 uur tekende keizer Franz-Joseph het bevel tot de algemene mobilisatie, dus ook tegen Rusland, die echter pas op 4 augustus zou ingaan. Men had inmiddels vernomen dat Rusland reeds op 30 juli de algemene mobilisatie had afgekondigd, waardoor Oostenrijk-Hongarije in feite de mogelijkheid werd onthouden een beperkte mobilisatie, alleen tegen Servië, af te kondigen. Deze Russische mobilisatie, die dus voorafging aan die van Oostenrijk-Hongarije, was voor Duitsland aanleiding de 'toestand van dreigend

Duitse troepen vertrekken naar het front, uitgewuifd door familie en een militair muziekkorps.

Russische cavalerie op weg naar het front.

oorlogsgevaar' af te kondigen waarna het Rusland een ultimatum zond om binnen twaalf uur een eind te maken aan zijn mobilisatie omdat anders ook Duitsland zou moeten gaan mobiliseren, wat volgens de toen geldende normen definitief tot oorlog zou leiden. De Russische mobilisatie was er dus de oorzaak van dat het lokale conflict tussen Oostenrijk-Hongarije en Servië uitmondde in een mondiaal conflict waaraan vervolgens, krachtens het systeem van allianties, ook Frankrijk, Groot-Brittannië en Duitsland, elk weer met zijn eigen bondgenoten, gingen deelnemen.

DE RUSSISCHE MOBILISATIE

Hoewel de Russische algemene mobilisatie dus een lokaal conflict deed uitgroeien tot een wereldoorlog, kan niet ontkend worden dat Oostenrijk-Hongarije reeds op 22 juli door de Russische minister van Buitenlandse Zaken, Sazonov, gewaarschuwd was geen acties tegen Servië te ondernemen omdat de consequenties daarvan ernstig zouden zijn.

Op 23 september verliet de Franse president Poincaré, die enkele dagen op staatsbezoek in Rusland was geweest, de Russische wateren op weg naar huis. Enkele uren na zijn vertrek werd het Oostenrijk-Hongaarse ultimatum in Belgrado overhandigd. Zoals bekend had men dit tijdstip zo gekozen om te voorkomen dat dit nog onderwerp van gesprek zou kunnen zijn tussen de Franse president en de Russen. Die hoop bleek echter ijdel. Ook president Poincaré had de Russen reeds een 'blanco cheque' gegeven met de definitieve verzekering dat hij Rusland zou steunen en de alliantieverplichtingen onverkort zou nakomen.

DE CRISIS VAN 1914

Ook in Groot-Brittannië reageerde men enthousiast. Op de foto: een wervingsbureau van het leger. Ruim 1 miljoen vrijwilligers meldden zich voor de strijd.

Op 24 juli was het nieuws van het ultimatum aan Servië wereldwijd bekend. 'Dit is de Europese oorlog', riep Sazonov uit toen hij het nieuws vernam. Hij riep onmiddellijk de ministerraad bijeen en gaf tegelijkertijd opdracht aan de minister van Financiën de Russische staatsdeposito's uit Duitsland weg te halen voor zover dat mogelijk was. De ministerraad besloot eerst tot gedeeltelijke mobilisatie in vier districten omdat de tsaar zich verzette tegen het afkondigen van de algemene mobilisatie. Gedurende de volgende dagen werd grote druk op hem uitgeoefend en ten slotte zwichtte hij. Op 30 juli werd nu de algemene mobilisatie van kracht, een beslissing die het lot van de wereld definitief bezegelde. Deze maatregel dwong namelijk Duitsland en Oostenrijk-Hongarije hetzelfde te doen; immers volgens de Frans-Russische verdragsbepalingen, maar ook ingevolge de toen geldende inzichten, was het een gegeven dat mobilisatie gelijkstond aan de beslissing tot oorlog. En aldus geschiedde.

GROOT-BRITTANNIË, 1 MILJOEN VRIJWILLIGERS

Op 3 augustus 1914 hield de Britse minister van Buitenlandse Zaken, Edward Grey, zijn befaamde rede in het Britse Lagerhuis inzake de oorlogsverklaring aan Duitsland nadat dit land België was binnengevallen. Engeland, zo stelde Grey, was volgens het verdrag van 1839 tussen de grootmachten en België, verplicht om België te hulp te snellen en kon niet toestaan dat dit 'kleine en dappere' land door Duitsland van de kaart zou worden geveegd.

De bewering dat Groot-Brittannië door dit verdrag de verplichting had België te hulp te snellen was overigens onjuist. In werkelijkheid bestond die verplichting helemaal niet. De ondertekenaars van het verdrag hadden zich wel verplicht om samen, of ieder afzonderlijk, de neutraliteit van België niet te schenden, maar niet om, als die neutraliteit toch geschonden werd, gewapenderhand in te grijpen. Lord Loreburn, de vroegere Lord Chancellor, stelde dan ook dat het voor de historische juistheid belangrijk was te vermelden dat Engeland niet verplicht was in te grijpen, noch op grond van het verdrag van 1839 noch op grond van enig ander verdrag omdat Groot-Brittannië, samen met Oostenrijk, Pruisen, Rusland en Nederland, slechts een overeenkomst had gesloten om

De eerste Britse soldaten verlaten hun kazernes om naar Frankrijk te worden ingescheept.
Op de foto: het 1e bataljon Irish Guards, augustus 1914.

België voor eeuwig als neutrale staat te zullen beschouwen. Groot-Brittannië had zich, net als de overige ondertekenaars, verplicht die neutraliteit niet te zullen schenden, maar niet om die te verdedigen als een van de andere staten zich daar niets van zou aantrekken. Grey deed echter alsof die verplichting er wel was en gebruikte dit argument dan ook om het Britse volk de overtuiging te geven dat het de oorlog inging met volledige morele en juridische rugdekking. Hij stelde het voor alsof het niet nakomen van deze (niet bestaande) verplichting de Britse eer zou bezoedelen en dat het hier ging om een eerlijke en gerechtvaardigde oorlog om een klein en weerloos land te redden, een oorlog die de hele Europese beschaving bedreigde. Vooral dit argument beroerde het Britse volk tot in het diepst van de ziel en het schaarde zich als één man achter zijn leiders. Aan Greys eerlijkheid werd geen moment getwijfeld. Hij had immers, toen de situatie in Europa snel verslechterde, alles in het werk gesteld de vrede te bewaren en een aantal bemiddelingsvoorstellen gedaan die echter alle door Duitsland waren afgewezen? Ook vandaag de dag nog zijn veel historici die mening toegedaan, maar wat opvalt is dat de meeste bemiddelingsvoorstellen van Grey werden gedaan ná 25 juli, de dag dat in Rusland het besluit genomen was om te gaan mobiliseren. Ook Grey wist dat mobilisatie in die tijd gelijk stond aan oorlog. Het was ook de dag dat ambtenaren van zijn ministerie hem in een memorandum adviseerden dat het te laat was om nog te proberen via Frankrijk druk uit te oefenen op Rusland om zich gematigd op te stellen in het conflict tussen Servië en Oostenrijk-Hongarije, omdat het duidelijk was dat Frankrijk en Rusland besloten hadden het risico van een wereldoorlog te aanvaarden. In het memorandum werd vastgesteld dat het gevaarlijk voor Groot-Brittannië zou zijn om te trachten die beslissing nog te veranderen en dat het Britse belang meer gediend was definitief te kiezen voor aansluiting bij Frankrijk en Rusland in de komende oorlog.

Het Britse oorlogskabinet bijeen.

Het Duitse oorlogsschip *Goeben* voer samen met de *Breslau* de Straits in en ging bij Constantinopel voor anker.

Als men zo over de situatie dacht, kunnen toch wel vraagtekens worden gezet bij de Britse bemiddelingsvoorstellen. Waarschijnlijker is het dat Grey tijd wilde winnen zoals Frankrijk en Rusland dat ook probeerden te doen. Feit was, dat de Britse regering als geheel en ook het Britse volk zelf niet oorlogszuchtig waren. Toen in 1912 door een toeval bekend werd dat Grey, zonder het parlement en de meeste van zijn collegae daarover in te lichten, al jarenlang geheime militaire besprekingen met Frankrijk had toegestaan, was men ontzet en leidde dit tot een vijandige stemming ten opzichte van de minister van Buitenlandse Zaken. Een aantal ministers dreigde met ontslag als hij geen volledige openheid van zaken gaf en hij werd gedwongen Frankrijk te informeren dat de reeds gevoerde besprekingen vrijblijvend waren geweest en Groot-Brittannië geen enkele verplichting oplegde. Grey werd daarna voorzichtiger, hij tekende geen enkele overeenkomst en legde niets op schrift vast. De besprekingen gingen echter onverminderd voort en in moreel opzicht verbond hij Groot-Brittannië toch wel degelijk aan het lot van Frankrijk. De bekende historicus Albertini schreef dan ook in zijn boek *The Origins of the War of 1914* in 1953: 'Grey moet zich zonder twijfel gerealiseerd hebben dat hij met de Brits-Franse besprekingen en indirect ook de Brits-Russische besprekingen, Groot-Brittannië in een dubieuze positie had gemanoeuvreerd.' En hij stelde de vraag: 'Kan gezegd worden dat Grey alles had gedaan wat in zijn macht lag om de fatale stap tot oorlog te voorkomen? Het antwoord moet ontkennend luiden. Het is niet mogelijk Grey daarvan vrij te pleiten.'

Direct na de rede van Grey in het Lagerhuis begon Groot-Brittannië te mobiliseren en stuurde het binnen veertien dagen zijn troepen overzee waar alles reeds in gereedheid stond hen te ontvangen en naar hun plaatsen van bestemming te vervoeren. Intussen begon de nieuw benoemde minister van Oorlog,

Enver Pasha, de pro-Duitse Turkse minister van Oorlog en opperbevelhebber van de Turkse strijdkrachten (3ᵉ van links).

Kitchener een enorme campagne om vrijwilligers te werven omdat hij, als een van de weinigen, een jarenlange strijd verwachtte die veel slachtoffers zou vergen. Hij wilde één miljoen man aan de strijdkrachten toevoegen. Het enthousiasme onder de bevolking was zo groot dat die miljoen man in korte tijd konden worden ingelijfd. Velen van hen zouden in de slag aan de Somme sneuvelen en Groot-Brittannië daarna noodzaken de militaire dienstplicht in te stellen om op die wijze voldoende mankracht bijeen te kunnen brengen.

FRANKRIJK MOBILISEERT

De rol van de Franse president Poincaré is van groot belang geweest bij het ontstaan van de Eerste Wereldoorlog. Dit moge onder andere blijken uit een brief die de Russische ambassadeur in Parijs aan zijn minister van Buitenlandse Zaken stuurde nadat Poincaré in 1914 tot president was gekozen. De brief luidt: 'Zojuist had ik een lang gesprek met Poincaré die mij vertelde dat hij nu, als president, zonder problemen de Franse buitenlandse politiek zal kunnen beïnvloeden. Hij zal dan ook dankbaar gebruikmaken van zijn zevenjarig mandaat om de goede samenwerking met Rusland te continueren. Hij ziet het als van het grootste belang voor de Franse regering om de publieke opinie van het Franse volk zodanig te beïnvloeden dat het bereid zal zijn deel te nemen aan een oorlog over de Balkankwestie. Daarom verzoekt de Franse regering ons nadrukkelijk geen aparte acties te ondernemen die tot een dergelijke oorlog zouden kunnen leiden, zonder voorafgaand overleg met de Franse regering.'

Op 29 juli 1914 arriveerden Poincaré en zijn minister van Buitenlandse Zaken Viviani na een staatsbezoek van enkele dagen aan Rusland weer in Parijs en werden daar ingelicht over de ontwikkelingen die hadden plaatsgevonden. Sinds de 25e, de dag dat Rusland tot mobilisatie had besloten, waren de Franse officieren van verlof teruggeroepen en waren voorbereidingen in gang gezet om troepen vanuit de koloniën naar Frankrijk te transporteren. De Russische regering stuurde een telegram waarin werd medegedeeld dat Rusland het Duitse ultimatum om de mobilisatie-voorbereidingen te beëindigen, verwierp en vroeg Frankrijk druk uit te oefenen op Groot-Brittannië zich uit te spreken en zich officieel bij Rusland en Frankrijk aan te sluiten. Om te voorkomen dat Frankrijk als de agressor zou worden gezien waardoor Britse hulp onmogelijk zou worden, gaf Poincaré bevel alle troepen 10 km van de Frans-Duitse grens terug te trekken, wat, ondanks protesten van de opperbevelhebber, ook geschiedde. Op 31 juli tekende de Franse president de order tot beperkte mobilisatie. De Russische militair attaché zond daarover een bericht naar St. Petersburg waarin hij meldde: 'De Franse minister van Oorlog vertelde me op enthousiaste toon dat Frankrijk definitief besloten had tot oorlog en verzocht me u mede te delen dat de Franse generale staf hoopte dat de Russische inspanningen gericht zullen worden tegen Duitsland. Acties tegen Oostenrijk-Hongarije dienen daaraan ondergeschikt te worden gemaakt'. Vanuit Italië

De Duitse generaal Liman von Sanders (2^e van links), hoofd van de Duitse militaire missie in Turkije vóór het uitbreken van de oorlog.

kwam nog een telegram waarin het meedeelde zich niet meer aan het verdrag met Duitsland en Oostenrijk-Hongarije gebonden te achten. Alleen Groot-Brittannië sprak zich nog niet uit. Op 1 augustus om 16.00 uur kreeg de Franse opperbevelhebber toestemming over te gaan tot de algehele mobilisatie en de volgende dag was deze in volle gang. Frankrijk ging enthousiast de oorlog in.

DE HOUDING VAN TURKIJE EN ITALIË

ITALIË

In 1881 had Italië het verzoek gedaan om te worden toegelaten tot de Duits-Oostenrijkse alliantie. Het land zocht bondgenoten omdat het zich bedreigd voelde door de Franse expansiedrang. De toetreding van Italië was des te opmerkelijker omdat zijn verhouding met Oostenrijk-Hongarije nu niet direct optimaal was te noemen. Italië maakte aanspraak op bepaalde stukken grondgebied van de dubbelmonarchie en dat was natuurlijk niet tot genoegen van Oostenrijk-Hongarije. Met name de Oostenrijk-Hongaarse opperbevelhebber zag in Italië eerder een potentiële vijand dan een bondgenoot en de geschiedenis zou hem daarin uiteindelijk gelijk geven. Toen Italië het Abessijnse avontuur in 1896 te Adowa met een nederlaag moest bekopen, gaf het daarvan Duitsland mede de schuld omdat dit land geweigerd had Italië militair te steunen.

Keizer Wilhelm II tijdens een bezoek in oktober 1917 aan de Turkse sultan. Tweede van rechts: Liman von Sanders die een grote rol speelde bij de Turkse overwinning op de Britten te Gallipoli als commandant van het 5^e Turkse leger.

De Italiaanse koninklijke familie vlak voor het uitbreken van de oorlog.

Teleurgesteld en wellicht uit rancune, maar vooral ook uit opportunisme, leende men dan ook een willig oor aan Franse toenaderingspogingen en nadat men eerst nog een verlenging van het verdrag met Duitsland en Oostenrijk-Hongarije had ondertekend, sloot Italië in 1902 een zeer geheim verdrag met Frankrijk waarbij het beloofde neutraal te zullen blijven ingeval dat land in oorlog met Duitsland zou komen, ook als Frankrijk zelf het initiatief daartoe zou nemen. Uiteraard was dit geheime verdrag een flagrante schending van het alliantieverdrag dat het, zoals gezegd, juist even tevoren weer voor verlenging had ondertekend. Om aan alle kanten gedekt te zijn sloot Italië, dat elke verlenging van de alliantie ook steeds weer ondertekende, nog in 1913 een geheime marineconventie met Oostenrijk-Hongarije terwijl het ook besprekingen voerde over een nauwere samenwerking tussen landstrijdkrachten van de alliantie. Tijdens deze besprekingen stelde Italië voor dat als Duitsland en Oostenrijk-Hongarije in oorlog zouden komen met Frankrijk en daarbij de Franse Middellandse Zeevloot zouden verslaan, Italië Frankrijk zou aanvallen en een Italiaans leger in de West-Alpen zou inzetten terwijl men twee legerkorpsen naar Zuid-Duitsland zou zenden ter ondersteuning van de Duitse strijdkrachten. De besprekingen hierover waren nog niet afgerond toen de oorlog uitbrak. De onbetrouwbaarheid van bondgenoot Italië zou al spoedig blijken, want onmiddellijk eiste men compensatie voor een eventuele Oostenrijk-Hongaarse gebiedsuitbreiding en toen de Oostenrijkers daar niet op ingingen liet de Italiaanse regering weten zich niet met het ultimatum aan Servië te kunnen verenigen en neutraal te blijven. Al snel werd nu contact met de geallieerden gezocht die wel bereid waren Italië compensatie aan te bieden, uiteraard op Oostenrijk-Hongaars gebied, en in mei 1915 verklaarde Italië de oorlog aan bondgenoot Oostenrijk-Hongarije en in augustus van 1916 ook aan Duitsland. Deze beslissing leverde hem na de oorlog inderdaad nieuw grondgebied op, onder andere in de vorm van Istrië, maar wel ten koste van ongeveer 465.000 doden en 900.000 gewonden. De Italiaanse deelname aan de oorlog had zeker invloed op het verloop daarvan en was uiteraard een tegenslag voor de Triple Alliantie.

TURKIJE

De Britse invloed in Turkije was altijd groot geweest en nog tijdens de Krimoorlog was Groot-Brittannië Turkije te hulp gesneld in hun strijd tegen de Russen. Vóór het uitbreken van de oorlog in 1914 was een Britse marinemissie in Turkije werkzaam en stond een Britse admiraal aan het hoofd van de Turkse vloot. De Duitsers deden echter veel moeite om Turkije als bondgenoot aan zich te binden en hun ambassadeur, baron Von Bieberstein, slaagde erin grote invloed te verkrijgen op de Turkse regering en bij het leger. Het barbaarse optreden van de Turken tegen bepaalde minderheden in het land wekte in Groot-Brittannië bij de bevolking veel weerstand en de pers aldaar ageerde hevig tegen dit Turkse optreden. Toen in 1907 Groot-Brittannië en Rusland een verdrag sloten waarbij hun beider invloedssferen werden geregeld werd het de Turkse regering duidelijk dat het uit was met de vriendschap met Engeland. Dit bleek al snel toen Groot-Brittannië en Frankrijk weigerden Turkije een lening te verstrekken. Duitsland was er als de kippen bij om het gevraagde geld wel te verstrekken en bond de Turkse regering daardoor nog meer aan zich. Duitsland bood voorts aan Turkse officieren, die in Frankrijk en Engeland werden opgeleid maar daar niet langer gewenst waren, in Duitsland de noodzakelijke militaire training te geven en ging gretig in op het verzoek om het Turkse leger te helpen reorganiseren. Ze zonden daartoe generaal Liman von Sanders die tot commandant van het Turkse Eerste legerkorps te Constantinopel werd benoemd. Al snel ontstond er nu een conflict met Rusland, dat zich bedreigd voelde omdat een Duitse generaal het Turkse leger ging leiden in het gebied dat zij beschouwden als behorende tot hun invloedssfeer. De Russische minister van Buitenlandse Zaken Sazonov, protesteerde fel en dreigde met maatregelen. Duitsland, dat niet op een conflict uit was, wilde de zaak niet op de spits drijven en haalde bakzeil. Het verzocht de Turken de generaal tot veldmaarschalk te benoemen, een positie die te hoog was om nog langer een legerkorps te com-

De oorlog is een feit. Op de foto: Britse troepen arriveren in Le Havre en nemen hun reeds eerder voorbereide posities in.

manderen en zo werd de hoog opgelopen spanning uiteindelijk weggenomen en liep de hele kwestie met een sisser af.

In 1913 kwamen de 'Jonge Turken', een groep opstandige officieren, aan de macht. Een van hen, Enver Pasha, had zijn militaire opleiding in Duitsland genoten en was zeer pro-Duits. Als de nieuwe minister van Oorlog oefende hij grote macht uit en de nieuwe Duitse ambassadeur Wangenheim, die de politiek van zijn voorganger geheel volgde, slaagde erin zijn vertrouwen te winnen. Beide heren konden het uitstekend met elkaar vinden en de invloed van de Britten verminderde dan ook zienderogen. Bij het uitbreken van de Eerste Wereldoorlog was Turkije formeel echter nog steeds neutraal. Wederom maakten de Britten, die het belang van Turkije en van de rol die het zou kunnen spelen in het naderende conflict steeds hadden onderschat, een fatale fout door de inbeslagname van twee in Groot-Brittannië in aanbouw zijnde Turkse oorlogsschepen. De ruwe wijze waarop dit geschiedde, zonder enig overleg en zonder compensatie te bieden, was de druppel die de emmer deed overlopen en toen Duitsland daarop onmiddellijk reageerde met het aanbieden van twee Duitse oorlogsschepen, de *Goeben* en de *Breslau*, die zich toevallig in de Middellandse Zee ophielden en zich nu met groot vlagvertoon naar de Dardanellen repten, aanvaardde de Turkse regering dit Duitse aanbod en liet de beide schepen ongehinderd naar Constantinopel opstomen. Turkije had hiermee in feite officieel de kant van Duitsland gekozen in het wereldconflict en zou een belangrijke rol spelen ten koste van Groot-Brittannië zoals later in dit boek nog zal blijken.

DE OORLOG BREEKT UIT

De aanvalsplannen worden uitgewerkt

DE MILITAIRE PLANNEN

Het uitbreken van de Eerste Wereldoorlog kwam niet geheel onverwacht. In feite kan gesteld worden dat deze oorlog al lang voorzien was en de voornaamste deelnemende landen hadden zich al jaren militair voorbereid op wat komen ging. Reeds direct na de Frans-Pruisische oorlog van 1870-1871 besefte Bismarck dat de annexatie van Elzas-Lotharingen zou leiden tot een nieuw conflict met Frankrijk. Zijn politiek was er dan ook op gericht om Frankrijk blijvend te isoleren en te voorkomen dat het militair ooit nog een bedreiging zou kunnen vormen voor het nieuwe Duitse Rijk. Hij sloot daartoe een aantal geheime verdragen met onder andere Oostenrijk-Hongarije en Rusland en voerde een beleid dat van Duitsland een blijvende politieke en militaire machtsfactor maakte. Bismarcks opvolger volgde diens politiek niet. Hij vernieuwde het verdrag met Rusland niet en zo kon het gebeuren dat Frankrijk zich in 1894 aan deze isolatie kon onttrekken en een geheime militaire alliantie met Rusland aanging, een alliantie die uiteindelijk gericht bleek te zijn tegen Duitsland.

Vanaf dat moment werkten de Franse en Russische militaire staven gezamenlijk plannen uit die hun, als het tot oorlog met Duitsland zou komen, de overwinning moesten verzekeren. Vanaf 1904 waren de Fransen ook met de Britten in gesprek over een militaire samenwerking in het geval er een conflict met Duitsland zou uitbreken. Deze besprekingen werden in 1906, toen er een nieuw liberaal kabinet in Engeland aantrad, door de Britse minister van Buitenlandse Zaken, Grey, nieuw leven ingeblazen. Vanaf dat moment voerden de Franse en Britse militaire staven in het grootste geheim besprekingen en werd in Engeland besloten

Duitsland ingeklemd tussen vijandige buurstaten, 1914.

DE OORLOG BREEKT UIT

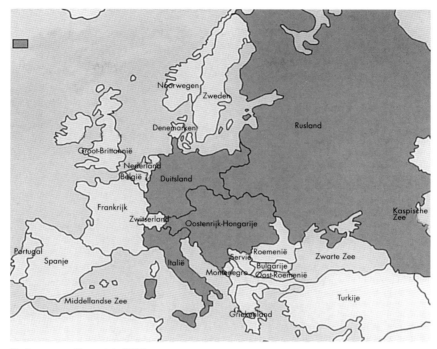

Het Europa van Bismarck in 1890.

tot de oprichting van de British Expeditionary Forces (BEF), met de bedoeling om die over te zenden naar Frankrijk om het Franse leger bij te staan in een oorlog met Duitsland. In 1908 voerden de Britten ook besprekingen met Rusland. Edward VII bracht toen een officieel bezoek aan de tsaar en beide landen voerden besprekingen over samenwerking van hun marines. Die besprekingen waren nog gaande toen de oorlog in 1914 daadwerkelijk uitbrak.

DE MOTIEVEN

Wat toch was de reden dat iedereen er zo van overtuigd was dat de naderende oorlog onvermijdelijk was? Die overtuiging moet gevonden worden in het feit dat alle grote deelnemende landen een motief hadden waardoor oorlog uiteindelijk niet uit kon blijven.

Het Franse motief lag in Elzas-Lotharingen. Het was Frankrijk door de Duitsers in 1871 ontnomen en die schandvlek in zijn geschiedenis moest koste wat kost worden verwijderd. De terugkeer van Elzas-Lotharingen in de boezem van de Franse republiek, was dan ook het Franse credo. De Franse regering was zich er echter bewust van dat dit doel niet gerealiseerd zou kunnen worden zonder hulp van derden. Het Frans-Russische geheime verdrag van 1894 was dan ook de aanzet tot een mogelijk oplossing om het Franse plan, de terugname van Elzas-Lotharingen, werkelijkheid te laten worden.

Het Russische motief moet worden gezocht in de Dardanellen en de Bosporus. Sinds de Krimoorlog was dit verboden gebied voor oorlogsschepen. De

DE OORLOG BREEKT UIT

Russische Zwarte Zee werd daardoor afgesloten en de Russische Zwarte Zeevloot lag opgesloten en kon niet effectief worden ingezet, zoals in 1904, tijdens de Russisch-Japanse oorlog, nog eens pijnlijk was gebleken. Een essentieel punt van Ruslands buitenlandse politiek was dan ook het verkrijgen van een vrije toegang tot de Middellandse Zee, een vrije doorvaart dus door de Dardanellen en Bosporus. Deze wens kon echter niet worden verwezenlijkt zonder toestemming van de grootmachten. Door samen te werken met Frankrijk hoopten de Russen daar steun van te zullen krijgen bij het vervullen van zijn wensen tot vrije doorvaart. Tegelijkertijd rekende men op steun bij een toekomstige strijd tegen zijn grootste rivaal op de Balkan, Oostenrijk-Hongarije. Omdat dit land bondgenoot van Duitsland was zou oorlog tevens tot een conflict met Duitsland leiden en dat kon Rusland zich niet veroorloven. Het militaire verdrag met Frankrijk veranderde Ruslands positie echter aanzienlijk.

Alfred von Schlieffen, de Duitse generaal-veldmaarschalk. Van 1891-1905 chef van de generale staf van Duitsland, die het Duitse aanvalsplan ontwierp. Hij rekende op een oorlog op twee fronten en plande een snelle overwinning op Frankrijk, voordat de Russische mobilisatie gereed zou zijn.

In Duitsland voorzag men al jaren dat het gevaar bestond ééns te zullen moeten strijden op twee fronten tegelijk, namelijk tegen Frankrijk en tegen Rusland. Duitsland wist dat het zo'n twee frontenstrijd niet zou kunnen winnen. Toen zowel Frankrijk als Rusland hun strijdmachten aanzienlijk gingen versterken begon de legerleiding aan te dringen op een preventieve oorlog om aan die dreiging een eind te maken zolang Duitsland daar nog toe in staat zou zijn. Keizer Wilhelm weigerde echter steeds aan die druk toe te geven, maar Duitslands positie werd militair gezien steeds moeilijker. Toen er uiteindelijk een conflict uitbrak op de Balkan waarbij bondgenoot Oostenrijk-Hongarije betrokken raakte, besloot Duitsland hem te steunen, zelfs als dat tot een wereldoorlog zou leiden, omdat het zich op dat moment nog voldoende sterk achtte om uit zo'n strijd als overwinnaar te voorschijn te komen.

Voor Groot-Brittannië lagen de zaken weer geheel anders. De enorm groeiende economische macht van Duitsland baarde hem grote zorgen. Daarbij kwam dat de Duitsers koloniale aspiraties hadden en de Britten vreesden dat die hun eigen koloniale positie zouden schaden. Ook de bouw van een grote Duitse oorlogsvloot was een motief om de kant van Frankrijk en Rusland te kiezen in het toekomstige conflict. De Britse minister van Buitenlandse Zaken, Grey, sprak na het bezoek van de Britse koning aan de tsaar de mening uit dat samenwerking met Frankrijk en Rusland hem in staat zou stellen de Duitse machtsuitbreiding onder controle te houden en daarom koos hij toen de oorlog uitbrak de kant van Frankrijk en Rusland. De motieven van deze landen waren duidelijk genoeg en leiden uiteindelijk tot het uitbreken van de oorlog. Het is echter wel zeker dat geen van de deelnemende landen beseft heeft dat die oorlog vier lange jaren zou gaan duren, meer dan dertig miljoen slachtoffers zou kosten en de wereld zo van aanzien zou doen veranderen.

HET VON SCHLIEFFENPLAN

Direct na de overwinning op Frankrijk in 1871 realiseerde de Duitse opperbevelhebber, veldmaarschalk Von Moltke, zich dat de kiem voor een volgende oorlog reeds was gelegd en dat eens de tijd zou komen dat het 'gewonnen' land weer verdedigd zou moeten worden. Hij voorzag toen reeds dat Frankrijk daarbij steun zou ontvangen van Rusland. Von Moltke ontwierp dan ook een plan om aan zo'n tweefrontenoorlog het hoofd te kunnen bieden. Hij baseerde zich daarbij op een zo sterk mogelijke verdediging van de Duits-Franse grens. Immers daar waren de Fransen begonnen met de bouw van een zeer sterke fortengordel die, volgens de laatst ontvangen informatie, uiterst moeilijk te penetreren zou zijn. Een aanval daarop zou mogelijk in het nadeel van Duitsland uitvallen, temeer omdat het zich tegelijkertijd in het oosten tegen de Russische beer zou moeten verdedigen. Derhalve was hij van plan de helft van zijn leger verdedigend op te stellen aan de Franse grens en met de andere helft een preventieve aanval op Rusland te wagen, dit land te verslaan om pas daarna zijn volledige sterkte tegen Frankrijk in te zetten. Op die wijze hoopte hij een oorlog op twee fronten te kunnen voorkomen en zegevierend uit de strijd te komen.

Veldmaarschalk Von Schlieffen, die Von Moltke in 1891 als chef van de generale staf opvolgde, verwierp het Von Moltkeplan als te gevaarlijk. Ook hij zag Rusland als het grootste gevaar voor Duitsland terwijl het voor hem vaststond dat de geest van revanche die zich in Frankrijk steeds openlijker manifesteerde, uiteindelijk tot een nieuwe oorlog kon leiden. Hij stelde daarbij klinisch vast dat Duitsland dan in het nadeel zou verkeren omdat het slechts in beperkte mate over mensen en materiaal kon beschikken waardoor het zich geen lange oorlog zou kunnen permitteren en zeker niet op twee fronten tegelijk. Von Schlieffen was van mening dat het plan van Von Moltke tot grote rampen zou leiden als de Duitsers zonder meer het onmetelijke Rusland zouden binnendringen, vooral als daarbij de helft van

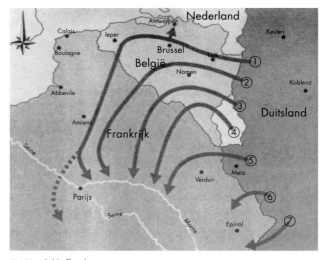

Het Von Schlieffenplan.

DE OORLOG BREEKT UIT

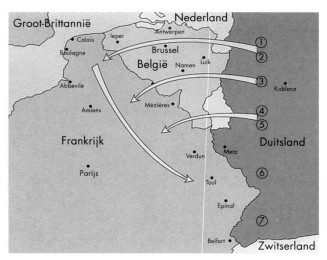

De uitvoering van het Von Schlieffenplan. Men verzuimde ten westen van Parijs langs te trekken en bood de Fransen de gelegenheid de Duitse flank aan te vallen.

zijn leger gebonden zou zijn aan de verdediging van de Duits-Franse grens.

Hij ontwierp dan ook een geheel nieuw plan gebaseerd op snelheid en moderne vervoersmiddelen dat in feite 180 graden tegengesteld was aan het Von Moltkeplan. Het werd gevormd door een directe offensieve opstelling tegen Frankrijk en een vooralsnog defensieve ten opzichte van Rusland.

Het voornaamste element van zijn plan was wel dat niet getracht zou worden een directe aanval op de Franse grens te lanceren, maar na een snelle mobilisatie bliksemsnel via Nederland en België, door te stoten naar Noord-Frankrijk, om dan, als het ware tegengesteld aan de wijzers van de klok met Metz als draaipunt, langs de Franse kust westelijk van Parijs te trekken om daarna snel weer oostelijk te gaan en zo uiteindelijk de Franse stellingen aan de Duitse grens in de rug aan te vallen. Zijn plan voorzag voorts in een zeer sterke rechtervleugel waarbij circa 90 procent van de Duitse strijdmacht zou worden ingezet voor de mars door Frankrijk. De rest zou verdedigend moeten worden opgesteld bij Metz en langs de oostgrens. Von Schlieffen rekende erop dat de Fransen, gebruikmakend van het feit dat er slechts weinig Duitse troepen ter verdediging aan de grens waren ingezet, onmiddellijk een directe aanval op de Elzas zouden ondernemen en het lag in zijn bedoeling die aanval in eerste instantie niet al te veel in de weg te leggen. Door een soepele verdediging waarbij het tijdelijk prijsgeven van stukken Duits grondgebied was ingecalculeerd, zouden immers Franse troepen worden weggehouden van de strijd in het noorden en westen, wat de snelheid van de Duitse opmars ten goede zou komen. Snelheid was van groot belang omdat gebruikgemaakt moest worden van het verschil in de benodigde mobilisatietijd tussen het Franse en Russische leger. Uit rapporten van de inlichtingendienst was gebleken dat de Fransen binnen twee weken konden mobiliseren, terwijl de Russen daar minimaal zes weken voor nodig hadden. De kern van Von Schlieffens plan was dan ook dat de Fransen verslagen moesten worden vóórdat de Russen gereed zouden zijn, zodat tegen de tijd dat die konden aanvallen, het merendeel van de Duitse troepen weer uit Frankrijk – een verslagen Frankrijk nu – konden worden weggehaald ter ondersteuning van het oostfront.

Op deze wijze trachtte Von Schlieffen een oorlog op twee fronten te voorkomen. Het zal duidelijk zijn dat het riskante van zijn plan te vinden was in het tijdselement. Immers, als de Duitsers niet binnen het gestelde tijdvak hun doelen zouden bereiken, of nog erger, indien de Russen sneller zouden mobiliseren dan werd aangenomen, dan zou er alsnog een zeer gevaarlijke situatie kunnen ontstaan, een situatie die Von Schlieffen nu juist ten koste van alles wilde voorkomen. Kennelijk was hij er niet gerust op want ook na zijn pensionering bleef hij de generale staf bestoken met adviezen en nog in 1912 stuurde hij nota's die onder meer een verdere versterking van de rechtervleugel behelsden.

HET FRANSE PLAN NR. 17

Uit de documenten is duidelijk geworden dat de Fransen reeds in een vroeg stadium op de hoogte waren geraakt van de inhoud van het Von Schlieffenplan. In 1911 reisde generaal Dubail naar St.Petersburg en kreeg daar gedaan dat de Russen toezegden om hun mobilisatietijd aanzienlijk te bekorten en wel in zoverre dat zij, vooruitlopend op de voltooiing van de gehele mobilisatie, binnen zestien dagen alvast Oost-Pruisen zouden binnenvallen. Een uitermate belangrijke beslissing omdat daarmee in feite het Duitse Von Schlieffenplan, dat nu juist gebaseerd was op de aanname dat er minstens vier weken verschil zou zijn tussen de Franse en Russische mobilisatietijd, tot in de wortel werd aangetast en zijn essentie verloor. In 1912 werd nog afgesproken dat het aantal Russische troepen dat aan de vroegtijdige inzet tegen Oost-Pruisen zou deelnemen, 800.000 man zou bedragen en dat hun mobilisatietijd zou worden teruggebracht tot veertien dagen.

Natuurlijk hadden de Fransen zelf eveneens een oorlogsplan. Na vele wijzigingen ging men daar uiteindelijk uit van het befaamde Plan nr. 17, een nogal onduidelijk plan dat in feite veel liet afhangen van de omstandigheden. Hoofdpunt was wel dat de Franse soldaat voortdurend het initiatief moest behouden en de aanval was daarbij dan ook het heilig credo.

Plan nr. 17 was zo onduidelijk omdat het kennelijk nimmer op schrift werd gezet. Toen generaal Joffre na de oorlog door een door het parlement ingestelde commissie over het plan werd ondervraagd, wekte deze de indruk aan geheugenverlies te lijden. Desgevraagd beweerde hij dat Plan nr. 17 niet op papier stond, maar in zijn hoofd zat en dat hij zich niet meer kon herinneren met welke stafofficieren hij bij het uitbreken van de oorlog daarover gesproken had.

Zijn waarnemend chef-staf generaal De Castelnau verklaarde voor dezelfde

Graaf Berchtold, de Oostenrijkse minister van Buitenlandse Zaken die besloot Servië aan te vallen, ook als dat tot een wereldoorlog zou leiden.

De sultan van Turkije, 1914.

commissie het operatieplan nimmer te hebben gezien, wat natuurlijk zeer ongeloofwaardig overkwam, maar door Joffre niet werd ontkend. Kortom, er was iets mis met het Franse plan. Tenzij het diende als dekking van de hierna beschreven reconstructie van de mogelijk werkelijke Franse plannen. Die reconstructie zou er dan als volgt uitzien:

Gebruikmakend van de kennis van het Von Schlieffenplan dacht men de zaken als volgt te regelen:

1. Franse troepen vallen direct na de het uitbreken van de vijandelijkheden Elzas-Lotharingen binnen en zullen daar weinig tegenstand ondervinden omdat dit in het Von Schlieffenplan zo is voorzien.
Om dit voordeel zo veel mogelijk uit te buiten dient een zo sterk mogelijke Franse troepenmacht aan de aanval deel te nemen. Deze aanval zal echter pas plaatsvinden nadat Duitsland België is binnengevallen omdat pas dan de Britten actief kunnen worden. De Duitse inval is dus een conditio sine qua non en Frankrijk moet ervoor zorgen niet zelf als agressor te worden aangemerkt. Daarom zal men, als het zover is, de eigen troepen eerst van de grens terugtrekken om elk misverstand daarover te voorkomen.
2. Britse troepen zullen in Frankrijk en België landen en daar de Duitse opmars zo veel mogelijk vertragen. Hierdoor zullen de Duitsers als het ware worden vastgehouden in deze gebieden en daardoor niet in staat zijn troepen vrij te maken voor het oostfront ter ondersteuning van Oostenrijk-Hongarije wat, volgens de Fransen, noodzakelijk zal zijn want:
3. De Russen zullen eerder, namelijk binnen veertien dagen na mobilisatie met ruim 800.000 man Oost-Pruisen binnenvallen en daar een tweede front vestigen. Dit betekent dat Duitsland met bijna zijn gehele strijdmacht in België van twee zijden in de tang zal worden genomen.
4. Frankrijk speelt hiermee in op het Von Schlieffenplan dat voorziet in het voorlopig toelaten van Franse troepen in de Elzas, maar Frankrijk denkt het voorlopige karakter van deze bezetting te kunnen omzetten in een blijvende.
5. Frankrijk laat de verdediging van het eigen land aanvankelijk grotendeels aan de Britten over en het is de bedoeling de oorlog zo veel mogelijk op Belgisch grondgebied te laten plaatsvinden.

Elementen van deze reconstructie zijn terug te vinden in de notulen van de jaarlijkse besprekingen tussen de Franse en Russische generale staven waarin beide landen hun offensieve plannen nauwgezet ontwikkelden en bespraken. Zoals we nu weten, zou alles uiteindelijk heel anders verlopen. De Russen vielen inderdaad eerder aan, maar werden al snel smadelijk verslagen. De Britten landden inderdaad in België zoals was afgesproken, maar werden door de Duitsers zo in het nauw gedreven dat ze aanvankelijk alleen maar moesten terugtrekken en ook van de rest van de Franse plannen kwam in het begin niet veel terecht. Pas na de slag aan de Marne zou de situatie enigszins veranderen.

HET BRITSE AANVALSPLAN

Al snel na de totstandkoming van de Frans-Britse entente in 1904 voerden Franse en Britse militaire autoriteiten besprekingen over militaire samenwerking als Frankrijk met Duitsland in oorlog zou raken. Deze besprekingen stonden onder toezicht van de beide ministers van Oorlog en werden dus politiek gedekt. Op 20 juni 1911 maakte de Britse generaal Henry Wilson, toen directeur militaire operaties, een afspraak met de Fransen waarin hij toezegde bij het uitbreken van de oorlog 150.000 man en 67.000 paarden naar Boulogne en Le Havre te zullen zenden met als doel de linkerflank van het Franse leger tegen omsingeling te dekken. Het is opvallend dat juist daar het zwaartepunt van de Duitse aanval verwacht werd en het was dan ook de bedoeling dat de Britten die opmars zo niet staande zouden houden, dan toch zeker zouden vertragen. Daardoor zou Frankrijk de gelegenheid krijgen een grote troepenmacht aan de Oostgrens in te zetten en zo de Duitse rechtervleugel van de rest van het leger af kunnen snijden. In september 1912 beloofde Groot-Brittanië ook nog dat zijn marine, in geval van oorlog, de Franse westkust zou beschermen en vond er een herschikking van de marinevloten plaats. Engeland trok het grootste deel van zijn marine uit de Middellandse Zee terug terwijl Frankrijk zijn hele vloot naar de Middellandse Zee overplaatste.

De Britse militaire plannen werden tot in detail voorbereid en nog in maart 1914 vonden er op Frans grondgebied gecombineerde Frans-Britse militairlogistieke oefeningen plaats waarbij het hele transport, de locaties, en de vertrek- en aankomsttijden van de Britse troepen van de aankomsthavens naar hun oorlogsposities werden geoefend en gecontroleerd.

Enver Pasha, de Turkse minister van oorlog.

Het Duitse oorlogsschip *Goeben* dat samen met de *Breslau* aan Turkije werd verkocht en Russische havens in de Zwarte Zee beschoot.

HET OOSTENRIJK-HONGAARSE AANVALSPLAN

Ook dit land had zich op de oorlog voorbereid. Vreemd genoeg echter was men er hier van overtuigd dat die oorlog gelokaliseerd kon blijven en zich zou beperken tot de strijd tegen Servië.

De diverse militaire plannen waren daarop dan ook ingesteld. Indien Rusland onverhoopt toch zou ingrijpen dacht men dat te kunnen opvangen door de strijd tegen Servië onmiddellijk te staken. Men had in feite twee plannen, het zogenaamde 'oorlogsplan Balkan' en een 'oorlogsplan Rusland'. Dat laatste zou dus pas in werking treden als zou blijken dat Rusland toch zou interveniëren. Men hield geen rekening met een oorlog op twee fronten tegelijk. De verklaring hiervoor is dat de Oostenrijk-Hongaarse opperbevelhebber Conrad van de gedachte uitging dat ook hij gebruik zou kunnen maken van de lange mobilisatietijd van Rusland. Hij zou, zo dacht hij, Servië reeds hebben verslagen voordat Rusland militair zou kunnen ingrijpen. Het 'Balkanplan' hield er rekening mee dat men tot vijf dagen na mobilisatie tegen Servië nog tijd had de troepen rechtsomkeert te laten maken. Vanaf de zesde dag zou dat niet meer mogelijk zijn en een eventuele Russische aanval zou dan uitsluitend nog met de hulp van bondgenoot Duitsland gekeerd kunnen worden.

Uit latere studies is gebleken dat het Oostenrijk-Hongaarse oorlogsplan en vooral ook het gehele troepentransportschema vele en grove tekortkomingen vertoonde, waardoor de veldtocht tegen Servië al vanaf het begin een groot fiasco werd en de hulp van bondgenoot Duitsland al direct noodzakelijk werd. Toen Italië zich op het laatste ogenblik uit de Alliantie terugtrok en ook Roemenië zich niet aan de afspraken hield en zich neutraal verklaarde, kwam Oostenrijk-Hongarije dan ook in grote moeilijkheden en werd daarmee militair volstrekt afhankelijk van Duitse hulp.

DE RUSSISCHE OORLOGSPLANNEN

Het Russische oorlogsplan was voornamelijk opgesteld in samenwerking en overeenstemming met Frankrijk. De Russische taak bestond eruit een tweede front te openen door vroegtijdig Oost-Pruisen binnen te vallen en de Duitse troepen daar te binden en zo mogelijk te verslaan. De Russische legerleiding had zich vooral daarop gericht en dacht daarvoor omstreeks 1917 gereed te zijn. Onder leiding van de minister van Oorlog Suchomlinov werd het leger, na de nederlaag tegen Japan, weer van de grond af opgebouwd en gemoderniseerd. Als zijn plannen geheel zouden zijn uitgevoerd had Rusland kunnen beschikken over het machtigste en grootste leger ter wereld. Echter, de modernisering van de Russische strijdkrachten was nog lang niet gereed toen in 1914 de politiek het van de militairen overnam en besloten werd dat het moment voor Rusland was gekomen om, samen met Frankrijk en Groot-Brittannië, een eind te maken aan de positie van Duitsland als grootmacht en de eigen ambities te vervullen met betrekking tot de Balkan en de vernietiging van Oostenrijk-Hongarije. Maar zoals gezegd waren de Russische militaire operatieplannen nog niet gereed en de bewapening, bevoorrading, uitrusting enzovoorts waren nog volstrekt onvoldoende. Rusland ging dan ook in feite technisch gezien onvoldoende voorbereid de oorlog in. Het land was nog lang niet gereed voor oorlog en dat zou dan ook al spoedig blijken zoals elders in dit boek wordt uiteengezet.

De Russische opperbevelhebber, grootvorst Nikolaj.

DE BEWEGINGS-OORLOG

De eerste schermutselingen breken uit

DE DUITSE INVAL IN BELGIË EN LUXEMBURG

Op de avond van de 1ᵉ augustus 1914, de Duitse keizer had die middag om vijf uur het algemene mobilisatiebevel getekend, kwam er een telegram binnen van de Duitse ambassadeur in Londen, Lichnowski, waarin deze schreef dat de Britse minister van Buitenlandse Zaken, Edward Grey, hem had medegedeeld dat Groot-Brittannië zich garant wilde stellen voor Frankrijks neutraliteit indien Duitsland zich zou verplichten dit land niet aan te vallen.

Onmiddellijk werd generaal Von Moltke, die juist op weg gegaan was om het mobilisatiebevel uit te gaan voeren, teruggeroepen. De rijkskanselier, Bethmann Hollweg, die steeds gestreefd had naar een goede verstandhouding met Engeland en tot het allerlaatste moment had gehoopt dat dit land buiten de oorlog zou blijven, trad hem opgewonden tegemoet. 'De Britten blijven buiten het conflict', zo verklaarde hij triomfantelijk en overhandigde Von Moltke het betreffende telegram. 'Nu hoeven we alleen nog maar oorlog te voeren met Rusland, laat onze

Keizer Wilhelm II van Duitsland.

Generaal Von Moltke, de Duitse opperbevelhebber bij het uitbreken van de oorlog. Hij moest al snel het veld ruimen na het debacle van de slag aan de Marne.

DE BEWEGINGSOORLOG

Koning Albert van België in zijn hoofdkwartier.

strijdkrachten rechtsomkeert maken en naar het oosten opmarcheren' zo mengde de keizer zich nu in het gesprek... Von Moltkes wereld stortte in. Een hele legermacht eenvoudigweg laten omkeren was technisch een absolute onmogelijkheid en zou catastrofale gevolgen hebben. Daarbij kwam dat hij wist dat ook in Frankrijk het bevel tot algemene mobilisatie gegeven was. Het Britse telegram kon eenvoudig niet op waarheid berusten.

Von Moltke deelde dit de keizer mede, vertelde ook dat als zijn legers nu moesten omdraaien, de grens met Frankrijk geheel onbeschermd zou zijn en dat Duitsland dan open zou liggen voor zijn vijanden. Wilhelm II weigerde echter te luisteren. 'Uw oom zou mij een ander antwoord hebben gegeven' voegde hij Von Moltke bitter toe, daarbij doelende op de oude Von Moltke die Duitsland de overwinning had bezorgd tijdens de Frans-Pruisische oorlog van 1870-1871. Ook Bethmann Hollweg bemoeide zich er nu mee en keerde zich tegen Von Moltke. Deze vocht met de rug tegen de muur voor zijn overtuiging en weigerde de verant-

Generaal Von Kluck, commandant van het 1^e Duitse leger.

DE BEWEGINGSOORLOG

Duitse troepen in dekking aan de rand van 'niemandsland' vlak voor het binnendringen van Luxemburg, augustus 1914.

Duitse veldartillerie in actie voor de Belgische stad Luik.

Duitse infanterie valt aan over open terrein.

woording voor zo'n verstrekkende beslissing op zich te nemen. 'Het Duitse aanvalsplan', zo verklaarde hij, 'is opgesteld uitgaande van de gedachte Frankrijk met zeer sterke offensieve eenheden tegemoet te treden terwijl in het oosten vooralsnog zwakke defensieve krachten zullen worden opgesteld tegen Rusland. Plotselinge ondoordachte veranderingen in dat plan zullen dan ook catastrofaal zijn.' Na lange discussie slaagde Von Moltke er uiteindelijk in de keizer te overtuigen dat de mobilisatieplannen eerst moesten worden uitgevoerd en dat men pas dan zou kunnen overwegen sterke eenheden naar het oosten over te plaatsen.

Het gesprek met de keizer en de rijkskanselier had Von Moltke uitgeput. De spanningen van de laatste dagen voor het uitbreken van de oorlog hadden te veel van hem gevergd en later verklaarde hij dat er tijdens het onderhoud iets in hem was gebroken dat zich daarna niet meer herstelde. Hoofdoorzaak daarvan was de eis van Bethmann Hollweg om in elk geval de bezetting van Luxemburg uit te stellen. Hiermee liep het gehele Duitse aanvalsplan echter onmiddellijk gevaar,

Belgische schildwacht.

Belgische soldaten tijdens een rustperiode achter de frontlinie.

want de bezetting van het zeer belangrijke spoorwegknooppunt aldaar was van essentieel belang voor het welslagen van het Duitse aanvalsplan. Bethmann Hollweg was echter van mening dat de bezetting een directe bedreiging vormde voor Frankrijk, waardoor het Britse neutraliteitsaanbod zeker zou worden ingetrokken. Zonder nu nog met Von Moltke te overleggen riep de keizer zijn vleugeladjudant bij zich en dicteerde hem een bevel aan de 16e divisie om de opmars naar Luxemburg onmiddellijk te staken.

Ondanks hevige protesten van Von Moltke bleef Wilhelm II bij zijn bevel en de generaal kon gaan. Toen hij op zijn hoofdkwartier aankwam lag daar het bevel reeds op hem te wachten maar Von Moltke bleef standvastig en weigerde het te ondertekenen. Enkele uren later, het was toen 11 uur 's avonds, kreeg hij opdracht zich wederom bij de keizer te melden. Deze ontving hem in zijn slaapkamer en overhandigde hem een telegram van de Britse koning die mededeelde dat de verklaring van Lichnowski op een misverstand berustte en dat er geen sprake was van een Britse garantie dat Frankrijk neutraal zou blijven. De keizer was in zeer slechte stemming en voegde Von Moltke toe: 'nun können Sie machen, was Sie wollen' waarop Von Moltke kon gaan.

Rechts: gezamenlijk Belgisch-Brits waterstation aan de uiterste punt van de Belgische frontlinie.

Het fatale moment was aangebroken, het vreselijke drama dat Eerste Wereldoorlog zou worden genoemd, stond op het punt van uitbreken. Von Moltke, terug in zijn hoofdkwartier, stuurde de 16ᵉ divisie nu het bevel om Luxemburg onverwijld binnen te trekken en de spoorwegknooppunten te bezetten.

HET BEGIN VAN DE STRIJD

In totaal acht Duitse legers, zeven bestemd voor het westfront en een voor het oosten, zetten zich nu in beweging om het Von Schlieffenplan uit te voeren.

Het 1ᵉ Duitse leger, onder de generaal Von Kluck, het 2ᵉ onder Von Bülow en het 3ᵉ onder Von Hausen moesten België binnenvallen. Het 4ᵉ leger, onder Hertog Albrecht, was bestemd om via Luxemburg op te trekken. Het 5ᵉ onder de Duitse kroonprins, het 6ᵉ onder kroonprins Rupprecht van Beieren en het 7ᵉ onder generaal Von Heeringen lagen gereed tussen Saarbrücken en Basel.

In de vroege ochtend van 2 augustus 1914 trokken de Duitsers Luxemburg binnen. Even tevoren ontving de Luxemburgse regering een telegram waarin gemeld werd dat Duitsland uit betrouwbare bronnen vernomen had dat een Franse legermacht onderweg was naar Luxemburg en dat Duitsland zich daarom helaas, uit zelfverdediging, gedwongen zag de Luxemburgse neutraliteit te schenden en de aldaar aanwezige spoorwegknooppunten te beschermen. De Luxemburgse regering protesteerde heftig, maar de middelen om haar grondgebied te verdedigen waren niet aanwezig en al snel was het hele land in Duitse handen.

De enorme troepenverplaatsingen konden nu een aanvang nemen. Tussen 2 en 14 augustus reden alleen al over het spoorwegknooppunt bij Keulen ruim 2200 troepentransporttreinen richting westen. De aanvalsdoelen waren bekend. Het 1^e en 2^e leger hadden Brussel als bestemming. Het 3^e leger diende de Maas bij Namen en Dinant over te steken en het 4^e leger moest de streek links daarvan tot de uiterste zuidpunt van België aan de grens met Luxemburg innemen. Het 5^e leger van de Duitse kroonprins ten slotte werd ingezet bij Metz terwijl de resterende twee legers op de linkerflank zouden opereren in de strijd tegen de Fransen.

Op zondag 2 augustus overhandigde de Duitse ambassadeur een ultimatum aan de Belgische regering waarin kort en goed gesteld werd dat Duitsland een vrije doortocht door België eiste. Indien België deze doortocht zou toestaan beloofde de Duitse regering vergoeding van alle eventuele schade en volledige ontruiming van Belgisch grondgebied zodra de oorlog voorbij zou zijn. Het deed een beroep op de Belgische regering geen verzet te plegen om daarmee

De vernielde brug en Lieve Vrouwekerk te Dinant.

DE BEWEGINGSOORLOG

De Duitse generaal Von Emich, die de aanval leidde op de stad Luik.

nodeloos bloedvergieten te voorkomen en verklaarde nadrukkelijk dat het Duitse Rijk slechts handelde uit zelfverdediging en niet van plan was het Belgische grondgebied blijvend te bezetten. Ten slotte verzocht men binnen 12 uur om antwoord. Uiteraard wees de Belgische regering het ultimatum met kracht van de hand en de volgende dag, 3 augustus, marcheerden Duitse troepen het land binnen op hun weg naar Frankrijk.

DE GEVECHTEN OM DE STAD LUIK

De stad Luik was het eerste doel van de Duitsers. De stad zelf werd beschermd door een aantal sterke forten die de gehele landstreek van Oost-België beheersten en derhalve diende Luik ten koste van alles snel te worden ingenomen omdat anders de Duitse rechtervleugel vertraging zou oplopen waarmee het gehele Von Schlieffenplan in gevaar zou komen. Snelheid was van essentieel belang en de Duitse generale staf had dan ook een apart plan opgesteld om de stad reeds bij de aanvang van de strijd in te nemen. Ruim 34.000 man en ongeveer 125 stukken geschut, waaronder die van het zwaarste kaliber, naderden op 4 augus-

DE BEWEGINGSOORLOG

Duitse troepen in het veld.

Duitse ordonnans-officier ontvangt instructies voor de troepen bij Luik.

tus de ring van forten die om de stad heen was gebouwd. Tussen de forten, die op ongeveer 4 km afstand van elkaar lagen, was de Belgische 3e divisie opgesteld, in totaal ca 23.000 man. Het geheel stond onder bevel van generaal Leman die tevens als vestingcommandant optrad.

De Duitsers hadden voor de oorlog de situatie terdege verkend en opgemerkt dat er tussen de forten in maar weinig verdedigingswerken waren aangebracht. Hun plan voorzag dan ook in een nachtelijke aanval op verschillende punten tussen de forten in. De verdedigers daar moesten overrompeld worden om zo binnen de ring te komen en de stad Luik in te nemen. De forten zouden zich dan vanzelf moeten overgeven. Aan het hoofd van de speciale troepenmacht die dit huzarenstuk moest uitvoeren stond de generaal Von Emmich die gesteund werd door een officier van

Tegen het zeer zware Duitse geschut bleek geen kruid gewassen. De overblijfselen van Fort Loucin bij Luik.

de generale staf, Erich Ludendorff, een officier die later een van de belangrijkste rollen in de geschiedenis van de Eerste Wereldoorlog zou gaan spelen.

In de nacht van 5 op 6 augustus begon men nu met de uitvoering van het plan en van drie kanten werden aanvallen uitgevoerd tussen de forten. Eenheden van de 14e Duitse brigade lukte het tussen de forten Fléron en Evegné door te breken. Vanwege de duisternis werden ze niet opgemerkt door de waarnemingsposten zodat het geschut niet in actie kwam. Wel stuitte men op manschappen van de 3e Belgische divisie die hevig verzet boden, maar er niet in slaagden om de Duitsers tegen te houden. Toen de Duitse commandant bij die gevechten sneuvelde, nam Ludendorff het bevel over en voerde de manschappen voort tot aan de heuvels ten oosten van La Chartreuse vanwaar men zicht kreeg op de bruggen over de Maas. Ludendorff gaf bevel deze te bezetten wat wonderwel en zonder een schot te lossen lukte.

In de ochtend van de 7e augustus gaf hij bevel de stad binnen te trekken. Zelf leidde hij een aantal manschappen rechtstreeks naar de Citadel. Daar aangekomen bleek de toegang hermetisch afgesloten. Ludendorff klopte enkele malen op de poort die tot zijn eigen verbazing plotseling openging. Hij sommeerde de wacht zich over te geven waarna hij naar binnen liep en zich naar de commandant liet brengen die zich daarop met zijn gehele bezetting aan de Duitser overgaf. Dit huzarenstukje zou het begin worden van een glanzende carrière. Men zou nog veel van deze Ludendorff vernemen.

De stad Luik was nu in Duitse handen gekomen en de verdediging trok zich terug in Leuven om zich daar bij de rest van het Belgische leger te voegen.

DE BEWEGINGSOORLOG

Merkwaardig genoeg bleven de forten rond Luik nog steeds in Belgische handen en hun geschut vormde een grote bedreiging voor de verdere Duitse opmars. Er werd nu zeer zwaar geschut, waaronder het 305 mm Oostenrijks belegeringsgeschut en het nog zwaardere 420 mm Kruppgeschut, ook wel 'Dikke Bertha' genoemd, aangevoerd om de forten te vernietigen en hier bleken die uiteindelijk niet tegen bestand. Een voor een werden ze tot puin gereduceerd en de bemanningen sneuvelden of moesten zich overgeven. Een van de laatste forten in de linie, Fort Loncin, viel op 15 augustus als gevolg van een treffer in een van de munitieruimen. De ontploffing die daarop volgde doodde de meeste manschappen. De Belgische commandant, generaal Leman, die zich in het fort bevond, overleefde de ramp. Hij werd bewusteloos onder het puin vandaan gehaald. Zijn eerste woorden toen hij weer bijkwam waren: 'Ik heb mij niet overgegeven' en toen hij in gevangenschap werd afgevoerd verzocht hij de Duitse officier die hem kwam halen deze woorden in zijn rapport op te nemen. Op 16 augustus vielen ook de laatste twee forten in Duitse handen waarmee een

Belgische infanterie tijdens de terugtocht naar Antwerpen. 20 augustus 1914.

DE BEWEGINGSOORLOG

Belgische soldaten bezig met het aanleggen van versterkingen bij Antwerpen.

eind kwam aan deze bedreiging voor een verdere Duitse opmars naar de Belgische laagvlakte.

DE STRIJD BIJ NAMEN

Nadat de 3e Belgische divisie zich op Leuven had teruggetrokken werd de strijd meer naar het westen toe voortgezet. Daar, bij het riviertje de Gete, hadden de Belgen reeds voor de oorlog een verdedigingslinie aangelegd langs de lijn Namen, Dinant en Givet. De Belgische 4e divisie voegde zich ter versterking bij het garnizoen van Namen en men trachtte de verdediging zo goed mogelijk in te richten. Inmiddels echter trok een speciale Duitse strijdgroep onder bevel van generaal Von Gallwitz en voorzien van zeer zware artillerie waaronder zes batterijen 420 mm-geschut en vier batterijen Oostenrijks 305 mm-Skodageschut naar de forten rond Namen en schoten die een voor een in puin.

Tegelijkertijd slaagden de Duitsers erin de Sambre en de Maas over te steken waardoor Namen omsingeld dreigde te worden en op 22 augustus begon de

DE BEWEGINGSOORLOG

Een van de Antwerpse forten voor het werd vernietigd door het zware Duitse geschut.

Bij het naderen van de Duitse troepen vluchtte de bevolking uit Antwerpen weg.

Franse wielrijderstroepen schieten de Belgen te hulp.

Rechts: ook de Britten zenden hulptroepen die enthousiast worden ontvangen.

DE BEWEGINGSOORLOG

Belgische 4e divisie zich uit de omgeving van Namen terug te trekken in de richting van Mariëmbourg waar ongeveer de helft van de oorspronkelijk 30.000 man aankwam. Zij trokken een week later verder terug in de richting van Antwerpen waar ze zich op 2 september bij het restant van het Belgische leger konden voegen. Ook Dinant kwam in Duitse handen. Eenheden van het Duitse 3e leger omsingelden Dinant en trokken in de vroege ochtend van de 22e augustus de stad binnen.

Intussen rukte het Duitse 1e leger onder generaal Von Kluck en het 2e leger onder Von Bülow, samen ruim een half miljoen man, ten noorden van de Maas het land verder binnen. Ook nu weer verzetten de Belgen zich hevig. Bij St. Margriete verloor het Belgische 22e linieregiment meer dan de helft van zijn manschappen. De overmacht was te groot en op 18 augustus besloot de Belgische koning dat zijn leger moest terugtrekken achter het riviertje de Dijle op nieuwe stellingen in de richting van Antwerpen. Reeds de volgende dag, op 20 augustus, moest het Belgische leger zich nog verder, tot binnen de vesting Antwerpen terugtrekken. Het was op dezelfde dag dat het Duitse 4e legerkorps onder generaal Sixt von Arnim Brussel bereikte en de stad in bezit nam en het Duitse 1e, 2e en 3e leger België steeds dieper binnentrokken. Inmiddels waren de Fransen en Britten België te hulp gesneld. Het Franse 5e leger onder generaal Lanrezac nam posities in om een Duitse aanval op de rechteroever van de Maas te blokkeren. Het Britse expeditieleger, onder generaal French, was inmiddels op

Britse krijgsgevangenen bij het gemeentehuis te Menen wachten op vervoer.

Een Duitse lichte mortierbatterij tijdens de intocht te Brugge defileert voor admiraal Schroeder.

het vasteland aangekomen en nam posities in aansluitend op die van het Franse 5^e leger. Op 21 augustus gingen de Franse troepen in het offensief, maar stuitten daarbij onverwacht op een enorme overmacht. Ze hadden hun aanvallen slecht voorbereid en moesten al snel en met grote verliezen terugtrekken. Op 23 augustus was hun positie niet langer houdbaar meer en gaf generaal Lanrezac het bevel tot de algemene terugtocht. Inmiddels hadden de Britten zich opgesteld op een front van ongeveer 35 km lengte, ongeveer tussen Harmignies, Condé en Binche. Ze werden daar al snel bedreigd door het Duitse 2e, 4e en 9e legerkorps en toen die in de ochtend van de 23e augustus aanvielen moest de voorste Britse linie al spoedig wijken. Wat later op de dag moest ook Mons worden verlaten en toen generaal French 's avonds vernam dat het Franse 5^e leger zich eveneens had moeten terugtrekken, vreesde hij te worden omsingeld en gaf bevel tot terugtrekken in de richting van Le Cateau dat, na zware achterhoedegevechten en ten koste van ongeveer 3800 man, op de avond van de 24^e augustus werd bereikt.

In de vroege ochtend van de 26^e werden ze daar door eenheden van Von Klucks leger aangevallen. De gevechten, die de hele dag duurden en waarbij het Britse 2^e korps onder generaal Smith Dorrien de zwaarste klappen moest opvangen,

DE BEWEGINGSOORLOG

De Duitse admiraal Schroeder, commandant van het Duitse marinekorps in Vlaanderen.

dwongen de Britten verder terug te trekken. Ze verloren in deze slag ruim 8000 man en 36 kanonnen en konden ternauwernood aan een omsingeling ontkomen.

De toestand was er voor de geallieerde legers niet beter op geworden. Met name generaal French zag de situatie somber in en seinde op de 31^e naar Londen van plan te zijn zich met zijn leger achter de Seine ten westen van Parijs terug te trekken omdat hij geen geloof meer hechtte aan een Franse overwinning en bang was met zijn hele leger in Duitse handen te zullen vallen.

DE GEVECHTEN OM ANTWERPEN

De Duitsers wilden nu zo spoedig mogelijk de Belgische kust bereiken, voordat de geallieerden daar zouden zijn. Ze trokken snel in de richting van Antwerpen waar het Belgische veldleger zich binnen de vesting verzameld had. Vanaf het moment dat de Duitsers België waren binnengetrokken had men de vesting Antwerpen in staat van verdediging gebracht. Een aantal forten werd met beton versterkt om het hoofd te kunnen bieden aan de zware Duitse artillerie en er werden voorraden en materiaal aangevoerd om een eventuele langere belegering te kunnen weerstaan. Een sfeer van vertrouwen maakte zich van het leger

DE BEWEGINGSOORLOG

Duitse troepen marcheren de stad Lille binnen.

meester toen men de geweldige verdedigingswerken aanschouwde. Het zou, zo dacht men, de Duitsers niet lukken de vesting Antwerpen te veroveren.

De Duitse aanval op Antwerpen begon op 27 september. Die dag veroverden de Duitse strijdkrachten, onder generaal Von Beseler, de stad Mechelen. De volgende dag beschoot hun zware artillerie de eerste forten die het een voor een toch moesten afleggen tegen de zeer zware 420 mm- en 305 mm-granaten. Op 29 september bereikten Duitse troepen de eerste bruggen bij de stelling Antwerpen. Zij werden daar onder vuur genomen vanuit Fort Wealhem. De Duitse artillerie schoot terug waarbij een granaat in een munitiemagazijn terechtkwam en daar een enorme explosie veroorzaakte en er veel doden en gewonden vielen. Ook Fort Wavre-St. Catharine, dat al ruim dertig uur onafge-

De generaals Von Hindenburg en Ludendorff tijdens een bezoek aan Brussel.

DE BEWEGINGSOORLOG

Wilhelm II tijdens zijn bezoek aan de Duitse onderzeebootbasis te Zeebrugge.

broken beschoten werd, ontving een directe treffer in het munitiedepot en de bezetting werd gedwongen het fort te verlaten. De Duitse artillerie beschoot ook de overige forten en hun omgeving genadeloos en langzaam maar zeker werden ze stuk voor stuk buiten gevecht gesteld en vernietigd. Toch hoopten de Belgen nog op hulp van de geallieerden, maar in de avond van de 29^e leek die hoop vruchteloos, de geallieerden waren nog op te grote afstand van Antwerpen en zouden waarschijnlijk de stad niet op tijd meer kunnen bereiken. Op 2 oktober werd duidelijk dat het Belgische leger ook de vesting Antwerpen niet meer zou kunnen houden en koning Albert gaf het veldleger bevel voorbereidingen te treffen zich terug te trekken en posities in te nemen nabij Oostende en deze plaats in te richten als nieuwe basis voor het veldleger. Ook nu was de Belgische weer-

Generaal French, opperbevelhebber van de Britse troepen in Frankrijk, trok met zijn troepen steeds verder terug tot hij van veldmaarschalk Kitchener bevel kreeg stand te houden.

stand tegen de enorme Duitse overmacht opmerkelijk. Fort na fort werd vernietigd, maar de Belgen vochten als duivels, liever dan zich aan de Duitsers over te geven. Ze lanceerden zelfs verscheidene tegenaanvallen en heroverden sommige steunpunten, maar werden daarna echter door de grote overmacht van de vijand weer teruggedreven. In de geschiedenis van de Eerste Wereldoorlog nemen de prestaties van het Belgische veldleger een uitermate eervolle plaats in.

Op 3 oktober arriveerde eindelijk hulp. Britse troepen arriveerden in Oostende en marcheerden de Belgen tegemoet. De volgende twee dagen arriveerden er nog meer Britten, samen zo'n 6000 man, voornamelijk marinetroepen en hun komst wekte groot enthousiasme onder de Antwerpse bevolking. Ook Churchill zelf bezocht de stad om de bewoners een hart onder de riem te steken. Maar het was te laat. De Duitse aanval kon niet meer worden tegengehouden en op 6 oktober waren de Britten gedwongen zich terug te trekken. In de nacht van 6 oktober verliet het Belgische veldleger, onder bescherming van de duisternis, de vesting Antwerpen en stak de Schelde over.

Op de ochtend van de 7[e] verliet ook de Belgische regering en het Corps Diplomatique Antwerpen op weg naar Oostende. Hun vertrek veroorzaakte grote paniek bij de burgerbevolking die en masse de stad trachtte te verlaten. Op vrijdag 9 oktober gaf Antwerpen zich aan de Duitsers over. Pas de volgende dag trokken Duitse troepen de stad binnen en defileerden in triomf voor de nieuwe militaire gouverneur van Antwerpen, admiraal Von Schroeder. De stad Antwerpen zou nog vier lange jaren in Duitse handen blijven.

DUITSE GRUWELDADEN IN BELGIË, DE DOOD VAN CAPTAIN FRYATT EN MISS CAVELL

Al snel na de inval van de Duitse troepen in België kwamen er berichten over gruweldaden tegenover de burgerbevolking. Die berichten werden steeds sterker en bereikten uiteraard ook de internationale pers die niet naliet de zaak soms flink op te blazen. Vastgesteld moet worden dat de Duitsers zich in veel gevallen inderdaad zeer bruut hebben gedragen en met name de burgerbevolking vaak terroriseerden zonder dat daarvoor goede redenen waren aan te voeren. De Duitsers zagen in hun verbeelding overal de hand van franc-tireurs in. Was er ergens een brug opgeblazen, de burgers kregen de schuld en werden gestraft. Soms was dat

Generaal Haig, die French opvolgde als commandant van het Britse expeditieleger in Frankrijk.

Duitse schildwacht bewaakt een ruïne te Lille.

DE BEWEGINGSOORLOG

De Britse koopvaardijkapitein Fryatt. Hij poogde op orders van Churchill een Duitse onderzeeboot te rammen, werd gearresteerd en als 'franc-tireur' ter dood veroordeeld en geëxecuteerd.

De bekendmaking van de executie van kapitein Fryatt.

een juiste conclusie, maar meestal niet. Erg geïnteresseerd in de werkelijke schuldvraag was men echter niet. Men trachtte door intimidatie en bruut optreden elke vorm van burgerlijk verzet tegen te gaan en dat leidde in veel gevallen tot schandalige en volstrekt criminele acties. Enige voorbeelden: bij de bezetting van het dorpje Andenne troffen de Duitsers een vernielde brug aan. Onmiddellijk werd het dorp in brand gestoken en ongeveer 300 burgers werden ter plekke neergeschoten. Ruim 300 huizen brandden tot de grond toe af en gedurende de volgende dagen werd het dorp geplunderd en verder vernield. Ook bij de val van Namen en Dinant traden de Duitsers bruut op. Ze plunderden de huizen, vielen tijdens de mis een kerk binnen en schoten alle mannen neer. Op de markt werden meer dan 80 mannen geëxecuteerd als openbare waarschuwing, waarna de stad in brand gestoken werd en bijna volledig werd verwoest. In Leuven werd de beroemde bibliotheek in brand geschoten, waardoor eeuwenoud cultuurgoed verloren ging zonder dat men ook maar een hand uitstak om daarvan iets te redden en gedurende de hele Duitse veldtocht door België waren moord en plundering aan de orde van de dag.

Zeer bekend zijn ook de executies van de Britse koopvaardijkapitein Fryatt en de Britse verpleegster miss Cavell. Hun dood bracht de wereldopinie in beroering en deed de naam van Duitsland zeer veel kwaad. De Duitsers hebben later wel geprobeerd hun brute optreden te relativeren en inderdaad heeft de geallieerde propaganda dit soort misdaden weleens sterk overdreven, maar feit was dat het Duitse optreden in België op geen enkele wijze door de beugel kon en ook door niets was te rechtvaardigen. Het maakte hen zeer gehaat bij de bevolking en speelde tegelijkertijd de vijandelijke propaganda enorm in de kaart.

DE BEWEGINGSOORLOG

Britse propagandaposter, verspreid na de dood van miss Cavell.

Propagandaposter bedoeld om de strijdlust bij de Britse bevolking aan te scherpen.

De Britse verpleegster miss Cavell verleende hulp en onderdak aan gewonde Britse soldaten. Ze werd beschuldigd van spionage en verraad en ter dood veroordeeld.

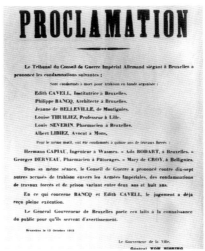

Ook haar dood veroorzaakte internationaal veel onbegrip en deed de Duitse zaak veel kwaad.
Op de foto: de openbare veroordeling te Brussel, oktober 1915.

Duitse soldaten in hun loopgraven te Vlaanderen.

DE SLAG AAN DE MARNE

HET KEERPUNT

Door de snelle Duitse opmars was de Franse opperbevelhebber Joffre wel gedwongen zijn legers het bevel tot de terugtocht te geven. Hij gaf opdracht om een nieuwe verdedigingslinie in te richten langs de lijn Verdun-Laon-Amiens en beval de vorming van een nieuw 6^e leger, dat Amiens en omgeving, een strook grondgebied die geheel openlag voor een Duitse aanval, snel moest bezetten. Door de Britse nederlaag bij Le Cateau kwamen de zes divisies van dit nieuwe leger al direct in grote problemen en moest men zich terugtrekken in de richting van Parijs.

De Franse regering besloot nu dat Parijs extra beveiligd diende te worden en gaf opdracht daar drie legerkorpsen ter bescherming heen te sturen. De oude generaal Gallieni, die reeds jaren met pensioen was, werd aangezocht het bevel van deze troepen op zich te nemen en de stad ten koste van alles te verdedigen. Het nieuwe 6^e leger, dat inmiddels bij Parijs was aangekomen, werd versterkt met Marokkaanse en Algerijnse eenheden en onder bevel gesteld van de generaal Manoury die zijn troepen opdracht gaf zich noordelijk van Parijs in te graven. De stad bereidde zich voor op de naderende strijd en de bevolking wachtte in angstige spanning de dingen die komen gingen af.

De Duitse druk nam nu gestadig toe en overal moesten de geallieerden zich verder terugtrekken. Toch leverde die snelle Duitse opmars hun meer en meer problemen op. De verbindingslijnen werden steeds langer en de communicatie tussen de Duitse legers en hun opperbevelhebber liet steeds meer te wensen over. In feite moet gesteld worden dat Von Moltke geen goed inzicht meer had in de situatie aan het front en niet precies meer wist wat daar gaande was. Zijn aandacht voor de gebeurtenissen aan het westelijke front werd verder nog afgeleid door de tegen alle verwachtingen in snel oprukkende Russen in het oosten. Alarmkreten van dat front deden Von Moltke besluiten om twee legerkorpsen aan de strijd in het westen te onttrekken en die snel naar het oostfront over te plaatsen om de oprukkende Russen tegen te houden. Het was duidelijk dat Von Moltke in paniek was geraakt. Het Von Schlieffenplan voorzag immers in een flexibele verdediging van de oostgrens waarbij rekening werd gehouden met een mogelijke tijdelijke bezetting van Duits grondgebied in Pruisen door de Russen.

Franse wervingsposter.

Von Moltke was het inmiddels ook opgevallen dat zijn troepen wel snel oprukten en veel vijandelijk gebied bezetten, maar dat er geen sprake was van enorme hoeveelheden krijgsgevangenen en oorlogsbuit. De Fransen en Britten trokken wel steeds verder terug, maar hun legers gaven zich niet over en bleven gevechtsvaardig. Von Moltke wilde nu resultaten zien en alhoewel hij de doelstellingen niet veranderde gaf hij de commandant van het 2^e leger Von Bülow toen die daarom verzocht toestemming om het Franse 5^e leger te achtervolgen en in de pan te hakken toen dat zich oostelijk van Parijs naar het zuidoosten terugtrok. Het essentiële element van het Von Schlieffenplan werd daarmee losgelaten. Men trok nu niet meer westelijk om Parijs heen, maar liet de stad links liggen, belust op een – naar het scheen – snelle en gemakkelijke overwinning op het 5^e Franse leger.

De beslissing van Von Moltke om het verzoek van Von Bülow in te willigen had verstrekkende gevolgen, het kostte hem de overwinning en daarmee uiteindelijk de oorlog. Het Duitse 1^e leger onder Von Kluck wilde de buit van een ingesloten 5^e Franse leger niet geheel aan Von Bülow overlaten. Zonder toestemming verliet hij de hem bevolen route, trok de Oise over en bereikte de achterhoede van de nog steeds terugtrekkende Fransen. Pas toen informeerde hij Von Moltke dat hij zijn oorspronkelijke route verlaten had. Von Moltke greep niet in maar gaf nu wel het bevel dat het 1^e leger tevens de flank van het 2^e leger moest beveiligen tegen eventuele aanvallen uit het westen. Dat betekende dat Von Kluck veel langzamer zou moeten optrekken om gelijke tred te houden

DE BEWEGINGSOORLOG

Koloniale Spahi-soldaten worden door hun Franse officier ingelicht over het verloop van de slag aan de Marne. 20 juli 1914.

met Von Bülows strijdmacht en ook dit bevel lapte hij daarom aan zijn laars. Ten slotte kon hij zijn snelle opmars echter niet volhouden en moest, door gebrek aan materiaal en bevoorrading de achtervolging van de Fransen opgeven. Het 2^e leger had, zoals was te verwachten, de snelle opmars van Von Kluck niet kunnen bijhouden, zijn troepen hadden dringend rust nodig en er ontstond nu een steeds groter wordend gat tussen beide legers.

Zodra de oude generaal Gallieni merkte, het was toen 3 september, dat de Duitsers kennelijk van plan waren zijn stad 'links' te laten liggen en hem hun flank boden, gaf hij bevel aan het nieuw gevormde 6^e leger zich te verzamelen. Hij meldde Joffre dat de Duitsers kennelijk niet meer van plan waren Parijs aan te vallen, maar er oostelijk langs trokken. Ook meldde hij een groot gat tussen beide Duitse legers en hij verzocht Joffre tot de aanval te mogen overgaan. De Duitse nabijheid had overigens in Parijs wel tot grote paniek geleid. De regering had de stad verlaten en was naar Bordeaux vertrokken.

Ook in het Duitse hoofdkwartier brak paniek uit. Von Moltke zag het grote gevaar van het feit dat het 1^e en 2^e leger steeds verder van elkaar verwijderd raakten. Hij zond een van zijn stafofficieren, de luitenant-kolonel Hentsch, naar beide generaals met het strikte bevel het verband tussen hun legers onmiddellijk te herstellen. Hentsch had nogal wat moeite om de generaals van de noodzaak daartoe te overtuigen. De Fransen waren immers in volle terugtocht en het 5^e Franse leger lag als het ware voor het grijpen? Op 6 september echter meldden Duitse verkenners dat er vanuit de vesting Parijs gevaar dreigde en dat sterke Franse troepeneenheden zich kennelijk op een aanval op de Duitse flank aan het voorbereiden waren. De melding was nog niet binnen of langs de hele Marne ontbrandde de strijd. Bij Parijs vocht Von Kluck nu voor zijn leven. Zijn flank lag open voor aanvallen van het Franse 6^e leger, maar zijn soldaten sloegen die alle af en hij was optimistisch over zijn kansen de Fransen alsnog te verslaan. Anders was het gesteld met het 2^e Duitse leger onder Von Bülow. Na vier dagen van hevige strijd waarbij de Fransen aanval na aanval uitvoerden trok Von Bülow op 9 september zijn leger terug, waardoor ook Von Kluck de strijd moest staken en zich moest terugtrekken. Nu was het Von Bülow die sneller was dan Von Kluck en het gat tussen beide legers werd in plaats van kleiner steeds groter en groeide tot ongeveer 30 km. Generaal Joffre deed een beroep op het Britse expeditieleger om zich in dit gat te storten en beide Duitse legers van elkaar te isoleren, maar de Britten reageerden lauw. Ze trokken wel op, maar deden dit zo langzaam dat de kans op succes volledig werd verspeeld.

De slag aan de Marne, 6-12 september 1914. Op de foto: wat er overbleef van het dorp Sermaize les Bains na beschieting door de Duitse artillerie.

DE BEWEGINGSOORLOG

De rivier de IJzer waar de Belgische en Franse troepen de Duitsers tegenhielden.

Inmiddels hadden de Fransen een nieuw leger gevormd, het 9e onder generaal Foch, dat nu ter versterking van het 5e leger werd ingezet. Onmiddellijk kwam het in contact met het Duitse 3e leger en enkele korpsen van het 2e leger van Von Bülow, die er op 8 september in slaagden de Fransen enkele kilometers terug te dringen. Foch beval daarop een tegenaanval, maar het lukte hem niet een doorbraak te forceren.

Toch had Fochs actie wel enig resultaat. De felle tegenstand had tot gevolg dat Von Moltke het bevel gaf de gevechten af te breken en de aansluiting met het 1e leger onder Von Kluck te herstellen. Op 11 september bezocht Von Moltke voor het eerst zelf het terrein van de slag. Hij kwam daar tot de conclusie dat de positie van het 1e en 2e leger nog steeds gevaarlijk was en dat beide legers met omsingeling werden bedreigd. Hij gaf nu opdracht tot een gecoördineerde terugtocht op nieuwe posities achter de Aisne en de Vesne bij Reims. Ook de overige Duitse legers deden nu een stap terug en zo ontstond er een nieuwe linie van Reims tot Verdun en kwam er een eind aan de slag aan de Marne.

De ongehoorzaamheid van Von Kluck en het feit dat Von Moltke deze ongehoorzaamheid niet direct afstrafte, alsmede de naijver tussen Von Kluck en Von Bülow die elkaar het succes niet gunden, was de uiteindelijke oorzaak van het falen van het Von Schlieffenplan. De kans op een snel beëindigen van de oorlog was daarmee voorgoed bekeken.

DE BEWEGINGSOORLOG

DE RACE NAAR DE ZEE, DE SLAG BIJ DE IJZER EN BIJ IEPER

VON MOLTKE ONTSLAGEN, VON FALKENHAYN TREEDT AAN

Het terugtrekken van de Duitse legers na de slag aan de Marne had als gevolg dat generaal Von Moltke van zijn commando werd ontheven en werd vervangen door de minister van oorlog, luitenant-generaal Erich von Falkenhayn.

Von Falkenhayn pakte de zaak direct grondig aan. Hij was ervan overtuigd dat Duitsland een lange tijd van strijd voor de boeg had en dat zijn reserves aan mankracht, materiaal en voedsel mogelijk niet toereikend zouden zijn. Hij gaf bevel de Duitse industrie volledig voor de oorlogvoering in te schakelen en de productie van consumptiegoederen daaraan ondergeschikt te maken. Ook gaf hij opdracht tot een veel strenger 'uitzonderingsbeleid' waardoor veel meer mannen onder de wapens konden worden geroepen en ten slotte gaf hij zijn troepen opdracht om zo snel mogelijk op te rukken en de Belgische kust in bezit te nemen waarmee hij hoopte de Britse en Franse troepen te kunnen omsingelen en van

Britse wervingsposter nadat de eerste lichtingen waren 'opgebruikt' op het slagveld.

117

DE BEWEGINGSOORLOG

Franse stellingen aan de IJzer.

Het Duitse hoofdkwartier aan de oever van het kanaal te Ieper.

zee af te snijden. De frontlinie liep op dat moment van Soissons pal noord ongeveer via Péronne, Arras, Loos, ten oosten van Ieper en Langemark, Lille, Diksmuide tot aan de Belgische kust. De Fransen hadden de strook tussen deze frontlijn en de kust inmiddels aanzienlijk versterkt en trachtten de Duitsers met zware aanvallen naar het oosten terug te dringen. Tussen 21 en 30 september deden zij verwoede pogingen om de Duitse aanvallen bij de Oise in het zuiden te stoppen en hen daar terug te dringen. Tegelijkertijd probeerde het Franse 2^e leger onder generaal De Castelnau ten noorden van de Oise hetzelfde te doen terwijl de Britse troepen, onder generaal French, zich tussen Loos en Ieper tegen Duitse aanvallen verdedigden. Vooral bij Ieper was de strijd hevig omdat de Duitsers daar met een zeer sterke troepenmacht trachtten door te breken. Het laatste stukje frontlijn, ten noorden van de Britse stellingen, langs de rivier de IJzer en tot aan de kust, werd door Belgische en Franse troepen verdedigd. Bij Nieuwendamme openden de Belgen de sluizen waardoor het omringende land langzaam onder water liep, maar dat was onvoldoende om de Duitsers tegen te houden. Ook nu weerden de Belgen zich weer vastberaden en met grote dapperheid.

Franse troepen verzamelen zich aan de rivier de IJzer.

Een stukje 'niemandsland' bij de vernielde brug over de IJzer.

DE BEWEGINGSOORLOG

Belgische soldaten aan het IJzerfront.

De belangrijke spoorverbinding bij Boezinge aan het IJzerfront.

Links: de Belgen zetten bij Raamskapelle het land onder water, waarmee een eind aan de snelle Duitse opmars werd gemaakt.

Australische troepen in afwachting van het bevel tot de aanval over te gaan bij Ieper.

Op 16 oktober stootten vier nieuwe Duitse legerkorpsen, samen ongeveer 165.000 man, naar het westen door en bereikten de IJzer. De eerste slag aan de IJzer stond op het punt te beginnen.

DE SLAG AAN DE IJZER, HEROÏSCHE STRIJD VAN HET BELGISCHE LEGER

De nu al ruim 2,5 maanden voortdurend vechtende 48.000 Belgische soldaten vonden aan de IJzer ruim 100.000 Duitse troepen met 350 stukken geschut tegenover zich. De Belgen hadden de opdracht om het minimaal 48 uur vol te houden tot versterkingen hen zouden bereiken. Door de vele regen was de aarde in dikke taaie modder veranderd, waardoor de gevechtsomstandigheden uitermate zwaar waren. De Belgen hadden posities ingenomen te Diksmuide en Nieuwpoort aan de noord- en zuidkant van de IJzer van waaruit men de mogelijke oversteekplaatsen van de Duitsers onder controle kon houden. Om de Duitse aanval te vertragen werden ook posities aan de overkant van de IJzer ingenomen terwijl er direct achter de rivier een tweede verdedigingslinie werd bezet. Franse hulptroepen werden bij Diksmuide ingezet om de verbindingen met Oostende en Frankrijk open te houden.

Britse infanterie in de eerste linie.

De Duitse artillerie neemt Britse stellingen onder vuur vlak voor een infanterieaanval bij Ieper.

Vernielde gebouwen op de oever van de rivier de Lys.

De Duitse artillerie beschoot de brug bij Warmeton zonder resultaat.

DE BEWEGINGSOORLOG

Ook Franse troepen passeerden Ieper op weg naar het front. Op de foto: Franse soldaten op de Grote Markt te Ieper. Oktober 1914.

Op 13 oktober 1914 trokken Britse troepen Ieper binnen nadat eerder de Duitsers de stad hadden verlaten.

DE BEWEGINGSOORLOG

Een Britse infanterist in een loopgraaf.

Een Brits officier wordt samen met zijn soldaten als krijgsgevangene afgevoerd bij Ieper. 1915.

DE BEWEGINGSOORLOG

Het zwaartepunt van de Duitse aanval lag op Diksmuide. De Duitsers hoopten op deze plaats door te breken, de Belgen van hun geallieerden af te snijden en die in zee te drijven of in de pan te hakken. In de namiddag van de 16e bereikten verkenningsgroepen Diksmuide, maar slaagden er niet in tot de stad door te dringen. De volgende dag opende de Duitse artillerie het vuur op het plaatsje Rattevanger en schoot dat in brand. Op de 18e openden ze een felle aanval op de Belgische eerste verdedigingslinie voor de IJzer. Terwijl de gevechten in volle gang waren verscheen er plotseling een Brits marineflottielje voor de kust en beschoot de Duitse aanvallers in de flank waardoor hun aanval in kracht afnam en uiteindelijk geheel stopte.

Bij Mannekesvere, zuidelijk van Nieuwpoort, hadden de Duitsers meer succes en drongen tot deze plaats door. Met hun artillerie slaagden ze erin de Belgen uit hun eerste verdedigingslinie te verjagen. In de nacht ondernamen de Belgen echter een tegenaanval en heroverden daarbij weer enkele verloren gegane posities. Op 19 oktober slaagden Belgische eenheden erin de buitenwijken van Mannekesvere weer te bezetten, maar ze werden daar na enkele uren weer uit verdreven. Ook Diksmuide kwam onder Duits artillerievuur te liggen terwijl het grootste deel van de voorste Belgische linie nu in Duitse handen kwam. In het noorden staken ze het Passendalekanaal over en veroverden

Brits spoorweggeschut vlak na het in stelling brengen.

DE BEWEGINGSOORLOG

Infanterie verlaat de loopgraven en stormt op de vijand af. Ieper 1917.

Gewonde Duitse soldaat wordt als krijgsgevangene achter het front gebracht.

Lombardzyde. Tegelijkertijd werd Diksmuide weer aangevallen. Tegen 10 uur in de ochtend, na een hevige voorafgaande artilleriebeschieting, verscheen de vijandelijke infanterie vanuit verschillende richtingen, maar die slaagde er niet in de Belgen te verdrijven. Langs de hele IJzer werd nu hevig gevochten. Diksmuide en Nieuwpoort stonden in brand en het vuur verspreidde zich razend snel. In de nacht van de 22^e ondernamen de Duitsers een nieuwe hevige aanval op Tervate. Ze slaagden erin een kleine loopbrug over de IJzer te nemen en een bruggenhoofd op de linkeroever te vormen. Een Belgische tegenaanval mislukte en op de 23^e wisten de Duitsers hun posities op de linkeroever verder uit te breiden en te verstevigen; ze bedreigden nu de tweede verdedigingslinie van de Belgen.

Heuvel 60 bij Ieper. Hier werden zeer zware gevechten gevoerd waarbij veel soldaten aan beide zijden sneuvelden.

Een Duits artillerieregiment laadt paarden en materiaal in voor vervoer naar het front.

Duitse infanterie in de aanval nabij Ieper. 1917.

Een middeleeuwse oorlog met moderne middelen, Duitse cavalerist met gasmasker en speer.

DE BEWEGINGSOORLOG

Een vreselijk wapen. De vijand wordt met vlammenwerpers uit de loopgraven gebrand.

Een Duitse artillerie-waarnemingsballon te Ieper. 1917.

Duitse infanterie gereed voor de aanval. Let op de steelhandgranaat links op de foto. Ieper 1917.

DE BEWEGINGSOORLOG

Een door de Duitse artillerie veroorzaakte mijnkrater binnen de Britse stellingen bij Ieper.

Een regen van granaten valt op de Britse infanteristen neer tijdens de slag bij Ieper 1917.

Duitse machinegeweerpost bij Ieper. 1917.

Franse hulp werd ingeroepen en toegezegd en 6000 man marinefuseliers van de Franse admiraal Romarch hielpen de Belgen tot 10 november de streek te verdedigen, maar het was in feite al te laat. Ondanks hevige tegenstand rolden de Duitse troepen de Belgische verdedigingslinie langzaam maar zeker verder op en op de avond van de 25^e bereikten Duitse voorposten Diksmuide. De 26^e viel nu ook de tweede Belgische verdedigingslinie. Op de 29^e viel Diksmuide en op de 30^e slaagde de Duitse 5^e reservedivisie erin Ramskapelle in te nemen, waarmee de Belgische linie in tweeën werd gedeeld. De Belgen en Fransen deden nu een heftige tegenaanval. Ze bereikten de buitenwijken van Ramskapelle en er volgden bloedige man-tegen-mangevechten, waarbij de Duitsers uit de stad werden teruggedreven op hun posities van een dag eerder. Verder zouden ze ook niet meer komen, want de Belgische inundaties zetten nu het hele gebied tussen de IJzer en de spoorlijn Diksmuide-Nieuwpoort onder water waardoor de Duitsers de westoever van de IJzer noodgedwongen moesten verlaten. De slag om de

DE BEWEGINGSOORLOG

IJzer was ten einde, de Duitse doorbraak mislukt. Hun verliezen werden geschat op 40.000 man. De Belgen verloren 25.000 man. Hun heroïsche verdediging had de Duitse troepen echter belet naar de Noordzee door te breken en daar de kust in bezit te nemen, een enorme prestatie.

De rust duurde nooit lang. Op de foto: Duitse troepen worden aangevoerd voor een nieuwe aanval bij Ieper.

Een Duitse cavaleriepatrouille nadert het kasteeltje bij Houtrust. Ieper 1917.

DE BEWEGINGSOORLOG

Onder de vijandelijke stellingen werden mijngangen gegraven (zie foto) die dan met springstof werden gevuld om vervolgens tot ontploffing te worden gebracht.

Duitse soldaten tijdens een rustperiode aan het front, in hun loopgraven.

DE BEWEGINGSOORLOG

Onbegaanbaar slagveld...

...tot aan de horizon.

Volgelopen granaattrechters bij Ieper.

DE BEWEGINGSOORLOG

Duitse wachtposten bij Ieper. Let op de zware borstbepantsering als bescherming tegen geweerkogels en granaatsplinters.

Britse troepen in de aanval bij Ieper. De terreinomstandigheden waren vreselijk zwaar. Door de hevige regenval en voortdurende granaatinslagen veranderde het slagveld in een gigantische modderpoel.

Op dit terrein werd een strijd gevoerd op leven en dood. Velen kwamen om in de met water en taaie modder gevulde granaattrechters op de slagvelden rond Ieper.

Paarden en materiaal zakten weg in de modder en het transport van de artillerie werd een onmogelijke zaak.

Loopgraven vulden zich met water en taaie slijmerige modder.

De soldaten stonden soms dagenlang tot de knieën in het water wat vaak tot ziekte en zelfs tot rotting van de voeten (*trenchfeet*) leidde.

Soms was de voorste linie uitsluitend via inderhaast aangelegde knuppelweggetjes te bereiken.

Transporten bleven geregeld in de modder steken waardoor voedsel en munitie vaak niet of veel te laat aankwam.

DE BEWEGINGSOORLOG

Een in de modder weggezakt transport. Op de foto: een poging om de paarden uit de modder te redden.

Een Britse werkploeg belast met de haast onmogelijke taak de loopgraaf weer moddervrij te maken. De volgende dag begon alles weer opnieuw.

DE VELDSLAGEN BIJ IEPER

Inmiddels trachtten de Duitsers ook op andere plaatsen door te breken naar zee. Begin oktober kreeg het 4ᵉ Duitse leger opdracht om de Britse en Franse linie bij Ieper aan te vallen en dan door te stoten naar Abbeville in Frankrijk. Met die beweging zouden ze in een klap de belangrijke havens aan de kust in handen krijgen en toen het bij de strijd aan de IJzer niet lukte door te breken werd Ieper het belangrijkste aanvalspunt. Op 21 oktober 1914 begon de slag bij Ieper met een aanval door het 26ᵉ en 27ᵉ Duitse reservekorps waarbij enkele duizenden

Britse officieren helpen elkaar bij het bereiken van hun commandopost.

Een gewonde Canadees geeft een gewonde Duitse soldaat een vuurtje terwijl ze wachten op transport en redding uit de modder.

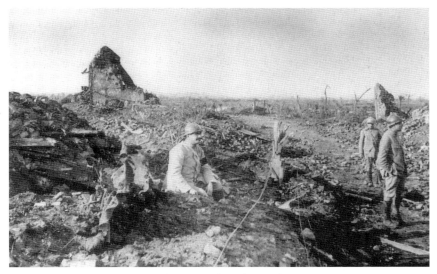

Belgische infanterie bij Zillebeke waar hevige gevechten plaatsvonden.

Britse kanonniers bezig met het uitgraven van een 18 pounds stuk veldgeschut dat is vastgelopen in de modder bij Ieper.

Het slagveld bij Passendale.

De grote mijnkrater bij Wijtschaeten.

DE BEWEGINGSOORLOG

Onder het toeziend oog van de heilige maagd Maria werken Britse pioniers aan het opzetten van een stelling bij Passendale Ridge.

Het slagveld bij Zonnebeke.

Zonnebeke na de slag.

DE BEWEGINGSOORLOG

Duitse reserves werden per smalspoor aangevoerd (Menen).

Gesneuvelde Schotse soldaten bij Zonnebeke.

jonge studenten waren ingedeeld. Zij hadden zich als vrijwilliger gemeld en werden na een korte opleiding naar het front gestuurd. Nu wilden ze tonen wat ze waard waren en ze vielen met veel elan de vijand in de richting van Langemark aan. Na vier dagen van harde strijd moesten de gevechten worden gestaakt. Ruim 3000 studenten sneuvelden bij Langemark voor keizer en vaderland en liggen daar nu begraven.

Het onbegaanbaar geworden slagveld bij Ieper.

Het Delvillebos na de beschieting door de Duitse artillerie.

Britse gewonden op weg naar een veldhospitaal, na de gevechten bij de weg naar Menen.
Duitse krijgsgevangenen fungeren als dragers.

DE BEWEGINGSOORLOG

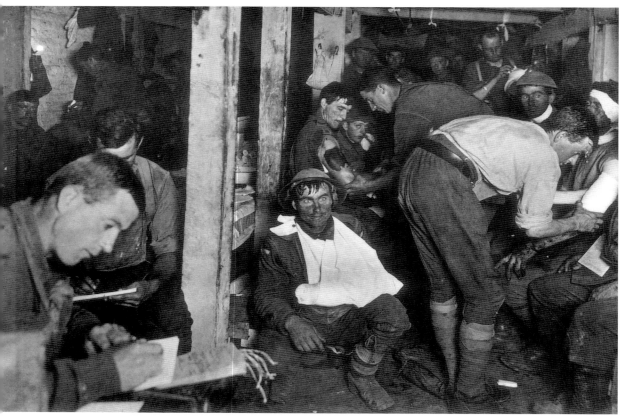

Een ondergrondse eerstehulppost bij de weg naar Menen.

DE BEWEGINGSOORLOG

De weg naar Menen. Adolf Hitler was hier als ordonnans ingedeeld.

Het slagveld bij het Polygoonbos te Ieper.

Wat er overbleef van Ieper.

Canadese cavalerie passeert de stukgeschoten stad Ieper.

Links: gewonde soldaten liggen in het open veld in afwachting van vervoer naar een veldhospitaal voor eerste hulp.

DE BEWEGINGSOORLOG

'Hellfire Corner' bij Ieper. Een door granaatvuur getroffen munitiewagen.

De beruchte heuvel 60. Duitse soldaten bij hun onderkomen.

Duitse soldaten in afwachting van een aanval.

Een van de talloze vernietigde boerderijen nabij Ieper.

Op 29 oktober werd een tweede Duitse poging ondernomen om door te breken, ditmaal bij Geluveld. Na drie dagen van harde strijd moesten ook hier de gevechten worden gestaakt. Het was bij Geluveld dat het 16[e] Beierse reserve-infanterieregiment (waarbij Adolf Hitler diende) zware verliezen leed en ruim

DE BEWEGINGSOORLOG

Op zoek naar een gesneuvelde kameraad.

Door granaatvuur stukgebroken ijsschotsen bij Beaumont Hamel.

Een ijzige wind waaide over het slagveld. Velen bevroren in hun loopgraaf.

In de hevige koude probeerde men zo goed en zo kwaad als dat ging toch nog iets warms te bereiden in de loopgraven.

DE BEWEGINGSOORLOG

Tijdens de winter waren de omstandigheden nog zwaarder. Op de foto: Britse huzaren in de loopgraven bij Zillebeke.

Gewonde soldaten bevroren al snel en konden vaak niet meer worden gered.

DE BEWEGINGSOORLOG

De Britse minister-president Lloyd George tijdens een van zijn bezoeken aan het front. Hij was een tegenstander van generaal Haig die hij onbekwaam leiderschap verweet vanwege de enorme verliezen aan het front.

50 procent van zijn manschappen verloor. Op 1 november lukte het de Duitsers de heuvelrug bij Menen in te nemen, waardoor ze een goed uitzicht kregen over de stad Ieper en zijn omgeving. Ze bereidden nu een nieuwe aanval voor die op 11 november met ruim 18.000 man langs de weg van Menen in de richting van de stad Ieper werd ingezet. Ondanks hun overmacht (de Britse verdedigers beschikten over slechts 8000 man), mislukte ook deze aanval door het taaie verzet van de Britse troepen en zo kwam er een eind aan wat men wel de 'Eerste slag om Ieper' noemt. De Duitsers voerden nog wel enkele aanvallen uit, maar op 22 november besloot het oppercommando de offensieven bij Ieper te staken waarmee aan de doorbraakpogingen naar de zee voorlopig een einde kwam.

DE BEWEGINGSOORLOG

Brits-Indische soldaten op weg naar het front bij Ieper.

Gasmaskerinspectie.

DE BEWEGINGSOORLOG

Regiment koloniale marinetroepen (Anamiten) uit Cochin-China (Indo-China) bij Ieper in 1916.

De Fransen zetten veel Indo-Chinese (Anamiten) soldaten in bij Ieper.

DE BEWEGINGSOORLOG

Deze koloniale troepen stonden bekend om hun vechtlust en waren gevreesd vanwege hun wrede optreden tegen de vijand.

Anamiten tijdens rustpauze bij hun opmars naar het front.

DE BEWEGINGSOORLOG

Naast hun koloniale troepen beschikten de Britten nog over het 'Chinese arbeiderskorps' dat voor werkzaamheden aan het front werd ingezet.

De dood was altijd dichtbij en voor niemand meer vreemd. Soldaten wassen hun handen in met water en lijken gevulde granaattrechter bij Ieper.

Gewonde soldaten helpen elkaar op weg naar een eerstehulppost.

De vreselijke artilleriebeschietingen spaarden ook de kerkhoven niet. Lichamen kwamen boven de grond, werden in stukken gereten en weer bedolven...

DE BEWEGINGSOORLOG

Een granaat maakte een eind aan het leven van deze Duitse soldaten.

DE TWEEDE SLAG, GASAANVAL

De tweede slag om Ieper vond plaats tussen 22 april en 25 mei 1915. Dit keer behaalden de Duitsers meer resultaat. Voor het eerst gebruikten ze chloorgas bij hun aanvallen en dit had als resultaat dat de door de Fransen ingezette koloniale troepen tussen Poelkapelle en St. Juliaan volstrekt verrast werden en met grote verliezen op de vlucht sloegen. Toen de aan hun flank liggende Canadezen daarop het bevel kregen het gat te vullen kwamen ook zij in de gaswolken terecht en van de 18.000 man verloren er 2000 het leven. De gasaanval had een bres van ruim 6 km in de geallieerde linies geslagen en was zo diep dat de

DE BEWEGINGSOORLOG

Britse hospitaalsoldaten brengen tijdens de slag bij Ieper een zwaargewonde in veiligheid, waarbij de terreinomstandigheden een welhaast onoverkomelijke hindernis vormden. Vaak kon men de slachtoffers niet meer vinden en waren die reeds weggezakt en verdronken in de taaie modder.

Overal uiteengereten lichamen en stoffelijke resten. Op de foto: het lijk van een in de modder verdronken soldaat wordt geborgen.

DE BEWEGINGSOORLOG

Een Canadese gewonde werd uit de modder gered en naar een veldhospitaal gebracht.

Gesneuvelde Duitse soldaten na een Britse aanval op hun loopgraaf.

DE BEWEGINGSOORLOG

Vermist en later teruggevonden…

DE BEWEGINGSOORLOG

Ook hij overleefde de aanval niet.

Voor velen kwam de hulp te laat. Zij stierven door bloedverlies of door uitputting en gebrek aan water.

DE BEWEGINGSOORLOG

Een zwaargewonde Britse soldaat ontvangt in de loopgraaf eerste hulp. Hij zou even later aan zijn verwondingen bezwijken.

Eerste hulp in de loopgraven bij Ieper.

De nauwe loopgraven waren vaak een grote hindernis bij het verlenen van eerste hulp aan gewonde soldaten.

Een door artillerievuur getroffen Duitse commandopost.

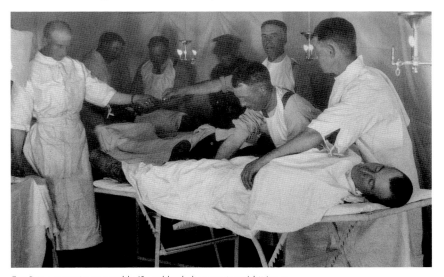
Een Britse operatietent te velde (3e veldambulanceregiment) bij Ieper.

Duitsers zeker hadden kunnen doorstoten als ze maar over voldoende reserves hadden beschikt. Dat was niet het geval en de geallieerden slaagden erin het gat tijdig te dichten. Op 24 april werd de gasaanval herhaald en de Duitsers behaalden wederom flinke terreinwinst, maar ook nu slaagden de geallieerden er weer in hen uiteindelijk tegen te houden. Op 25 mei moesten de Duitse aanvallen worden gestaakt. De totale verliezen aan doden en gewonden bij deze tweede slag om Ieper bedroegen 105.000 man, meest jonge mannen, vermalen in de Vlaamse modder of voor het leven verminkt. Op 2 mei 1915 schreef de Canadese militaire arts John McCrae het beroemd geworden gedicht 'In Flanders Fields', geïnspireerd door het sneuvelen van zijn vriend op die dag, die gevonden werd tussen de duizenden rode klaprozen die daar groeiden. Het gedicht werd op 8 december van datzelfde jaar in Punch gepubliceerd en wordt sindsdien nog jaarlijks tijdens herdenkingsbijeenkomsten voorgedragen.

DE BEWEGINGSOORLOG

Het slagveld was bezaaid met in staat van ontbinding verkerende lijken en de stank was vaak ondragelijk.

Gesneuvelde Duitse soldaten bij hun bunker.

DE BEWEGINGSOORLOG

Duitse ziekendragers brengen een kameraad naar een eerstehulppost vlak achter het front.

Gesneuvelde Duitse soldaten na een Britse aanval op hun stelling.

Gasalarm tijdens de eerste gasaanval door de Duitsers te Ieper. Let op het uiterst primitieve gasmasker.

In Flanders Fields

In Flanders Fields the poppies blow
Between the crosses row on row
That mark our place; and in the sky
The larks, still bravely singing, fly
scare heard amid the guns below

We are the dead, short days ago
we lived, felt dawn. Saw sunset glow,
loved and were loved, and now we lie
In Flanders Fields

Take up our quarrel with the foe
To you from failing hands we throw
the torch. Be yours to hold it high
If ye break faith with us who die
we shall not sleep, though poppies grow
In Flanders Fields.

Door gas getroffen Britse soldaten op weg naar een eerstehulppost. Velen werden blind en stierven na een lange lijdensweg aan de gevolgen.

Duitse soldaten van het 27^e regiment infanterie hier met de eerste gasmaskers.

DE DERDE SLAG

Ook de derde slag om Ieper, die plaatsvond tussen juli en november 1917 en die ook wel de strijd om Passendale wordt genoemd, verliep weer uitermate bloedig. De Duitsers gebruikten nu een nieuw soort gas, het beruchte mosterdgas.

Deze derde slag, die op 31 juli begon, werd voorafgegaan door gevechten bij Messines, op 7 juni, waarbij de Britten de Duitsers aanzienlijk terugsloegen. De Britse aanval werd ingeluid door het tot ontploffing brengen van negentien mijnen die in de maanden ervoor door speciale Britse mijnwerkersgroepen in lange tunnels onder de Duitse stellingen waren aangebracht. (onder andere onder heuvel 60 en Hooge Crater).

Ook nu weer waren de verliezen verschrikkelijk. Geschat werd dat die bij de Britten ongeveer 340.000 man en bij de Duitsers zo'n 250.000 man bedroegen. De Britse terreinwinst bedroeg circa 8 km in het noorden en 2 km in het zuiden. De gevechtsomstandigheden waren niet te beschrijven. Door de zware artilleriebeschietingen en de hevige regenval was het terrein onbegaanbaar geworden en velen verdronken of stikten in de taaie slijmerige modderpoel waarin de strijd moest worden gevoerd.

Voor hem liep het goed af. Gewond, maar gelukkig dat hij naar huis ging.

Veel soldaten waren niet zo gelukkig en vaak was er zelfs geen begrafenis mogelijk.
Op de foto: Britse soldaten dragen een gesneuvelde kameraad ten grave.

DE VIERDE EN LAATSTE SLAG BIJ IEPER

Hoewel men niet zo vaak spreekt over een vierde slag, heeft die wel degelijk plaatsgevonden. In maart 1918 openden de Duitsers aan het westfront een nieuw (laatste) offensief in een poging alsnog door te breken voordat de inmiddels aan de oorlog deelnemende Amerikanen te sterk zouden worden. De Duitsers hadden deze actie maandenlang voorbereid en troepen van het oostfront naar het westfront overgebracht. Hun sterkte nam daardoor toe terwijl de Britse mankracht juist fors was verminderd. De aanval, die later meer bekend is geworden als de slag bij Hazebroeck, vond plaats tussen 9 en 30 april 1918 en was bedoeld om de Britten in zee te drijven. De Duitsers slaagden erin al het eerder aan de Britten verloren terrein weer terug te winnen. Toch lukte het hun ook nu weer niet een doorbraak te forceren.

ZWARE EN BLOEDIGE VERLIEZEN

In totaal verloren de Britten bij de verdediging van de Ieper-Saillant tussen 1914 en 1918 500.000 man aan doden, gewonden en vermisten. Ruim 42.000 van hen zijn nooit teruggevonden. Aan Duitse zijde verloor men ongeveer evenveel man. In totaal kostte de strijd om de Saillant dus ruim 1 miljoen man zonder dat dit tot enige definitieve terreinwinst had geleid. Bij het begin, in 1914, had de Britse generaal Smith Dorrien geadviseerd de Saillant recht te trekken. Er werd toen niet naar hem geluisterd. Vier jaar later kreeg hij alsnog gelijk maar wel nadat eerst ruim 1.000.000 slachtoffers waren opgeofferd, een hele generatie jonge mannen in de bloei van hun leven.

De Russische opperbevelhebber, groothertog Nikolaj, tijdens het vertrek van zijn troepen naar het front.

Augustus 1914. Russische infanterie op weg naar de Duitse grens.

DE STRIJD IN HET OOSTEN, DE RUSSEN VALLEN AAN

Zoals eerder reeds bij de bespreking van het Von Schlieffenplan geschetst, verwachtten de Duitsers aan het begin van de oorlog in 1914 een Russische aanval op Duits grondgebied bij Oost-Pruisen en ten oosten van de rivier de Weichsel. De bedoeling was dit gebied in eerste instantie te verdedigen, maar men hield er rekening mee dat de Russische overmacht zo groot zou zijn dat een tijdelijk opgeven van delen van Oost-Pruisen tot de mogelijkheden zou behoren. Tijdelijk, omdat de Duitse legers die in het westen vochten, na Frankrijk te hebben verslagen, zich en masse naar het oosten zouden wenden om daar dan de Russische legers te lijf te gaan. Om de Russen het optrekken naar de Weichsel zo veel mogelijk te bemoeilijken had men daar een aantal vestingen gebouwd, ongeveer langs de lijn Thorn, Kulm, Graudenz, Mariënburg en Danzig.

Oost-Pruisen zelf werd zowel in het oosten als in het zuiden door Russisch grondgebied begrensd, zodat rekening moest worden gehouden met gelijktijdige Russische aanvallen uit twee verschillende richtingen. Het zou dus zaak zijn om te voorkomen dat de twee Russische legers diep in Oost-Pruisen samen konden komen. De Mazurische meren speelden daarbij een essentiële rol, want de uit het oosten en zuiden oprukkende Russische legers zouden zich daar moeten splitsen, waardoor de Duitsers de mogelijkheid kregen ze afzonderlijk aan te vallen en zo mogelijk te verslaan.

De verdediging van Oost-Pruisen berustte bij het 8^e Duitse leger onder generaal Von Prittwitz und Gaffon die bevel kreeg de Russen zo lang mogelijk tegen te houden en die zich, naar eigen inzicht, aanvallend en agressief moest opstellen.

De Duitse strijdmacht beschikte over het 10^e legerkorps onder generaal der infanterie Von Francois, het 17^e legerkorps onder generaal der cavalerie Von

Mackensen, het 20ᵉ legerkorps onder generaal der artillerie Von Scholtz, het 1ᵉ reservekorps onder luitenant-generaal Von Melow en een aantal landweerbrigades en vestingtroepen, in totaal 16 divisies waarbij 6 infanteriedivisies, 3 reservedivisies, 3,5 landweerdivisie, 1 cavaleriedivisie en 2,5 divisie vestingtroepen. De Duitsers beschikten over in totaal 846 stukken geschut.

Tegenover het Duitse 8ᵉ leger stonden twee Russische legers, het 1ᵉ of Njemenleger onder generaal der cavalerie Von Rennenkampf dat vanuit het oosten optrok en het 2ᵉ Narevleger, onder de generaal der cavalerie Samsonov die vanuit het zuiden de Duitse grens naderde. In totaal beschikten de Russen tegen Pruisen over 18 infanteriedivisies, 3 reservedivisies en 10 cavaleriedivisies. Beide legers voerden ruim 1284 stukken geschut of 178 batterijen met zich mee.

Direct na het uitbreken van de oorlog had generaal Von Prittwitz zijn troepen bevel gegeven zich naar de hun aangewezen posities te begeven en deze bewegingen waren de 10ᵉ augustus, zonder dat de Russen tussenbeide waren gekomen, voltooid. Von Prittwitz wilde de Russen nu zo snel mogelijk aanvallen en koos daarvoor het Njemenleger uit omdat dit het eerst binnen zijn bereik leek te komen. Hij gaf generaal Von Francois opdracht zich langs de rivier de Angerapp op te stellen, maar dit ging Von Francois niet ver genoeg. Ook nu weer negeerde een Duitse generaal de hem gegeven bevelen net zoals dat tijdens de Marneslag het geval was geweest. Von Francois liet zijn troepen 40 km verder oprukken dan hem was bevolen en bevond zich nu op Russisch gebied waar hij de Russen bij Schillehen wilde verrassen. Juist op dat moment, het was inmiddels 16 augustus geworden, gingen de Russen in het offensief en langs de hele lijn Schillehen-Suwalki barstte de strijd los.

Russische troepen tijdens een rustperiode, op weg naar het front.

Soldaten van het Russische Njemenleger tijdens hun opmars.

Russische soldaten van generaal Samsonovs Narevleger vlak voor het uitbreken van de gevechten bij Usdau tijdens de slag bij Tannenberg. Generaal Samsonov pleegde zelfmoord toen duidelijk werd dat hij de slag verloren had.

Pas de volgende ochtend vernam Von Prittwitz dat Von Francois zich niet aan zijn bevel gehouden had en zich op een positie bevond waar hij niet mocht zijn. Onmiddellijk ging het bevel uit om de strijd af te breken en terug te gaan naar de oorspronkelijk vastgestelde lijn, maar Von Francois lapte dit bevel aan zijn laars omdat hij het niet verantwoord achtte zich op dat moment van de vijand los te maken, ditmaal terecht. Zijn troepen slaagden er namelijk niet alleen in de Russen tegen te houden, het lukte zelfs om ze tot de grens terug te dringen waarbij ze grote en bloedige verliezen leden en duizenden Russische soldaten in gevangenschap raakten. In het centrum echter werden de Duitsers teruggedrongen en leden tijdens de slag bij Gumbinnen (20 augustus) grote verliezen. Von Prittwitz zag zich gedwongen terug te trekken achter de Angerappstelling,

DE BEWEGINGSOORLOG

Russische infanterie in afwachting van het bevel tot de aanval.

maar tot zijn verbazing werd hij niet achtervolgd door Von Rennenkampf, die zelf eveneens enorme verliezen had geleden en een tijd lang in de veronderstelling verkeerde de strijd reeds te hebben verloren.

Het eigenmachtige optreden van Von Francois had overigens Von Prittwitz' hele krijgsplan in gevaar gebracht, ook al doordat het de opmars van de Russen had vertraagd zodat het nu onwaarschijnlijk werd dat het Njemenleger en het Narevleger ieder nog afzonderlijk zou kunnen worden aangevallen. Von Prittwitz zag de situatie somber in, hij verwachtte een grote Russische aanval van twee legers tegelijk en berichtte het hoofdkwartier dat hij, om omsingeling te voorkomen, wilde terugtrekken naar de Weichsel. Hij voegde eraan toe niet zeker te zijn dat hij niet nog verder terug zou moeten. De volgende dag bleek hem dat de Russen niet aanvielen en dat de situatie kennelijk beter was dan hij had gedacht. Een van zijn stafofficieren, luitenant-kolonel Hoffmann, stelde nu voor om het Njemenleger van Von Rennenkampf voorlopig te laten voor wat het was, het 1^e legerkorps van generaal Von Francois per trein naar het zuiden te verplaatsen en toe te voegen aan het 8^e leger dat zich dan in z'n geheel tegen het Narevleger zou keren om dat leger in een ultieme krachtsinspanning te verslaan. Het was een risicovol plan omdat alles zou afhangen van de snelheid waarmee generaal Von Rennenkampf zijn troepen zou laten oprukken om de Duitsers dan in de flank aan te vallen.

Von Prittwitz aanvaardde het operatieplan van Hoffmann, maar het was al te laat. Nog voordat hij de nodige bevelen kon geven werd hij op 22 augustus van zijn post ontheven en door generaal Von Hindenburg met zijn chef-staf generaal Ludendorff vervangen.

DE BEWEGINGSOORLOG

Von Hindenburg en Ludendorff die het plan uitvoerden na het ontslag van generaal Von Prittwitz.

DE SLAG BIJ TANNENBERG, EEN HELDENROL VOOR VON HINDENBURG EN LUDENDORFF

Toen Von Hindenburg het bevel van Von Prittwitz overnam bleek hem al gauw dat de twee Russische legers inderdaad nog steeds ver uit elkaar lagen en dat er nog voldoende kans was ze afzonderlijk te verslaan. Het enige wat hij hoefde te doen was zijn formele goedkeuring te hechten aan het operatieplan van luitenant-kolonel Hoffmann en bevel te geven om het Narevleger onder Samsonov aan te vallen.

Inmiddels had de commandant van het 1e Russische Njemenleger, generaal Von Rennenkampf, gemerkt dat de Duitsers zich hadden teruggetrokken en dat ze ook de Angerapplinie hadden verlaten. In plaats van snel op te rukken, gunde hij zich alle tijd en verplaatste zich slechts zeer langzaam naar voren. Het Narevleger, onder Samsonov, rukte inmiddels op de grens over en kwam op 23 augustus in aanraking met eenheden van het Duitse 20e legerkorps. De Duitsers werden in eerste instantie teruggedrongen en moesten Lahna en Orlau ontruimen. Ludendorff gaf nu bevel

De Duitse kolonel Hoffmann, het brein achter de slag bij Tannenberg.

DE BEWEGINGSOORLOG

Duits artillerietransport op weg naar het front.

De slechte wegen veroorzaakten vaak grote problemen tijdens het transport van zwaar materiaal.

Na de slag bij Tannenberg kwam Von Hindenburg de troepen inspecteren.

de linie ten koste van alles te houden tot Von Francois' 1e legerkorps, dat inmiddels per trein onderweg was, ter versterking zou zijn gearriveerd.

Generaal Samsonov wilde de terugtrekkende Duitsers de pas afsnijden en rukte op in de richting van Allenstein-Osterode om ze zo de terugtocht naar de Weichsel te beletten. Ook hij verplaatste zich, mede als gevolg van vermoeidheid van zijn manschappen en een falende bevoorrading, echter slechts zeer langzaam. De Duitsers waren erin geslaagd om de Russische berichtenwisseling, die vaak niet gecodeerd werd, op te vangen en waren zodoende precies op de hoogte van de aanvalsplannen van het Narevleger. Ook merkten ze dat het Njemenleger van Von Rennenkampf zich in de richting van Koningsbergen begaf en voorlopig dus geen bedreiging vormde voor de operaties tegen Samsonov.

Op 26 augustus bereikte het 1e legerkorps van generaal Von Francois per trein de nieuwe linies en ging direct in de aanval op ongeveer 10 km afstand van Usdau. Nu ontwikkelden zich hevige gevechten, waarbij de Duitsers langzaam maar zeker Samsonovs troepenmacht konden omsingelen. Door een verkeerd begrepen bevel raakte diens rechterflank onbeschermd. Op dat moment lanceerden de Duitsers een verrassingsaanval waardoor de Russen in paniek raakten en zich terugtrokken. Ze slaagden erin Allenstein te bezetten, maar moesten die stad al spoedig weer verlaten.

Rechts: Russische krijgsgevangenen worden op wapens geïnspecteerd voordat ze worden afgevoerd.

DE BEWEGINGSOORLOG

Een groep krijgsgevangen Russische officieren na de slag bij Tannenberg.

De Duitsers veroverden grote hoeveelheden Russisch veldgeschut.

De Russen werden nu overal op de terugtocht gedwongen. Bij het belangrijke wegenknooppunt Neidenburg werd hevig gevochten. Samsonov begaf zich persoonlijk naar zijn troepen om de strijd ter plaatse te leiden. Al snel zag hij in dat de toestand hopeloos was en op 30 augustus nam hij afscheid van zijn staf en pleegde, uit schaamte over zijn nederlaag, even later zelfmoord in de bossen ten zuidwesten van Willenberg.

Op 31 augustus was de slag bij Tannenberg ten einde. De Russen verloren ruim 120.000 man aan doden, gewonden en krijgsgevangenen en Von Hindenburg en Ludendorff werden de helden der natie. Natuurlijk kwam er al gauw kritiek. De overwinning bij Tannenberg zou niet de verdienste zijn van het duo Von Hindenburg-Ludendorff, maar die van de luitenant-kolonel Hoffmann. Anderen stelden dat de overwinning Von Hindenburg in de schoot zou zijn geworpen. De oude generaal zelf zei het later zo: 'Wie de strijd bij Tannenberg heeft gewonnen weet ik niet. Maar het is wel duidelijk dat als ze verloren was, ik daarvoor de schuld zou hebben gekregen.'

Veldmaarschalk Von Hindenburg.

DE STRIJD AAN DE MAZURISCHE MEREN

DE DUITSERS VALLEN AAN

Nu het Narevleger van Samsonov in de pan was gehakt keerden de Duitse legers zich tegen het Njemenleger van generaal Von Rennenkampf. Die had de ontwikkelingen tijdens de slag bij Tannenberg nauwlettend gevolgd, maar was

Duitse troepen passeren een brug tijdens hun opmars in Galicië, mei 1915 ...

DE BEWEGINGSOORLOG

... en trekken verder naar het front.

Russische cavalerie trekt zich terug over de Weichsel.

DE BEWEGINGSOORLOG

De slag bij Przemysl 1915. Duitse officieren bij gesneuvelde Russische soldaten.

Bij de inname van Przemysl gaven de verslagen Russen zich met al hun veldgeschut aan de Duitsers over.

Oostenrijkse troepen bij de achtervolging van de Russen in 1915.

DE BEWEGINGSOORLOG

De Oostenrijks-Hongaarse keizer Karel, tijdens zijn bezoek aan het front.

Russische kozakken aan het front te Galicië, in 1917.

Rechts: in juli 1917 braken de Duitsers in Galicië door de Russische frontlijn heen. De Duitse keizer bezocht ter gelegenheid daarvan het front.

DE BEWEGINGSOORLOG

De Duitsers voerden snel reserves aan om de doorbraak in Galicië uit te buiten en hun posities zeker te stellen.

DE BEWEGINGSOORLOG

DE BEWEGINGSOORLOG

Duitse troepen verzamelen zich om de terugtrekkende Russen te achtervolgen, 1917.

Een stukgeschoten Russische houwitser.

Samsonov, ondanks diens smeekbeden om versterking, niet te hulp gekomen. Er is vele malen gesuggereerd dat beide generaals elkaar het licht in de ogen niet gunden en dat persoonlijke motieven ten grondslag hebben gelegen aan het feit dat Von Rennenkampf geen actie ondernam. Von Rennenkampf heeft dit steeds ontkend. Hij verklaarde niet op de hoogte te zijn geweest van de toestand waarin Samsonovs

Links: Duitse infanterie houdt een rustpauze aan de oever van de Weichsel tijdens de opmars, mei 1915.

DE BEWEGINGSOORLOG

Russische krijgsgevangenen worden verzameld en gecontroleerd tijdens het Duitse tegenoffensief in Galicië, 24 juli 1917.

Veroverde Russische loopgraven bij Tarnopol.

DE BEWEGINGSOORLOG

Duits transport met voorraden bestemd voor het zojuist veroverde Tarnopol, 24 juli 1917.

DE BEWEGINGSOORLOG

Keizer Wilhelm bezoekt zijn zegevierende troepen na de verovering van Tarnopol.

DE BEWEGINGSOORLOG

Keizer Wilhelm tijdens een inspectie van het Turkse 15ᵉ korps in Oost-Galicië in 1917.

Duitse soldaten doorzoeken Russische loopgraven nabij Tarnopol ...

tweede leger zich bevond en juist geen haast te hebben gemaakt met de achtervolging van de Duitsers om Samsonov de gelegenheid te bieden hen te omsingelen. Von Rennenkampf kreeg uiteindelijk op 29 augustus een rechtstreeks bevel van het hoofdkwartier van zijn legergroep om Samsonov te ontzetten en daarbij werd gedreigd hem voor de krijgsraad te zullen brengen als hij niet doortastend zou optreden. Maar het was al te laat en de volgende dag werd dit bevel weer herroepen omdat het geen zin meer had de ontzettingsbeweging nog uit te voeren.

DE BEWEGINGSOORLOG

... die door de Russen met achterlating van hun wapens in grote haast werden verlaten.

Bij Tarnopol door de Duitsers veroverd Russisch geschut.

DE BEWEGINGSOORLOG

Veroverde Russische waarnemings- en commandopost.

Intussen had Von Rennenkampf zijn troepen verdedigend opgesteld tussen de Mazurische meren en het Koerische Haf en vormde daarmee uiteraard nog steeds een bedreiging voor de Duitse troepenmacht die nu opdracht ontving alle krachten in te zetten voor de vernietiging van het Njemenleger. Intussen hadden overblijfselen van het verslagen Narevleger zich teruggetrokken ten noorden van de Mazurische meren en zich daar ter verdediging ingegraven. Het noorden van de Russische stelling reikte tot het Koerische Haf en de gebogen zuidflank werd door het Mauermeer beschermd. Een welgekozen opstelling, want daardoor werd een frontale aanval vrijwel onmogelijk terwijl een omsingelende beweging van de noordflank door het ongunstige terrein zeer bemoeilijkt zou worden. Alleen een aanval op de zuidflank bood kans op succes.

Op 5 september waren de Duitsers gereed en gaf Von Hindenburg het bevel tot de aanval. De Duitsers probeerden het Njemenleger nu in te sluiten, maar Von Rennenkampf voorkwam dat door zich snel terug te trekken. Tijdens de achterhoedegevechten die daarbij plaatsvonden verloor hij ruim een kwart van zijn strijdmacht, maar het lukte hem uiteindelijk zich achter de Russische grens weer in veiligheid te brengen.

Door de slag bij Tannenberg hadden de Duitsers met een minderheid aan troepen en materiaal een overmacht van twee Russische legers tegen elkaar uitgespeeld en in afzonderlijke veldslagen vernietigd. Van de soldaat aan beide zijden werd zeer veel gevergd. Enorm lange marsen van soms meer dan 50 km

DE BEWEGINGSOORLOG

Kozakken uit Oekraïne die aan de strijd in Galicië deelnamen.

per dag gingen vooraf aan de vaak moordende gevechten. De slag bij Tannenberg wordt echter internationaal erkend als een opvallende en grote Duitse overwinning en als een toonbeeld van veldheerschap van het duo Von Hindenburg-Ludendorff. Hij bleef dan ook onverbrekelijk aan hun naam verbonden en maakte hen tot de meest besproken figuren uit die tijd.

DE GEVECHTEN IN GALICIË

Terwijl de gevechten bij Tannenberg en de Mazurische meren nog in volle gang waren kwamen er vanuit Oostenrijk-Hongarije verontrustende berichten binnen. Generaal Conrad von Hötzendorff, de Oostenrijk-Hongaarse opperbevelhebber drong aan op een Duits offensief in de richting van de Narev. Zijn 3^e leger, dat Lemberg moest verdedigen, kon zich tegen de zware Russische aanvallen niet handhaven en moest op 29 augustus in grote wanorde terugtrekken waardoor nu de flank van zijn 4^e leger bedreigd werd. Op 3 september was de val van Lemberg een feit en Conrad riep nu de hulp in van de Duitsers en vroeg dringend om versterking met minstens twee Duitse legerkorpsen. Die hulp werd in eerste instantie geweigerd, maar toen de legers van Samsonov en Von Rennenkampf half september verslagen waren en de Russen intussen met grote overmacht de Oostenrijk-Hongaarse troepen in Galicië voor zich uit dreven, begreep men dat snelle hulp noodzakelijk werd. Men vreesde dat de Russen anders mogelijk naar Wenen zouden oprukken, wat de ineenstorting van

Duitslands enige bondgenoot tot gevolg zou hebben. Ook politiek gezien was hulp aan de Oostenrijkers noodzakelijk. Italië bijvoorbeeld aasde slechts op een gunstig moment om de vroegere bondgenoot aan te vallen en een verzwakking van het Oostenrijk-Hongaarse leger zou dit land daarbij in de kaart spelen.

De Duitse opperbevelhebber, generaal Von Falkenhayn besloot nu tot de oprichting van een nieuw (9^e) leger dat de Oostenrijkers te hulp zou moeten komen. Dit nieuwe leger bestond uit vier legerkorpsen onder rechtstreeks bevel van Von Hindenburg, die ook belast bleef met de leiding over alle operaties aan het oostfront. Het zou echter nog enige tijd duren voor de Duitse hulp ook daadwerkelijk actief zou zijn.

Na de val van Lemberg lanceerden de Oostenrijkers nog een groot offensief dat vooral in het begin successen opleverde, maar dat op 11 september moest worden gestaakt vanwege totale uitputting van de manschappen. Conrad werd daardoor gedwongen zijn troepen rond Przemysl en ten noorden daarvan te concentreren en de nodige rust te gunnen. De Russen bleven aanvallen en op 15 september staken ze zelfs de benedenloop van de Sanrivier over. Eind september stortte de Oostenrijk-Hongaarse weerstand in waardoor de troepen nog verder werden teruggedrongen tot de lijn die eerst ruwweg van de Poolse grens via de Duklapas, Stryl, Stanislaw tot Czernovitz in het zuiden liep. Na de inname van Czernovitz door de Russen moesten Conrads troepen zich nog verder, ach-

Uit Oostenrijkse gevangenschap ontsnapte Russische soldaten.

DE BEWEGINGSOORLOG

De Oostenrijks-Hongaarse aartshertog Joseph, bevelhebber aan het Roemeense front, bezoekt de frontlinie, 12 september 1917.

ter de rivieren Biala en Dunajec in veiligheid brengen. De verliezen waren enorm en bedroegen ruim 400.000 man en ongeveer 300 stukken geschut. Ook de Russische verliezen waren aanzienlijk, 250.000 man aan doden, gewonden en krijgsgevangenen. Conrads enige hoop was nu het Duitse 9^e leger dat zich inmiddels gereedmaakte om hem te hulp te snellen en dat op 25 september de aanval opende. Al op 6 oktober bereikte het de Weichsel. Dat gaf de Oostenrijkers nieuwe moed en ze slaagden er nu in de rivier de San weer te bereiken en op 11 oktober de stad Przemysl te heroveren. Daarna echter liepen de offensieven vast en op 27 oktober moesten de Oostenrijkers weer overal terugtrekken. Enkele dagen later hadden de Russen al het verloren gebied heroverd en drongen nu zelfs door tot de Karpaten en Silezië. Ook het Duitse 9^e leger moest zich terugtrekken om aan omsingeling te ontkomen en daarbij eveneens grote stukken reeds veroverd gebied weer prijsgeven. Door de steeds langer wordende verbindingslijnen konden de Russen hun offensief echter niet voortzetten. De bevoorrading liep hopeloos in het honderd en uiteindelijk kwam ook hun operatie tot stilstand. Op 11 november ondernamen de Duitsers toch weer een verrassingsaanval vanuit de richting Thorn, waarbij ze het hele 9^e leger wederom in een spectaculaire treinreis van enkele dagen naar het gebied van

Rechts: Duitse troepen tijdens de achtervolging van de Russen in de Karpaten, waar de Russen een enorme nederlaag leden.

DE BEWEGINGSOORLOG

Thorn verplaatsten. Het Oostenrijk-Hongaarse 2^e leger kreeg daarbij als taak Pruisisch Silezië te verdedigen. De aanval startte juist op het moment dat de Russen hun aanval op Oost-Pruisen hernieuwden. Een Duitse aanval vanuit Thorn hadden ze dan ook totaal niet verwacht en de Duitsers boekten in eerste instantie grote successen. De aanval op Oost-Pruisen ging echter onverminderd door en de Russen drongen diep in Oost-Pruisen door tot ze bij de Angerapp tot staan gebracht konden worden. Het 9^e Duitse leger had tijdens de gevechten ruim 100.000 man verloren en raakte uitgeput. Ook de Russen konden de strijd niet langer voortzetten door gebrek aan voedsel en munitie. Bij de Oostenrijkers was het al niet veel beter, ziekten braken uit en het moreel verslechterde met de dag. Tot nieuwe zware gevechten kwam het niet meer. Aan de strijd aan het oostfront was voorlopig een eind gekomen.

DE GROTE VELDSLAGEN VAN 1915 EN 1916

Zinloos bloedvergieten aan beide zijden neemt gruwelijke vormen aan

GALLIPOLI

DE AANZET

Bij het uitbreken van de oorlog was het nog onduidelijk of en aan welke kant Turkije aan die oorlog zou gaan deelnemen. De Duitse invloed in het land was weliswaar groot, de Duitse ambassade zeer actief en er was een Duitse militaire missie in het land, maar officieel was Turkije nog neutraal en vrij om naar eigen inzicht te handelen.

De Britse onderzeeboot B11 drong op 13 december 1914 de Straits binnen en torpedeerde het daar ten anker liggende Turkse oorlogsschip *Medusha* dat onmiddellijk zonk, waarbij ruim 400 bemanningsleden omkwamen.

DE GROTE VELDSLAGEN VAN 1915 EN 1916

Het wrak van de *Medusha* met ruim 400 man in haar romp.

De beslissing van Churchill om twee op Britse werven in aanbouw zijnde Turkse oorlogsschepen bij het uitbreken van de oorlog in beslag te nemen en aan de Britse vloot toe te voegen, veroorzaakte in Turkije echter heftige reacties. Vooral de manier waarop dit geschiedde, zonder enig overleg en zonder een aanbod tot compensatie, zette kwaad bloed. Turkije protesteerde en wees de Britse marinemissie uit. De Duitsers reageerden bliksemsnel door ter vervanging van de twee in beslag genomen schepen twee Duitse oorlogsschepen, de *Goeben* en de *Breslau*, aan de Turken aan te bieden. Op 27 september maakten de Britten een tweede psychologische blunder door een Turkse torpedoboot die de Dardanellen wilde uitvaren, tegen te houden en zonder opgave van redenen terug te zenden. Dit deed de deur dicht en op aandringen van de Duitse ambassadeur sloten de Turken de Bosporus en Dardanellen voor alle scheepvaartverkeer, waardoor de aanvoerlijnen van de geallieerden met Rusland werden afgesneden.

Tegelijkertijd gaven de Turken de twee Duitse oorlogsschepen toestemming de zeestraten in te varen en ligging te nemen bij Constantinopel. De schepen werden daar onder Turkse vlag gebracht; al bleven de Duitse bemanningen en hun commandant, schout-bij-nacht Souchon, aan boord. Turkije gaf daarmee in feite zijn neutraliteit op en koos de kant van de Centralen, maar nog steeds zonder openlijk een oorlogsverklaring uit te spreken. Op 28 oktober echter nam Souchon zijn schepen mee de Zwarte Zee in en beschoot daar enkele Russische havensteden en olieraffinaderijen, waarop prompt een Russische oorlogsverklaring aan Turkije volgde.

DE GROTE VELDSLAGEN VAN 1915 EN 1916

Colman Freiherr von der Goltz, de Duitse commandant van het Turkse Zwarte Zeekorps ten tijde van de strijd om Gallipoli.

De Duitse admiraal Souchon die met zijn schepen *Breslau* en *Goeben* de Straits invoer en wat later onder Turkse vlag Russische havens in de Zwarte Zee in brand schoot.

DE GROTE VELDSLAGEN VAN 1915 EN 1916

Op 3 november 1914 bombardeerden de Britten de forten van Sedd el Bahr (hier op de foto) en Kum Kale, aan de ingang van de Dardanellen.

Nu de Britten wisten wat voor vlees ze in de kuip hadden, reageerden ze snel. Op 3 november voeren Britse marineschepen de ingang van de Dardanellen binnen, beschoten de beide forten Sedd el Bahr en Kum Kale en richtten daar grote schade aan. Op 13 december drong een Britse onderzeeboot, de *B-11*, de Straits binnen en torpedeerde het daar voor anker liggende Turkse oorlogsschip *Medusha* dat binnen enkele minuten zonk met medeneming van een groot aantal van zijn bemanningsleden. Deze acties wekten bij de Britse marine het idee dat het forceren van deze waterweg niet al te veel problemen zou opleveren. Die gedachte zou hen later duur komen te staan.

Inmiddels was er een verzoek van de Russen bij de Britse regering binnengekomen om een front tegen Turkije te openen teneinde de Turkse dreiging in de Kaukasus op te heffen. De Britse regering reageerde positief en Churchill kwam nu met een plan om een Britse marinemacht naar de Dardanellen te zenden. De schepen zouden daar moeten binnendringen en met hun langeafstandsgeschut de forten moeten uitschakelen. Mijnenvegers zouden daarop het vaarwater mijnenvrij moeten maken, waarna de vloot dan op kon stomen naar Constantinopel en de daar voor anker liggende schepen *Breslau* en *Goeben* vernietigen. Tegelijkertijd zou dan de broodnodige verbindingslijn tussen de geallieerden en Rusland hersteld worden. De regering reageerde enthousiast op het voorstel en besloten werd dat de actie in februari van start zou moeten gaan.

DE GROTE VELDSLAGEN VAN 1915 EN 1916

HMS Albion nam ook deel aan de gevechten bij Gallipoli.

De Britse generaal Hamilton werd aangewezen om het Turkse schiereiland Gallipoli in te nemen.
11 maart 1915.

DE GROTE VELDSLAGEN VAN 1915 EN 1916

Bij een eerste poging van de Britse marine om de Straits te forceren kwam HMS Amathyst onder zwaar vijandelijk vuur, waarbij 20 doden en 28 gewonden vielen en het schip zwaar werd beschadigd.

Het oude fort van Sedd el Bahr, de stad werd op 26 april 1915 door de geallieerden veroverd.

Bij de eerste aanval op de Straits was ook de oude Russische kruiser Askold aanwezig.

DE GROTE VELDSLAGEN VAN 1915 EN 1916

De Britten brachten in de haven van Mudros een enorme invasievloot bijeen voor de aanval op Gallipoli.

Ook de Fransen namen deel aan de aanval op Gallipoli. Zoals gewoonlijk zorgden zij goed voor de inwendige mens. Op de foto: een Frans wijndepot te Mudros.

In de ochtend van de 18ᵉ maart 1915 zagen de Turken een armada van oorlogsschepen op zich afkomen. Op de foto: *HMS Inflexible* voer in de voorste lijn de Dardanellen binnen.

Op 15 januari werd admiraal Garden, de commandant van de Britse zeestrijdkrachten in de Egeïsche Zee, van de plannen op de hoogte gesteld en met de Fransen werd afgesproken dat ook zij een vlooteenheid ter beschikking zouden stellen. De Britse marine besloot de vloot van Garden nog te versterken met de hypermoderne *Queen Elisabeth,* al kreeg Garden de waarschuwing dat haar geschut nog niet was ingeschoten. Hij kreeg bevel de actie op 15 februari te starten.

Admiraal Jack Fisher, een van de oorspronkelijke mede-opstellers van het Britse plan, begon toen te aarzelen en keerde zich tegen het plan. Het was echter al te laat. Zijn uitspraak 'Damn the Dardanelles, they will be our graves' zou eerder uitkomen dan hij vermoedelijk verwacht had.

Fishers tegenstand had in zoverre gevolgen dat in Londen nu besloten werd ook de landmacht bij de actie in te schakelen om het schiereiland Gallipoli door middel van een landing te bezetten. De keuze viel op de 29ᵉ divisie, eerder be-

stemd voor acties in Griekenland. De divisie zou verder nog ondersteund worden door twee bataljons mariniers en door Australische en Nieuw-Zeelandse troepen. Al deze troepen, in totaal zo'n 50.000 man, zouden bijeen worden gebracht op het Griekse eiland Lemnos, maar toen de eerste 5000 man daar arriveerden, bleek dit kleine eiland daar totaal niet geschikt voor te zijn. Er was geen accommodatie en de mannen waren gedwongen opeengepakt aan boord van de relatief kleine schepen te blijven. Een contingent mariniers moest zelfs naar elders worden doorgezonden omdat ook de haven van Lemnos vol raakte.

Inmiddels was de actie van de vloot, met het oog op de geplande landing, enkele dagen uitgesteld, maar op 19 februari voerde admiraal Garden zijn schepen naar de ingang van de Dardanellen en opende het vuur op de Turkse forten zonder daarbij echter resultaten te behalen. Door communicatieproblemen moest de actie worden afgebroken. Op 25 februari herhaalde Garden zijn pogingen en slaagde erin een van de buitenste forten uit te schakelen. Drie schepen voeren daarop de ingang van de Dardanellen binnen, maar werden tot hun verrassing beschoten door verdekt opgestelde mobiele houwitsers. Eenheden mariniers voerden nu een landing op de kust uit en slaagden er tussen 27 februari en 3 maart in ongeveer 50 stukken Turks geschut buiten werking te stellen. In Londen reageerde men enthousiast. Men vergat daarbij dat de actie de Turken had gewaarschuwd dat Gallipoli een Brits doel geworden was waardoor een ver-

HMS Lord Nelson voer naast de *Inflexible* de vaarweg binnen.

Links: de zware kanonnen van de *Inflexible*. Het schip liep even later op een mijn en maakte meteen slagzij.

HMS Prince George, een van de 18 Britse oorlogsschepen die aan de eerste aanvalsgolf deelnamen.

De *Suffren* nam deel aan de tweede aanvalsgolf en ontkwam op miraculeuze wijze aan de ondergang.

rassingsaanval niet meer mogelijk zou zijn. Kitchener was zeer optimistisch en verklaarde er zeker van te zijn dat alleen al het verschijnen van de Britse vloot bij de Dardanellen de Turken onmiddellijk op de vlucht zou doen slaan. Een Britse landing zou niet eens meer nodig zijn. De Britse minister van Buitenlandse zaken, Grey, dacht dat de inname van de Dardanellen mogelijk een staatsgreep in Turkije tot gevolg zou hebben. Kitchener kwam reeds met annexatieplannen voor Alexandrette en Aleppo en de Britse marine deed er nog een schepje bovenop en wilde de hele Eufraatvallei annexeren terwijl de minister van Koloniën voorstelde om de haven Marmarica in te nemen. Men verdeelde het nog te veroveren gebied reeds naar hartelust terwijl de strijd nog niet eens begonnen was. Helaas voor de plannenmakers, het zou anders lopen.

DE GROTE VELDSLAGEN VAN 1915 EN 1916

Ook *HMS Irresistible* liep op een mijn waarna de bemanning het schip moest verlaten.

Het Franse oorlogsschip *Bouvet* draaide af naar stuurboord waarna een enorme ontploffing volgde. Binnen 1 minuut verdween het schip onder de golven en nam ruim 600 man met zich mee naar de bodem van de zee.

DE GROTE VELDSLAGEN VAN 1915 EN 1916

HMS *Ocean* schoot de *Irresistible* te hulp en liep daarbij zelf ook op een mijn. Ook hier moest de bemanning het schip verlaten.

Ook het Franse oorlogsschip *Gaulois* nam aan de aanval deel.

DE GROTE VELDSLAGEN VAN 1915 EN 1916

De *Charlemagne* voer vlak naast de *Bouvet* toen dat schip op een mijn voer, maar bleef zelf gespaard.

HMS Cornwallis voer de Dardanellen binnen en werd met een regen van granaten door de Turken begroet.

HMS Canopus bevond zich in de tweede aanvalsgolf. Het schip verlaat hier de haven van Mudros.

Admiraal De Robeck, die de ziek geworden admiraal Garden opvolgde. Hij had een realistisch inzicht in de ramp die zich over de Britse marine aan het voltrekken was.

Op 4 maart werd de Turkse tegenstand zo groot dat de mariniers zich moesten terugtrekken en de landingen moesten worden afgebroken. Verdere pogingen om de Dardanellen binnen te dringen waren niet succesvol en op 12 maart besloot de regering om in het geheim besprekingen te openen met de Turken. Een Britse afgezant bood de Turken vijf miljoen pond sterling als ze zich uit de oorlog zouden terugtrekken en nog eens eenzelfde bedrag als ze de *Goeben* en *Breslau* zouden uitleveren. De Turkse regering eiste echter de garantie dat Constantinopel niet zou worden ingenomen. Dit konden de Britten niet toezeggen, want ze hadden die stad al aan de Russen beloofd. De geheime besprekingen liepen dan ook op niets uit en werden al snel afgebroken. De marineacties werden daarop weer hervat met pogingen om met kleine tot mijnenveger omgebouwde visserschepen de Straits van de door de Turken gelegde mijnen te ontdoen. Deze pogingen mislukten

DE GROTE VELDSLAGEN VAN 1915 EN 1916

Op 22 maart 1915 werd krijgsraad gehouden aan boord van *HMS Elisabeth*. Van links naar rechts: vice-admiraal Boue de Lapeyrère, commandant van de Franse Middellandse Zeevloot, generaal Hamilton, vice-admiraal De Robeck en de Franse generaal Baillard.

De Duitse generaal Liman von Sanders, opperbevelhebber van de Turkse strijdkrachten op Gallipoli.

de een na de ander want de schepen werden zwaar onder vuur genomen door de mobiel opgestelde Turkse houwitsers die grote schade aanrichtten en veel bemanningsleden doodden. Bij een van die pogingen kwam ook de begeleidende Britse kruiser *HMS Amethyst* onder vuur te liggen waarbij 20 doden en 28 gewonden vielen en ze schade aan haar stuurinrichting opliep.

Tot dan toe waren de acties van de marine niet succesvol gebleken. Op 11 maart 1915 werd generaal Hamilton benoemd tot commandant van de Expeditionary Forces bestemd voor de strijd in Gallipoli. Zijn strijdmacht was inmiddels aangegroeid tot ongeveer 70.000 man en bestond uit de 29e divisie, het Anzac Corps, een marinedivisie en een Frans korps. Van nu af aan zou de actie om Gallipoli in handen te krijgen een gecombineerde land- en zeemachtoperatie worden.

DE GROTE VELDSLAGEN VAN 1915 EN 1916

Luitenant Otto Hersing, commandant van de *U-21*, die op 5 september 1914 het Britse *HMS Pathfinder* en op 25 mei 1915 *HMS Triumph* tot zinken bracht.

GECOMBINEERDE LAND- EN ZEEOPERATIE, AMATEURISME VIERT HOOGTIJ

De Britse voorbereiding voor een gecombineerde operatie van land- en zeestrijdkrachten voor de verovering van Gallipoli werd met een welhaast ongelooflijke lichtzinnigheid en uitermate amateuristisch ter hand genomen. Hamiltons kennis van het strijdgebied was praktisch nihil. Als informatie kreeg hij wat toeristische boeken en kaarten en een handboek over de Turkse strijdkrachten ter beschikking. Hij kreeg slechts enkele dagen de tijd om een staf te vormen en zijn organisatie op te bouwen. Een goed uitgewerkt plan voor het uitvoeren van landingen en een communicatieplan voor de verbindingen tussen

DE GROTE VELDSLAGEN VAN 1915 EN 1916

Het wrak van *HMS Triumph* dat door de *U-21* tot zinken werd gebracht.

Na de mislukte aanval van de Britten voerde Liman von Sanders ijlings versterkingen aan.

In de ochtend van de 23e maart begon de grote amfibische landing op Gallipoli.

Bij de landing op 'Z-beach' werden de Britse troepen op de verkeerde plaats afgezet en door de Turken met een moordend vuur ontvangen.

DE GROTE VELDSLAGEN VAN 1915 EN 1916

Na de landing op 'Z-beach' trachtten de troepen zich te verzamelen.

Australische infanterie valt de Turkse stellingen aan. 17 december 1915.

DE GROTE VELDSLAGEN VAN 1915 EN 1916

De Britse generaal Birdwood, hier aan het front, verzocht om toestemming zich van 'Z-beach' te mogen terugtrekken, wat werd geweigerd.

leger en marine ontbraken geheel. De wel degelijk in Londen aanwezige informatie omtrent de opstelling van het Turkse geschut en de Turkse posities op het schiereiland werden hem niet ter hand gesteld. Benodigde voorraden moesten lokaal worden aangeschaft, van enige coördinatie was geen sprake en het is wel zeker dat nog nooit een operatie van dergelijke strekking en omvang zo amateuristisch en slordig werd opgezet als deze. Aan de geheimhouding werd volstrekt onvoldoende aandacht besteed zodat de Turken en hun Duitse instructeurs geheel op de hoogte waren van wat de Britten van zins waren.

Op 18 maart kwam dan het bevel de operatie om Gallipoli te veroveren in te

DE GROTE VELDSLAGEN VAN 1915 EN 1916

Een apart drama voltrok zich op 'V-beach' waar de *River Clyde* 2000 man probeerde af te zetten, waarbij ruim de helft sneuvelde.

De *River Clyde* bij Sedd el Bahr. Ruim 2000 man verscholen zich in dit schip bij de aanval op 'V-beach'.

'V-beach' vanuit zee gezien.

De Britten voerden bij Cape Helles op vijf verschillende plaatsen landingen uit.

DE GROTE VELDSLAGEN VAN 1915 EN 1916

De Turken wachtten hen op en de aanval werd in bloed gesmoord.

DE GROTE VELDSLAGEN VAN 1915 EN 1916

De Britse landing op 'V-beach' in april 1915.

Turkse troepen in de tegenaanval op 'V-beach'.

DE GROTE VELDSLAGEN VAN 1915 EN 1916

zetten. Het zou voor de Britse marine een volstrekt rampzalige dag worden. Die ochtend zagen de Turkse stuksbemanningen een armada van oorlogsschepen op zich afkomen. Achttien gigantische slagschepen, een groot aantal kruisers en destroyers en zwermen mijnenvegers voeren de ingang van de Dardanellen met grote snelheid binnen. De schepen formeerden zich voor een aanval in twee golven. De grootste en krachtigste schepen voeren vooraan. De *Inflexible* aan stuurboord, daarnaast *HMS Lord Nelson* en *HMS Agamemnon* en ten slotte aan bakboord *HMS Queen Elisabeth*. Ze openden op hetzelfde moment het vuur op de forten. Even later openden ook de achter deze schepen varende *HMS Prince George* en *HMS Triumph* met donderend geweld het vuur. Direct daarop volgde de tweede aanvalsgolf met de onder Frans commando staande *Suffren, Bouvet, Charlemagne, Gaulois, Canopus* en *Cornwallis*. Ze passeerden de eerste aanvalsgolf en openden het vuur op korte afstand. De schepen werden met een regen van

Geïmproviseerde haven bij 'W-beach' waarbij gebruikgemaakt werd van oude zeeschepen die tot zinken waren gebracht.

DE GROTE VELDSLAGEN VAN 1915 EN 1916

Troepen van het Essex-regiment infanterie landden op 'W-beach' waar ze grote verliezen leden en niet veel verder kwamen.

Britse landing op 'W-beach'. Bijna de helft van de 1000 man die aan land gingen sneuvelden reeds in de eerste uren.

DE GROTE VELDSLAGEN VAN 1915 EN 1916

Na de landing groeven de Britten zich zo snel mogelijk in.

De Turken voerden snel versterkingen aan. Op de foto: Turkse veldartillerie op weg naar 'W-beach'.

'A-beach', een van de vele landingsplaatsen.

'B-beach', bij Suvlabaai. De Britse commandant verzuimde de hoogte van Tekke Tepe in te nemen wat noodlottige gevolgen had.

De hoogte van Tekke Tepe die na het verzuim van de Britten onmiddellijk door de Turken werd bezet waardoor de Britten op het strand werden vastgenageld.

granaten begroet en om 12.30 uur werd de *Gaulois* getroffen en moest zich terugtrekken. Ook een aantal andere schepen werd getroffen en beschadigd, maar in het algemeen was het effect van de Britse beschieting hoopgevend en nam het Turkse vuur merkbaar af. Dit was voor de commanderend admiraal het sein om om 14.00 uur bevel te geven aan de tweede aanvalsgolf rechtsomkeert te maken om plaats te maken voor de mijnenvegers. Een ramp stond op het punt zich te gaan voltrekken.

De Franse *Bouvet* draaide als tweede, na de *Suffren,* naar stuurboord en volgde deze door de Erén Keui Bay, waarvan men dacht dat ze mijnenvrij zou zijn, geheel rechts van het vaarwater. Plotseling hoorde men een enorme ontploffing

DE GROTE VELDSLAGEN VAN 1915 EN 1916

en binnen een minuut verdween het enorme schip met ruim 600 man aan boord voor de ogen van de verbijsterde toeschouwers naar de bodem van de vaargeul. Waarschijnlijk was de ontploffing het gevolg van een inslaande granaat in het kruitmagazijn en mogelijk was ze tegelijkertijd op een mijn gelopen. Slechts enkele bemanningsleden brachten het er levend van af.

De mijnenvegers, die juist met hun ruimingswerk wilden beginnen, werden nu met een regen van granaten bestookt en de een na de ander verliet de linie en zocht een veilig heenkomen naar achteren. Rond 16.00 uur volgde wederom een ontploffing. De *Inflexible* raakte een mijn en maakte meteen zwaar slagzij. Enkele minuten later overkwam de *Irresistible* hetzelfde lot. De *Ocean* schoot te hulp, liep eveneens op een mijn en de bemanning moest het schip verlaten. Ook de bemanning van de *Irresistible* verliet het schip. De actie werd daarop afgeblazen en

Britse landing op 'Y-beach'.

Schotse troepen landden op Suvlabaai en kwamen direct onder zwaar vuur van 6 inch Turks geschut dat grote verliezen veroorzaakte.

De onherbergzame kust van Cape Helles waar op vijf plaatsen landingen werden uitgevoerd.

Suvla, 7 augustus 1915. Ruim 2000 man Anzactroepen landden te Suvla. Slechte leiding en coördinatie deden ook deze poging mislukken.

Een Britse torpedoboot voert landingstroepen naar 'Z-beach'.

DE GROTE VELDSLAGEN VAN 1915 EN 1916

De zuidelijke punt van Cape Helles met Brits scheepswrak op de voorgrond.

bevel werd gegeven zich terug te trekken en te hergroeperen. De operatie had de Britten ruim 700 man en ongeveer een derde van hun schepen gekost, (drie grote oorlogsschepen gezonken, drie beschadigd en ook een aantal mijnenvegers liep averij op) terwijl slechts vier Turkse kanonnen werden uitgeschakeld. De Turkse verliezen bedroegen 40 doden en 70 gewonden. De mijnenvelden waren nog geheel intact en de weg naar Constantinopel bleef voor de geallieerden gesloten.

Het is duidelijk dat de operatie op een volslagen mislukking was uitgelopen, maar commodore Roger Keyers, chef-staf van de inmiddels ziek geworden admiraal Garden, zag er geen been in naar Londen te rapporteren dat het resultaat van de aanval een 'verslagen vijand en een briljant succes had opgeleverd en dat men nu alleen nog maar de mijnenvelden hoefde op te ruimen'. Zijn directe chef en opvolger van Garden, admiraal De Robeck, was wat realistischer en noemde de aanval een 'disaster' en dat was het natuurlijk ook.

De marineleiding was zo gedesillusioneerd, dat men elke gedachte aan een herhaling van de aanval voorlopig opgaf. Op 22 maart werd aan boord van de *Queen Elisabeth* een vergadering belegd met generaal Hamilton waar tot een gezamenlijke actie besloten werd, waarbij De Robeck overigens in stilte besloot dat zijn schepen niet meer zouden worden ingezet alvorens de landmacht Gallipoli zou hebben veroverd. Hij 'vergat' echter dit aan Hamilton mede te delen. Afgesproken werd een landingsactie te lanceren op 14 april en zich daar goed op voor te bereiden. Wie zich ook goed voorbereidden waren de Turken, die nu de tijd kregen de toegebrachte schade te herstellen en nieuwe stellingen te bouwen. De Duitse veldmaarschalk Liman von Sanders werd benoemd tot commandant van het 50.000 man tellende 5^e Turkse leger en belast met de verdediging van het schiereiland en de generaal Colman Freiherr von der Goltz werd commandant van het Turkse Zwarte Zee Korps. Liman von Sanders maakte gedegen gebruik van het respijt dat de Britten hem gaven en liet in ijltempo versterkingen aanvoeren. Wederom misten de Britten hier een kans. Hadden ze hun aanval direct ingezet, dan zou hun het schiereiland, gezien de slechte staat van verdediging, waarschijnlijk zonder veel moeite in handen zijn gevallen. Nu echter kregen de Turken de gelegenheid hun defensie aanzienlijk te versterken.

Met de goede voorbereiding aan Britse kant wilde het overigens niet zo vlotten. De aanvoer van materiaal voor de landingsmacht verliep chaotisch. Letterlijk niets klopte. Kanonnen arriveerden zonder of met de verkeerde munitie en er kwamen veel te weinig granaten aan. Landingsboten waren niet voorradig en

De Britse generaal Hunter-Weston tijdens de landingen op Cape Helles.

Zwaar bepakte Franse infanterie landt op Cape Helles.

Britse loopgraven op een van de landingsplaatsen.

aan lastdieren was groot gebrek. Men was gedwongen veel materiaal lokaal aan te schaffen en dat leverde natuurlijk ook weer grote problemen op. Het is niet overdreven te stellen dat de voorbereiding op de aanval zeer amateuristisch, onzorgvuldig en uitermate luchthartig verliep en de problemen ernstig werden onderschat. Er was echter geen weg meer terug. Met name Churchill en Kitchener, de Britse minister van Oorlog, hadden hun lot met de actie verbonden en stelden alles in het werk om deze door te zetten.

DE GROTE VELDSLAGEN VAN 1915 EN 1916

DE LANDING

Uiteindelijk viel de keus voor een landing door de 29ᵉ divisie op Helles terwijl de Anzacs tegelijkertijd meer naar het noorden, nabij Caba Tebe, zouden landen. De Royal Naval Division zou bij Bulais aan land worden gezet, een Franse eenheid zou een afleidingsmanoeuvre uitvoeren bij Kum Kale en de Basika Baai en een Brits bataljon zou landen bij Morto Baai. Op het laatste moment werd nog besloten om 2000 man af te zetten ten westen van Krithia. Men ging ervan uit dat de aanval binnen 48 uur tot resultaten zou leiden en verwachtte slechts lichte tegenstand die mogelijk zelfs zou verdwijnen zodra men een bruggenhoofd zou hebben gevormd. In de ochtend van de 23ᵉ april was het dan zo ver. De vloot, die zich

Mannen van de Royal Naval Division gaan in de aanval bij Bulair.

Franse troepen op weg naar hun posities bij Sedd el Bahr.

verzameld had bij het eiland Lemnos en de haven Mudra, zette zich langzaam in beweging. Schip na schip, in totaal ruim 200, zette koers richting Dardanellen naar hun vooraf vastgestelde bestemmingen die ze in de nacht van 24 op 25 april bereikten. Een uur later, het was toen 3.00 uur in de ochtend, begon de invasie van Gallipoli. Ruim 70.000 man gingen in de boten, op weg naar wat voor velen van hen een laatste bestemming zou worden. Een van de grootste drama's in de Britse krijgsgeschiedenis stond op het punt zich te voltrekken.

Op 25 april werden op verschillende plaatsen troepen aan land gezet, onder andere bij Cape Helles op de zuidelijke punt en ook nog noordelijker, tegenover Maidos. Men wilde de vijand daarmee tussen twee vuren plaatsen. De Anzactroepen, 12.000 man in 48 boten, moesten op 'Z'-beach in het noorden aan land gaan, maar werden op de verkeerde plaats en op zeer moeilijk terrein afgezet waar de Turken hen met een moordend vuur ontvingen. De Britse generaal Birdwood vroeg toestemming zich te mogen terugtrekken wat hem echter werd geweigerd. Tevergeefs probeerden de Anzactroepen nu de hoogte van Sari Bair te beklimmen die door eenheden van de 19^e Turkse divisie was bezet. De gevechten daar duurden tot 4 mei waarbij de Anzacs ongeveer 10.000 man verloren. Beide partijen groeven zich daarna in en de strijd daar werd voorlopig gestaakt.

Intussen waren er bij Cape Helles op vijf verschillende plaatsen landingen begonnen op stranden die de codenamen 'S-', 'V-', 'W-', 'X-' en 'Y-beach' kregen. Een apart drama voltrok zich op 'V'-beach, waar men de vrachtvaarder *River Clyde* had laten stranden. In het schip, dat speciaal voor deze stranding was geprepareerd en voorzien was van grote wegneembare schotten in de romp, hielden zich ruim 2000 soldaten schuil. Men legde nu een aantal platbodemschuiten tussen het schip en de wal waarover de troepen naar het strand moesten gaan. Aan boord kreeg men de indruk dat het strand niet werd verdedigd want gedurende de hele actie werd geen schot gehoord, maar op het moment dat de wegneembare schotten werden verwijderd en de manschappen naar de wal renden liepen ze regelrecht in het gerichte vuur van Turkse machinegeweren die een ware slachting onder hen aanrichtten waarbij de helft van de manschappen het leven liet.

Ook de landing op 'W'-beach vergde veel slachtoffers. Van de bijna 1000 man die aan land gingen sneuvelden er drie kwart en werden 283 man min of meer ernstig gewond uitgeschakeld. Op de overige stranden was de tegenstand echter veel minder zwaar en tegen het vallen van de avond van de 26e april hadden de Britten ongeveer 30.000 man aan land gezet. De Fransen waren er zonder veel kleerscheuren afgekomen, ze landden en bezetten fort Kum Kale en de stad zonder veel tegenstand te ondervinden. Op 26 april namen de geallieerden de stad Sedd el Bahr in en rukten nu op naar Krithia waar ze twee dagen later tot de aanval overgingen, maar de Turken sloegen deze af. Op 6 mei probeerde men het opnieuw, maar weer tevergeefs en op 8 mei moest de actie gestaakt worden ondanks het feit dat Indiase troepen in allerijl vanuit Egypte ter versterking waren aangevoerd. Ook hier moest men zich ingraven en kwam men geen meter meer vooruit.

De Britten stuurden nu nog meer versterkingen naar Gallipoli en op 17 augustus wilde men met deze verse troepen een nieuwe aanval, nu op Suvla, wa-

Turkse gesneuvelden na de gevechten bij Sedd el Bahr.

DE GROTE VELDSLAGEN VAN 1915 EN 1916

Het 6ᵉ Manchester regiment Infanterie in de aanval.

De Britse opperbevelhebber was zo verontrust over de gang van zaken dat hij besloot zelf ter plekke de situatie op te nemen. Hij arriveerde op 12 november 1915 en was geschokt over de omstandigheden te Gallipoli.

DE GROTE VELDSLAGEN VAN 1915 EN 1916

Lord Kitchener in de loopgraven bij Cape Helles.

gen. In eerste instantie had deze aanval succes en al snel kon men een bruggenhoofd vormen, maar ook nu slaagden de Turken erin de de aanvallers tegen te houden en het bruggenhoofd te isoleren. De Turken hadden inmiddels niet stilgezeten en hun troepenmacht op Gallipoli aanzienlijk versterkt. Veertien Turkse divisies stonden nu tegenover een even groot aantal Britse en Franse divisies en de geallieerde kansen om de strijd nog te winnen werden al snel kleiner en kleiner.

De rol van de Britse marine tijdens de landingen was overigens vrij onduidelijk. Indachtig dat admiraal De Robeck de rol van zijn schepen wilde beperken zolang het schiereiland niet door het leger was ingenomen, viel het op dat de Britse schepen zich beperkten tot het transporteren van de troepen naar de landingsplaatsen. Ooggetuigen zouden hebben verklaard dat de marineschepen nauwelijks hadden geprobeerd om de Turkse verdedigers met hun scheepsgeschut in het nauw te drijven.

Generaal Monroe, de opvolger van generaal Hamilton. Hij had de moed te adviseren de mislukte acties te Gallipoli te beëindigen en het schiereiland op te geven.

DE GROTE VELDSLAGEN VAN 1915 EN 1916

Na het vernietigen van de voorraden verzamelden de troepen zich om te worden geëvacueerd.

HET EINDE VAN HET AVONTUUR, HAMILTON WORDT TERUGGEROEPEN

De medische situatie op Gallipoli was eveneens een groot probleem en deed soms denken aan de dramatische situatie van de medische verzorging tijdens de Krimoorlog. Ook nu had men weer niet gerekend op de duizenden doden en gewonden en men was daar dan ook volstrekt niet op ingesteld. Velen lagen onverzorgd in de openlucht en stierven onder afschuwelijke omstandigheden zonder dat men gelegenheid had naar hun wonden om te kijken. Ook het vervoer van de vele duizenden gewonde soldaten was volstrekt onvoldoende. Toch zond generaal Hamilton de 27^e april een telegram naar zijn superieuren in Londen waarin hij meldde dat alles naar wens verliep. Tegelijkertijd vroeg hij wel om versterkingen. Die werden hem gezonden, maar ook deze troepen werden opgeofferd in onzinnige aanvallen die stuk voor stuk uitliepen op een mislukking en dood en verderf zaaiden onder de Britse aanvallers.

Op 14 mei werd het in Londen duidelijk dat er iets moest gebeuren. Besloten werd wederom versterkingen te sturen om de Turken onder druk te houden. Een absurde gedachte, want als er al sprake was van druk, dan waren het juist de Turken die de Britten onder druk hielden en niet andersom.

Gedurende de volgende maanden werden de acties voortgezet. Turkse aanvallen werden afgeslagen, maar veel verder kwam men zelf ook niet. Aan het lijden van de gewone soldaat scheen geen einde te komen en het meest bittere was nog dat dit lijden niet uitsluitend werd veroorzaakt door de vijand, maar ook door falend beleid en incompetente bevelvoering.

DE GROTE VELDSLAGEN VAN 1915 EN 1916

Op 14 oktober gebeurde dan eindelijk wat reeds veel eerder had moeten geschieden, generaal Hamilton werd van zijn commando ontheven en opgevolgd door generaal Monroe.

Monroe kreeg als opdracht om te adviseren wat te doen, om een eind te maken aan de onmogelijke situatie. Hij rapporteerde dat hij over zeker 400.000 man zou moeten beschikken om te kunnen overwinnen. Die troepen kon Londen hem niet geven, waarna hij adviseerde de acties onmiddellijk af te breken en het eiland aan de Turken over te laten. Dit nieuws werd in Londen uiteraard met gemengde gevoelens ontvangen en Kitchener besloot nu zelf naar Gallipoli te reizen om de toestand met eigen ogen te aanschouwen. Wat hij aantrof schokte hem diep en hij raakte overtuigd van de hopeloosheid van de situatie. Op 15 november zond hij een telegram aan de minister-president Asquith waarin hij toegaf dat het haast onmogelijk was Gallipoli nog in te nemen.

De strijd die in 48 uur beslist had moeten worden duurde in werkelijkheid 8½ maand en kostte de Britten 205.000 man aan doden, gewonden en zieken. Ook de Franse verliezen waren hoog en bedroegen ongeveer 47.000. De Turken leden eveneens enorme verliezen die geschat werden op 251.000 man aan doden, gewonden en zieken, maar zij hadden tenminste het genoegen met succes hun land te hebben verdedigd en de aanvaller tot de aftocht te hebben gedwongen. De strijd bij Gallipoli was, ondanks de heroïsche moed van de Britse en Franse soldaten die tot het uiterste hun plicht deden, een zwarte bladzijde in de Britse krijgsgeschiedenis en een schrijnend voorbeeld van falend politiek en militair beleid.

Het bloedige avontuur liep ten einde. Britse troepen verlaten in alle stilte de Suvlabaai.

DE GROTE VELDSLAGEN VAN 1915 EN 1916

Ruim 6000 geallieerde soldaten lieten op Gallipoli het leven.

DE GROTE VELDSLAGEN VAN 1915 EN 1916

Opvallend was het feit dat een aantal latere historici niet konden nalaten de schijn te wekken alsof 'Gallipoli' toch een zinvolle onderneming zou zijn geweest omdat, hoewel de verliezen enorm waren, de Britten er toch in zouden zijn geslaagd 'de bloem van het Turkse leger' te vernietigen. Van de 36 Turkse eerstelijndivisies zouden de Britten er 14 hebben vastgehouden op het eiland, waardoor het Suezkanaal kon worden behouden en de basis werd gelegd voor de latere definitieve Turkse nederlaag. Dit is een even onware als onjuiste stelling. Het kwam kennelijk niet bij hen op dat voor hetzelfde geld beweerd zou kunnen worden dat de 14 Turkse divisies erin geslaagd waren een even groot aantal Britse divisies 8½ maand weg te houden van het westelijk front en andere oorlogstonelen, waar zij – en het kwart miljoen op Gallipoli gesneuvelde en gewonde soldaten – een belangrijke rol hadden kunnen spelen en node gemist konden worden. Een andere historicus merkte op dat te Gallipoli in elk geval werd bewezen dat een Brits officier wist hoe te vechten en te sterven. Het was de auteur John Laffin die in zijn boek *Damn the Dardanelles* terecht opmerkte: 'Het zou beter geweest zijn als de Britse officieren geleerd hadden te vechten en in leven te blijven. Dat vereiste niet minder moed, maar wel meer vaardigheid!'

Zij die achterbleven. Anzac-kerkhof te Gallipoli.

Links: de prijs die betaald werd.

DE VELDSLAGEN BIJ VERDUN

OPERATIE 'GERICHT', HET FRANSE LEGER MOET DOODBLOEDEN

Het jaar 1915 was voor de geallieerden zowel in het westen als aan het oostfront een zeer slecht jaar geweest. De Russische legers waren door de centrale strijdkrachten tot in Polen teruggedrongen en hadden zeer zware verliezen geleden. Rond september hadden de Duitsers daar reeds ruim 750.000 krijgsgevangenen gemaakt. Op Gallipoli waren de Britten en Fransen in een uitzichtloze positie gekomen en inmiddels was Servië verslagen en door de centrale legers bezet.

De Duitse opperbevelhebber en minister van Oorlog Von Falkenhayn (l) aan wiens brein het plan 'Operatie Gericht' was ontsproten. Op de foto: Von Falkenhayn na zijn ontslag in zijn nieuwe functie aan het front in de Oekraïne.

DE GROTE VELDSLAGEN VAN 1915 EN 1916

De Duitse generaal Von Lettow Vorbeck die in Afrika de strijd voortzette en Britse troepen in dat deel van de wereld 'bezighield'.

De Duitse kroonprins Wilhelm bezocht zijn mannen regelmatig.

DE GROTE VELDSLAGEN VAN 1915 EN 1916

Ruim 1200 stukken geschut van alle kalibers openden op 21 februari 1916 het vuur op de Franse stellingen.

Een van de zware kanonnen die op 21 februari werden ingezet.

DE GROTE VELDSLAGEN VAN 1915 EN 1916

Een 175 mm-mijnenwerper, model 1916.

Een 245 mm-mijnenwerper, model 1916, die bij Verdun werd gebruikt.

Bij het aanvallen van vijandelijke linies bewees deze loopgraafmortier goede diensten.

Daar kwam nog bij dat het de trotse Britse vloot maar niet lukte de Duitse onderzeeboten van hun aanvallen op koopvaardijschepen te weerhouden. Schip na schip werd getorpedeerd en verdween met zijn kostbare lading in de golven. De Duitse marine beschoot zelfs Britse kustplaatsen zonder dat de Royal Navy daar iets tegen kon doen. In Afrika voerden de Britten strijd tegen de daar opererende kleine Duitse troepenmacht onder commando van de legendarische generaal Von Lettow Vorbeck. Ze waren daardoor genoodzaakt forse contingenten troepen in dat gebied te handhaven die in feite elders dringend nodig waren.

Duitse troepen verlaten hun loopgraven en gaan in de aanval.

DE GROTE VELDSLAGEN VAN 1915 EN 1916

Duitse troepen vlak voor de aanval.

Ook de Fransen leden vreselijk. Eind 1915 was reeds het grootste deel van alle Franse officieren die in 1914 waren aangetreden gesneuveld of gewond en ook de overige verliezen waren enorm. Het was dan ook geen toeval dat de geallieerden in december een conferentie belegden om hun plannen voor 1916 te bespreken en na te gaan hoe ze aan deze, voor hen onbevredigende, situatie een einde konden maken.

Het zal duidelijk zijn dat ook het Duitse opperbevel zich bezon op de nabije toekomst. In een rapport aan de Duitse keizer schreef de opperbevelhebber generaal Von Falkenhayn dan ook dat: 'een laatste krachtsinspanning, gezien de huidige relatief gunstige situatie, de balans in het voordeel van Duitsland zou kunnen doen doorslaan.' Door de Britse zeeblokkade had Duitsland een groot gebrek aan allerlei broodnodige grondstoffen en de situatie op de langere termijn zou daarom weleens problematisch kunnen worden. 'Daarbij', zo schreef hij, 'verwacht ik dat de geallieerden in 1916 een grote doorbraakpoging zullen willen ondernemen en Duitsland in de verdediging willen dringen, wat uiteraard dient te worden voorkomen.'

Von Falkenhayn stelde nu voor om eerst Frankrijk te verslaan omdat, als dat zou lukken, het voor Groot-Brittannië zinloos zou worden de strijd nog alleen voort te zetten. Om dit te realiseren adviseerde hij in Frankrijk een locatie te kie-

Links: Duitse infanterie valt aan bij het dorp Douaumont, dat werd verdedigd door restanten van het 1ᵉ en 3ᵉ bataljon van het Franse 95ᵉ regiment infanterie, versterkt met Algerijnse tirailleurs en een bataljon Zoeaven. Bij de aanval sneuvelden circa 4000 Franse en Duitse soldaten.

DE GROTE VELDSLAGEN VAN 1915 EN 1916

Een van de ontelbare granaattrechters op het slagveld nabij de Mort Homme en heuvel 304.

Na het ontslag van generaal Von Falkenhayn namen veldmaarschalk Von Hindenburg en generaal Ludendorff het commando bij Verdun over.

zen die de Fransen ten koste van alles zouden willen verdedigen. 'Zo'n locatie', stelde hij 'is Verdun.'

'Verdedigen ze dit gebied, dan zullen ze daar doodbloeden, trekken ze zich daarentegen terug, dan zal dat voor hen een enorme morele nederlaag betekenen en ons tegelijk de gewenste doorbraak bezorgen.'

Von Falkenhayn wilde geen zinloze man-tegen-mangevechten die alleen maar tot enorme slachtingen zouden leiden, maar de inzet van enorme hoeveelheden artillerie op een zeer beperkt front waardoor de vijandelijke infanterie in de loopgraven vernietigd zou worden en de eigen verliezen beperkt konden blijven. Na zo'n overweldigende beschieting zou de Duitse infanterie de vijandelijke stellingen zonder veel problemen kunnen innemen waarna men het vuur weer naar voren kon verleggen. Zo dacht Von Falkenhayn de Franse stellingen stuk voor stuk te kunnen oprollen. In eerste instantie leek dit een goed plan, maar Von Falkenhayn maakte enkele belangrijke fouten. Allereerst wilde hij de aanval beperken tot de rechteroever van de Maas, wat later fataal zou blijken te zijn. Ten tweede hield hij te weinig rekening met de vaak zeer ongunstige weers- en terreinomstandigheden bij Verdun, wat eveneens een ernstige misrekening was.

De Franse generaal Mangin die de bijnaam 'De slachter' van zijn soldaten kreeg door zijn harde en meedogenloze optreden.

DE GROTE VELDSLAGEN VAN 1915 EN 1916

Duits machinegeweerteam in actie op de linker Maasoever bij de gevechten om de beruchte heuvel 304 bij Verdun.

Rechts: Verdun 1916. De gruwelijke realiteit!

DE GROTE VELDSLAGEN VAN 1915 EN 1916

DE GROTE VELDSLAGEN VAN 1915 EN 1916

De uitwerking van de Duitse beschietingen was vreselijk.

Keizer Wilhelm bezoekt het front bij Verdun, april 1917. Op de foto: de keizer inspecteert een garderegiment op weg naar het front.

DE GROTE VELDSLAGEN VAN 1915 EN 1916

Fort Douaumont. De westelijke hoek van de binnenplaats.

Het terrein rond Fort Douaumont werd al spoedig volstrekt onbegaanbaar.

DE GROTE VELDSLAGEN VAN 1915 EN 1916

Duitse soldaten klommen over een hek rond Fort Douaumont en vonden het praktisch verlaten.
25 februari 1916.

DE GROTE VELDSLAGEN VAN 1915 EN 1916

De keizer echter keurde het plan goed en onder de grootste geheimhouding gingen de voorbereidingen begin januari 1916 van start. Die voorbereidingen waren gigantisch. Alleen al voor het aanleggen van de nodige spoorlijnen waarlangs manschappen en voorraden moesten worden aangevoerd, werden ruim 50.000 man ingezet. Er werden nieuwe wegen aangelegd, 10 spoorlijnen en 24 stations uit de grond gestampt, onderkomens gebouwd en enorme munitiedepots aangelegd. Het Duitse 5e leger onder de kroonprins en zijn chef-staf, generaal Von Knobelsdorf, kreeg de verantwoordelijkheid voor het Verdunoffensief. Zes goed uitgeruste divisies, samen ongeveer 90.000 man, werden voor de strijd gereedgemaakt terwijl zowel op de oostoever als ten westen van de Maas nog reservetroepen gereed werden gehouden. Om de geheimhouding van deze enorme operatie te verzekeren werden de meeste officieren niet ingelicht over het uiteindelijke doel van alle inspanningen en men ging zelfs zover om enkele dorpen in de omgeving te evacueren.

De Duitse luitenant Von Brandis (zittend), held van Douaumont, claimde het fort als eerste te zijn binnengedrongen. Op de foto: Von Brandis met zijn twee broers die eveneens in de strijd aan het westfront gewond raakten.

Nadat de spoorlijnen gereed waren, werden rond 1250 stukken geschut, waaronder de beruchte Dikke Bertha's, in stelling gebracht om een front van 15 km breed onder vuur te nemen. Voor het transport van zo'n Dikke Bertha waren twaalf wagons nodig en de montage nam ruim twintig uur in beslag. Ten slotte voerden 213 munitietreinen ruim 2,5 miljoen granaten aan, de voorraad voor zes dagen.

Operatie 'Gericht' zoals het Verdunoffensief werd genoemd, zou op 12 februari van start moeten gaan, maar toen in de nacht van de 11e de troepen hun uitgangsstellingen betrokken, sloeg het weer om. Hagel, sneeuw en regenbuien geselden het landschap en de loopgraven en onderkomens liepen vol zodat de manschappen daar niet langer verblijven konden. Ook het zicht verdween volledig zodat artillerie-observatie onmogelijk werd. De aanval moest worden uitgesteld. De hele daarop volgende week bleef het weer slecht en pas op de 20e

Links: Franse opslagplaats in Fort Douaumont.

DE GROTE VELDSLAGEN VAN 1915 EN 1916

Het dorpje Fleury bij Douaumont, waar vreselijke gevechten plaatsvonden en dat zeventien keer van bezetter wisselde. Er bleef van het dorp geen steen op de andere staan en het werd totaal vernietigd.

Het slagveld bij Froideterre.

DE GROTE VELDSLAGEN VAN 1915 EN 1916

Maart 1916. Ook het dorpje Ornes verdween van de aardbodem en veranderde in een woestenij.

Duitse hospitaalsoldaten gebruiken een geïmproviseerde brancard om een gewonde af te voeren.

Een Franse machinegeweerpost na de herovering van Fort Douaumont in november 1916. De Franse verliezen waren groot.

kwam daar een verandering ten gunste in zodat de 21^e als definitieve aanvalsdatum kon worden vastgesteld.

Eindelijk, om kwart over acht in de ochtend van de 21^e februari 1916 barstte de grootste artilleriebeschieting aller tijden los op de Franse stellingen bij Verdun. Negen uur achtereen vielen tienduizenden granaten van alle kalibers op de Franse linies neer en het terrein veranderde in een maanlandschap waarin elke vorm van leven onmogelijk leek geworden. Rond vijf uur in de namiddag kwam aan die beschieting plotseling een einde. Het grote moment, het laten doodbloeden van het Franse Verdunleger, operatie 'Gericht' kon een aanvang nemen. Ruim 90.000 Duitse soldaten stonden in hun loopgraven gereed om met een zekere overwinning voor ogen op de vijand af te stormen. De 'gehaktmolen van Verdun', zoals de strijd daar later genoemd zou worden, kon haar eerste slachtoffers gaan opeisen.

Vader en zoon. Keizer Wilhelm II en de kroonprins tijdens een inspectie van de troepen vlak voor de aanval op Fort Vaux.

Fort Vaux, waar maandenlange en hevige gevechten plaatsvonden.

DE GEVECHTEN IN HET BOIS DES CAURES, DUITSE OPMARS VERTRAAGD

De Fransen hadden de sector Verdun tot dan toe als betrekkelijk onbelangrijk beschouwd en verwachtten daar geen Duitse aanval, ook al had de plaatselijke commandant, de overste Driant, die de spits van de Duitse aanval over zich heen zou krijgen, meermalen gewaarschuwd dat de verdedigingswerken absoluut onvoldoende waren. Toen men eindelijk naar hem luisterde was het al te laat en barstte de aanval los.

Tijdens de inleidende beschietingen vielen er, naar latere schattingen van generaal Pétain, ongeveer 80.000 granaten op het Bois des Caures, een gebied van slechts 800 meter breed en 3 km diep. Van het ene op het andere moment werden bomen als door een reusachtige en onzichtbare hand, ontworteld, omhooggeworpen, versplinterd en weer neergesmakt. De aarde werd opengereten en omgeploegd terwijl stukken staal sissend en gillend in het rond gierden, alles vernielend wat op hun weg kwam. De Duitse aanval op Verdun was begonnen.

Na ruim negen uur leek het gebied totaal vernietigd en was er geen teken van leven meer te bespeuren. Terwijl het weer begon te sneeuwen verliet de Duitse infanterie haar loopgraven en drong het vijandelijk gebied voorzichtig binnen. De legerleiding verwachtte eigenlijk geen enkele weerstand meer, maar toch zond men eerst enkele patrouilles naar voren die tot hun verbazing toch op hevige weerstand stuitten. Tegen de avond moesten ze zich zelfs terugtrekken naar hun uitgangsstellingen. De legerleiding gaf nu opdracht de artilleriebeschieting de volgende ochtend te herhalen om, wat men dacht, de laatste weerstandsnesten op te ruimen.

Rond 12 uur in de ochtend zwegen de kanonnen en viel de infanterie nu en masse het Bois de Caures binnen dat door slechts twee, inmiddels zwaar geha-

Duitse troepen verzameld in de loopgraven vlak voor de eerste aanval op Fort Vaux.

DE GROTE VELDSLAGEN VAN 1915 EN 1916

Duitse infanteristen hebben dekking gezocht in een granaattrechter ...

... en gaan dan in de aanval.

DE GROTE VELDSLAGEN VAN 1915 EN 1916

Gesneuveld voor het vaderland. Een van de circa 5000 gesneuvelden bij Fort Vaux.

DE GROTE VELDSLAGEN VAN 1915 EN 1916

Het slagveld was bezaaid met lijken en ledematen en de stank benam je vaak de adem.

DE GROTE VELDSLAGEN VAN 1915 EN 1916

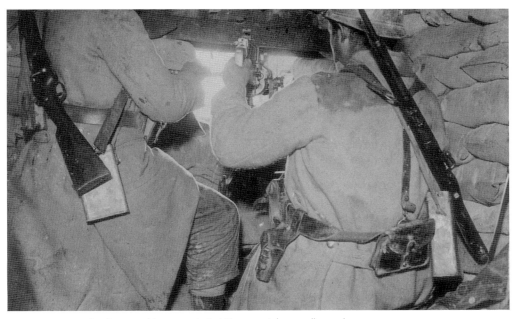
Een Frans machinegeweer in Fort Vaux neemt de aanvallers onder vuur.

Franse machinegeweersectie nabij Biquele. 20 oktober 1916.

Links: Franse soldaten bedienen een granaatwerper in loopgraaf op de Mort-Homme.

DE GROTE VELDSLAGEN VAN 1915 EN 1916

Duitse aanval met vlammenwerper op Fort Vaux.

Een Duitse soldaat tijdens de aanval op Fort Vaux. Naast hem de overblijfselen van een gesneuvelde Franse infanterist.

DE GROTE VELDSLAGEN VAN 1915 EN 1916

vende bataljons 'Jagers te voet', onder overste Driant, werd verdedigd. Een gemakkelijke doorgang zou het voor de Duitsers niet worden. De strijd duurde drie dagen waarbij om elke meter grond gevochten moest worden. Overste Driant werd tijdens de strijd door een kogel in het hoofd getroffen en stortte dood ter aarde. Reserves werden aangevoerd en de Fransen heroverden weer een

7 juni 1916. Fort Vaux geeft zich ten slotte over. De verdedigers waren uitgeput, zij hadden het maandenlang uitgehouden. Vooral gebrek aan water dwong hen tot de overgave. Sommigen waren overgegaan tot het drinken van hun eigen urine.

Vijf maanden en circa 5000 doden later. De Duitsers verlieten Fort Vaux weer om tactische redenen en de Fransen konden het fort zonder slag of stoot weer in bezit nemen.

De Voie Sacrée, Heilige Weg, de enige toegangsweg naar Verdun waarlangs de Fransen troepen en materiaal naar het Verdunfront konden voeren.

deel van het Bois, maar op 23 februari moesten ze voor de overmacht zwichten en kwam het in Duitse handen. Volgens Franse opgave keerden van Driants 56e bataljon Chasseurs slechts 5 officieren en 60 soldaten terug en van het 59^e zouden slechts 3 officieren en 45 man de strijd overleefd hebben. Ook de Duitsers leden forse en onverwachte verliezen en werden meer dan 24 uur tegengehouden, genoeg om de Fransen in staat te stellen reserves aan te voeren om de strijd verder te kunnen voortzetten.

DE GROTE VELDSLAGEN VAN 1915 EN 1916

Franse veldartillerie op weg naar het front.

Na de gevechten in het Bois des Caures voerden de Fransen ijlings versterkingen aan. Een Frans munitiekonvooi op weg naar de Mort-Homme.

Een Franse 220 mm-mortier onmiddellijk na het afvuren.

Frans 320 mm-spoorweggeschut bij Verdun.

DE GROTE VELDSLAGEN VAN 1915 EN 1916

Frans veldgeschut in stelling.

Heuvel 304 na de slag. Duizenden Franse en Duitse soldaten sneuvelden in de strijd om het bezit van deze heuvel.

Links: een zwaar Frans spoorwegkanon.

DE VAL VAN FORT DOUAUMONT, EEN GELUKKIGE SAMENLOOP VAN OMSTANDIGHEDEN

Na de verovering van het Bois des Caures duurde het nog tot de avond van de 24e voor de Duitsers verder konden oprukken. Ze sloegen een diepe bres in het Franse verdedigingssysteem tussen Bezonvaux en heuvel 378 en namen posities in bij het dorpje Beaumont, waardoor ze het beroemde en onneembaar geachte pantserfort Douaumont rechtstreeks bedreigden. Er brak paniek uit in de Franse gelederen. Generaal Herr, de bevelhebber van de Franse troepen in de regio Verdun, achtte de Franse posities op de rechter Maasoever niet meer verdedigbaar en wilde terugtrekken. Dit werd hem door de opperbevelhebber, generaal Joffre, verboden. Herr werd van zijn functie ontheven en vervangen door generaal Pétain die opdracht kreeg de sector Verdun tot de laatste man te verdedigen.

De 'Bismarcktunnel' bij de Mort-Homme. Letterlijk honderden tunnels werden gegraven. Ze dienden als schuilplaats, opslagplaats en verblijfplaats voor de vechtende troepen.

DE GROTE VELDSLAGEN VAN 1915 EN 1916

Duitse vlammenwerpers in actie.

Inmiddels maakten de Duitsers zich op Fort Douaumont aan te vallen. Wat ze niet wisten was dat de Fransen al enige tijd bezig waren om het fort, als gevolg van een bevel van het Franse hoofdkwartier van augustus 1915, te ontwapenen. Dit bevel was gegeven omdat, na de Duitse inname van Luik, gebleken was dat forten niet bestand waren tegen het nieuwe, door de Duitsers gebruikte zeer zware 400 mm geschut. Men achtte het daarom verstandiger de forten van hun geschut te ontdoen en dat elders in te zetten. Ook Fort Douaumont viel onder dit bevel en op 25 februari, terwijl de bezetting het fort reeds had verlaten, was een ploeg genisten en artilleristen onder leiding van een onderofficier, bezig met het uitvoeren van de nodige voorbereidingen. Binnen in het fort had men geen idee van de aanstaande aanval en de nog in gebruik zijnde 155 mm-geschutskoepel vuurde sporadisch op het noordelijk gelegen kruispunt van Azannes.

Het 24[e] Brandenburgse regiment infanterie kreeg op 25 februari rond 16.00 uur opdracht zich in te graven om de volgende dag tot de aanval over te gaan. Het fort lag groot en dreigend vóór hen en de aanvallers verwachtten een hevige en moeilijke strijd. Intussen waren enkele officieren en manschappen, onafhankelijk van elkaar, op verkenning gegaan. Ze bereikten het fort ongezien en slaagden er

DE GROTE VELDSLAGEN VAN 1915 EN 1916

Franse loopgraven worden onder vuur genomen. Het artillerievuur vernietigde het voorgelegen loopgravenstelsel en doodde de bezetting.

Juni 1916, Duitse artilleristen bezig met de voorbereiding van nieuwe stellingen.

Rechts: een Duitse cavalerist bij Verdun. Ook de paarden dragen gasmaskers.

Duits veldgeschut in actie nabij Douaumont.

zelfs in om binnen de grachtengordel te komen. Tot hun stomme verbazing kwam er geen enkele weerstand. Ze verrasten de 60 man Franse bezetting tijdens hun werk en namen die gevangen. Snel voerden de Duitsers daarop versterkingen aan en Fort Douaumont, het sterkste en meest geduchte fort ter wereld, was zonder een schot te lossen in Duitse handen gevallen. De Duitse pers meldde jubelend dat: 'Duitse troepen tijdens een stormaanval pantserfort Douaumont, de hoeksteen van het Franse verdedigingssysteem van Verdun, na hevige gevechten hadden veroverd.' In heel Duitsland luidden de kerkklokken en juichte de bevolking.

De inname van het fort kwam voor de Fransen als een mokerslag. Tegenaanvallen werden bevolen maar het mocht niet baten. Voorlopig bleef het fort in Duitse handen.

DE VEROVERING VAN HET DORPJE DOUAUMONT

Direct na de min of meer toevallige inname van Fort Douaumont merkten de Duitsers dat het bezit alleen van het fort hen nog niet veel verder bracht, omringd als het was door Franse troepen. Om verder te komen moest eerst het gelijknamige dorpje, dat slechts 280 inwoners telde, van Franse infanterie gezuiverd worden. De verdediging bestond uit restanten van het 1^e, 2^e en 3^e bataljon van het 95^e regiment infanterie die nog versterkt werden met Algerijnse tirailleurs en een bataljon Zoeaven. Zij kregen het bevel het dorp tot de laatste man te houden. De weersomstandigheden waren zeer slecht, de loopgraven liepen vol met ijskoud sneeuwwater en er was gebrek aan voedsel en drinkwater.

DE GROTE VELDSLAGEN VAN 1915 EN 1916

Een van de miljoenen gesneuvelde soldaten aan het westfront.

Duitse vlammenwerpers vallen een Franse loopgraaf binnen en branden zich een weg door de laatste weerstandsnesten.

Een gesneuvelde Fransman bij Froideterre.

Een aantal zwaargewonde soldaten die al enkele dagen op hulp wachtten, kwam na een artillerie-beschieting alsnog ellendig om het leven.

DE GROTE VELDSLAGEN VAN 1915 EN 1916

Generaal Von Mudra inspecteert de troepen tijdens zijn aanvaarding van het commando over de nieuw gevormde aanvalsgroep 'Oost'. Tijdens de slag bij Verdun.

De Fransen zetten regelmatig hun koloniale troepen in. Op de foto: Senegalese troepen arriveren bij Verdun om aan de strijd deel te nemen. 22 juni 1916.

DE GROTE VELDSLAGEN VAN 1915 EN 1916

Spahi-soldaten tijdens een training te St. Goudrin. 16 juni 1916.

Achter de frontlijn bouwden de soldaten hun onderkomens zo comfortabel en veilig mogelijk.

Een van de vele door de artillerie in elkaar geschoten gebouwen bij Verdun.

Franse infanteristen bij een aantal niet-geëxplodeerde Duitse granaten bij Fort Souville.

Gedurende de hele nacht van de 25ᵉ op de 26ᵉ beschoot de Duitse artillerie het dorp en dit werd de volgende dag voortgezet. Toen de Duitsers tot de aanval overgingen werden ze echter door de Franse artillerie onder vuur genomen en leden grote verliezen. Aanval op aanval volgde, de Fransen verdedigden zich met de moed der wanhoop en pas na het gebruik van een list lukte het de Duitsers op 3 maart het dorp in handen te krijgen. Ze beschoten het dorp uren achtereen om dan plotseling te stoppen. De Fransen, denkende dat de aanval nu zou komen, kwamen uit hun schuilplaatsen te voorschijn en bezetten hun loopgraven. Op dat

DE GROTE VELDSLAGEN VAN 1915 EN 1916

DE GROTE VELDSLAGEN VAN 1915 EN 1916

Vaak explodeerden granaten niet en bleven dan in de modder steken. Op de foto: een niet-ontplofte Duitse 220 mm-granaat bij Verdun.

moment heropenden de Duitsers hun beschieting, nu echter gericht op de loopgraven waardoor veel Fransen in de eerste linie sneuvelden. Na een uur hield de beschieting weer op en weer kwamen de Fransen te voorschijn. Hetzelfde herhaalde zich nu en wederom sneuvelden er veel Franse soldaten. Nog een derde keer hield het vuren plotseling op. Deze keer bleven de Fransen wijselijk in hun onderkomens, maar ditmaal vielen de Duitsers wel aan en overrompelden de Fransen in hun dug-outs en veroverden het dorp, waarna de weg naar Fort Vaux voor hen openlag. De gevechten om het dorp Douaumont behoorden tot de bloedigste in de strijd om Verdun. Ongeveer 4000 Fransen en evenveel Duitsers sneuvelden om het bezit van dit kleine dorpje, waarbij de Fransen erin slaagden de Duitse aanvallers acht dagen tegen te houden en generaal Pétain in staat werd gesteld versterkingen te zenden en het front te reorganiseren. De verdedigers leverden een belangrijke bijdrage aan het uiteindelijk mislukken van het Duitse plan om de Fransen bij Verdun te laten doodbloeden, waardoor ze ten slotte de strijd moesten staken. Zover was het echter nog niet, de bloedige strijd bij Verdun zou uiteindelijk pas in 1918 eindigen.

Links: februari 1916, Franse infanteristen aan het front in het dorpje Negre.

DE GROTE VELDSLAGEN VAN 1915 EN 1916

Een Franse legerarts met hospitaalsoldaten bij een met zandzakken afgedekte eerstehulppost bij Fort Souville. Dit fort markeerde het verste punt van de Duitse opmars.

Franse hospitaalsoldaten met gewonden in een verbandpost te Buxerulles.

DE GROTE VELDSLAGEN VAN 1915 EN 1916

De gevechten om de Mort-Homme waren zwaar en bloedig. Op de foto: gewonden worden per ambulance naar achteren afgevoerd.

DE STRIJD OM FORT VAUX

Ook het pantserfort Vaux viel onder het ontwapeningsbesluit van augustus 1915, maar men was nog niet aan de uitvoering toegekomen en het fort was dan ook nog volledig bezet en bewapend. Begin maart echter werd het fort door de Duitse artillerie beschoten, waarbij twee van de drie waarnemingsposten zwaar werden beschadigd. Een voltreffer vernielde de fortgracht waarbij de toegangstunnel tot het 75 mm kanon instortte en niet meer bereikbaar was. Op 8 maart slaagde een Duitse infanterie-eenheid erin om tot zeer dicht bij het fort te komen. Toen ze dit naar achteren doorgaf werd de melding verkeerd begrepen en de volgende dag meldde de Duitse legervoorlichtingsdienst dat ook Fort Vaux in Duitse handen gevallen was. Generaal Guretsky, onder wiens commando de verovering zou hebben plaatsgevonden, kreeg een hoge onderscheiding voor dit heldenfeit. Een pijnlijke vergissing, want al snel kwam het misverstand aan het licht. Fort Vaux was nog vast in Franse handen en dat zou het voorlopig ook blijven.

Op 24 mei kreeg het fort een nieuwe commandant, de 49-jarige invalide majoor Raynal. Hij zou een geducht tegenstander blijken voor de steeds feller aanvallende Duitsers. Hun artillerie beschoot het fort nu dag en nacht en Raynal

DE GROTE VELDSLAGEN VAN 1915 EN 1916

De Britse vrijwillige medische eenheid SSA-10 die ingedeeld was bij de Franse 31ᵉ divisie, gereed om gewonden uit de sector Verdun op te halen.

DE GROTE VELDSLAGEN VAN 1915 EN 1916

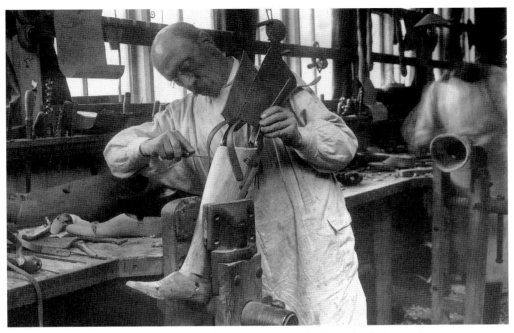

Door de honderdduizenden gewonden in deze oorlog ontstond er grote behoefte aan kunstledematen. Er ontstond een nieuwe medische industrie. Op de foto: een werkplaats voor het vervaardigen van kunstbenen.

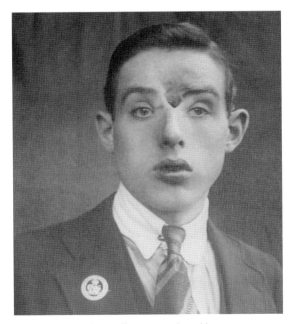

Een in het voorhoofd getroffen en verminkte soldaat ...

... kreeg een nieuw gezicht aangemeten, niet door middel van plastische chirurgie, maar door een kunstig vervaardigd masker.

Links: Britse vrijwillige ambulancebemanningen wachten nabij Tannois in de buurt van Bar-le-Duc bij Verdun op een nieuwe stroom gewonden.

DE GROTE VELDSLAGEN VAN 1915 EN 1916

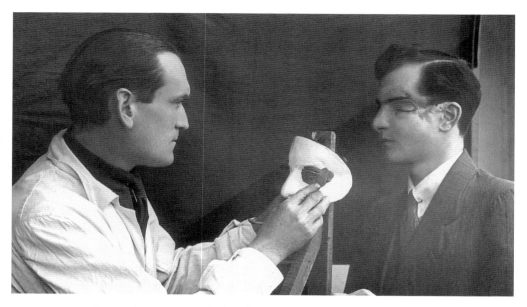

Voor een door een granaatscherf aan het gezicht ernstig gewonde soldaat wordt een masker aangepast.

De Duitse piloot Manfred Albrecht Freiherr von Richthofen (1892-1918) verwierf grote roem met het naar hem vernoemde jachteskader. Hij schoot persoonlijk ruim 80 vijandelijke toestellen uit de lucht en werd uiteindelijk op 21 april 1918 zelf neergehaald.

meldde dat hij op een 'rustige' dag ruim 8000 inslagen had geteld.

Binnen in het fort had, naast de normale bezetting van 280 man, een groot aantal soldaten uit de directe omgeving een toevlucht gezocht en er bevonden zich nu 600 man binnen de muren. Voedsel en water werden daardoor schaars en er moest een strenge rantsoenering worden ingesteld. Op 1 juni vielen de Duitsers, na een beschieting die een vreselijke slachting aanrichtte onder de Franse troepen aan weerszijden van het fort, opnieuw aan. Ze slaagden erin de beruchte Vauxdam te veroveren en kwamen nu rechtstreeks binnen het bereik van Raynals machinegeweren. Die vuurden zo hevig dat de loopgraven waarin de Duitsers zaten, zich vulden met doden en gewonden waardoor de aanvallers gedwongen werden over de lijken van hun gevallen kameraden heen te klimmen en in open veld verder te gaan. De aanblik van het slagveld was verschrikkelijk. Naast de recent gesneuvelden lagen daar de in verre staat van ontbinding verkerende lijken en lichaamsdelen van eerdere slacht-

DE GROTE VELDSLAGEN VAN 1915 EN 1916

De bij de geallieerden berucht geworden felrood geschilderde Fokker DR-1 van Von Richthofen. Het bezorgde hem de bijnaam 'Rode baron'.

Het eskader van Von Richthofen. Zijn toestel was het tweede van rechts.

Von Richthofen tijdens zijn verblijf in een hospitaal nadat hij een ernstige hoofdwond opliep tijdens een luchtgevecht op 6 juni 1917.

offers overal in het rond en de stank was ondraaglijk. De kreten van de daar nu reeds dagen liggende gewonden gingen door merg en been en velen stierven uiteindelijk door gebrek aan verzorging en hulp. Anderen lagen daar echter nog steeds toen de Fransen een week later een tegenaanval lanceerden en de omgeving met fosforgranaten beschoten waarbij zij, die al die tijd al zo vreselijk hadden geleden, nu jammerlijk in de vlammen omkwamen.

Fort Vaux lag nu aan alle kanten ingesloten en in de nacht van 2 juni vielen 12 Duitse bataljons infanterie en eenheden pioniers opnieuw aan. Het fort zelf was inmiddels door de voortdurende beschietingen al zwaar beschadigd. De bezetting gaf het echter nog niet op en onderhield een moordend vuur op de naderende tegenstanders. De aanvallers slaagden er echter in op de bovenbouw te klimmen en in een van de toegangstunnels door te dringen. Om niet gehoord te worden hadden ze hun spijkerlaarzen uitgetrokken, maar de Fransen hadden conservenblikken in de donkere gang gegooid waardoor de Duitsers zich alsnog verraadden. In de gang waren versperringen opgericht. Een machinegeweer open-

De Duitse luchtmacht beheerste in 1916 het luchtruim.

DE GROTE VELDSLAGEN VAN 1915 EN 1916

De 'Rode baron' maakt zich gereed voor een vlucht boven vijandelijke gebied.

de nu het vuur en pas na grote verliezen slaagden de Duitsers erin die op te ruimen. In de middag voerden ze versterkingen aan en werd er een officier tot fortcommandant aangesteld. Het vreemde feit deed zich nu voor dat het fort twee commandanten had, een in het fort en een daar bovenop.

Omdat de Duitsers handgranaten door de luchtinlaten gooiden moesten deze worden gesloten waardoor de situatie binnen bijna onhoudbaar werd. Binnendringende rookgassen van de door de Duitsers ingezette vlammenwerpers verpestten de lucht volkomen, dus moest de bemanning dag en nacht gasmaskers dragen. Olielampen weigerden dienst door gebrek aan zuurstof en verscheidene soldaten vielen flauw door de vergiftigde atmosfeer. Ook de watervoorraad raakte op en na enkele dagen begon dit zo nijpend te worden dat enkele soldaten ertoe overgingen hun eigen urine te drinken. Anderen trachtten

DE GROTE VELDSLAGEN VAN 1915 EN 1916

Oberleutnant Göring, commandant van het Von Richthofen-eskader.

De overblijfselen van Von Richthofens Fokker nadat hij was neergeschoten door de Canadese captain Roy Brown op 21 april 1918.

Rechts: 22 april 1918. Von Richthofen werd door de Britten met volledige militaire eer begraven.

DE GROTE VELDSLAGEN VAN 1915 EN 1916

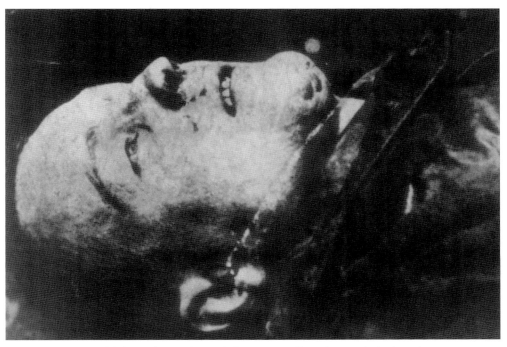

Ritmeester baron Von Richthofen. De foto werd gemaakt door een Brits officier, direct na de dood van de 'Rode baron'.

wat vocht van de muren te likken. Het aantal gewonden nam toe, maar verband en medicijnen waren niet meer voorradig.

Ook de aanvallers boven op het fort leden vreselijk. De Franse artillerie beschoot het fort nu genadeloos en er was nergens dekking te vinden. De verliezen waren dan ook groot. Deze situatie duurde nog tot 6 juni toen Franse infanterie het fort trachtte te ontzetten, maar de aanval werd afgeslagen waarbij het grootste deel van de aanvallers sneuvelde of gewond op het slagveld achterbleef.

Die nacht nam overste Raynal een dramatisch besluit. Vroeg in de ochtend van de zevende juni liet hij zijn overgebleven manschappen aantreden en deelde hen mede besloten te hebben het fort aan de vijand uit te leveren en te capituleren. Sommigen barstten in snikken uit. Anderen hoorden het besluit apatisch aan. Een officier werd met een witte vlag naar buiten gezonden en de officiële overgave volgde. Zo eindigde de strijd om Fort Vaux, een strijd die ruim 5000 doden en gewonden had gekost en waarbij beide partijen buitengewoon heldhaftige moed, vastberadenheid en opoffering hadden getoond. Fort Vaux zou echter in november weer in Franse handen terugkeren nadat de Duitsers het vrijwillig en om tactische redenen hadden verlaten.

Afgevaardigden van Britse esakders leggen kransen op het graf van Von Richthofen.

De keerzijde: een van de 80 slachtoffers van Von Richthofen.

DE GEVECHTEN OM DE MORT HOMME EN HEUVEL 304

Reeds begin maart merkten de Duitsers dat het een fout was geweest de linkeroever van de Maas ongemoeid te laten. De Fransen kregen daardoor de tijd daar versterkingen heen te zenden en artillerie op te stellen van waaruit ze een onafgebroken en moordend vuur afgaven op de Duitse troepen op de rechteroever. Op 6 maart viel dan ook het besluit om ook op de westoever tot de aanval over te gaan.

Tijdens een hevige sneeuwbui en na een inleidende artilleriebeschieting vielen eenheden van het 6e reservekorps bij het Bois de Forges aan terwijl tegelijkertijd Duitse troepen bij Samogneux de Maas overstaken waarbij ze hevig door de Fransen werden beschoten. Veel van de Franse granaten vielen echter in de modder en ontploften niet waardoor de verliezen beperkt bleven. Op 7 maart namen de Duitsers Regneville, het Bois de Corbeaux en het Bois de Cumières in, waarbij ze ruim 3000 krijgsgevangenen maakten. In de avond viel ook het dorpje Forges. De volgende ochtend ondernamen de Fransen een tegenaanval waarbij ze het Bois de Corbeaux weer heroverden. Op 8 maart vielen de Duitsers de beruchte heuvel Mort Homme aan, maar werden teruggeslagen. Op 14 maart lukte het de 12e Duitse reservedivisie de noordelijke top van de Mort Homme te bereiken en na moordende gevechten de Fransen daar te verjagen. De aanval was voorafgegaan door een zware artilleriebeschieting die van de heuvel een rokende en brandende vuurkolom had gemaakt waarin zich geen levend wezen meer bevond. De aanblik die de heuvel bood leek op Dantes *Inferno*. Overal vuur, overal dode of zwaar gewonde en verminkte lichamen. Van medische hulp of begraven kon geen sprake zijn en de stank van ontbinding en ver-

Een Duits gevechtsvliegtuig tijdens een luchtgevecht boven het westfront.

rotting was niet te dragen. Terwijl de uitgeputte aanvallers in de ingeschoten Franse loopgraven enige rust trachtten te vinden, werden ze tot hun ontsteltenis plotseling zwaar onder vuur genomen door de Fransen vanaf de tweede heuveltop en de gevechten moesten dan ook onmiddellijk worden hervat. De bestorming had de Duitsers ruim 3000 man gekost en dat bleek nu voor niets te zijn geweest tenzij ze ook de tweede heuveltop in handen zouden krijgen. Elke poging daartoe werd echter afgeslagen en de toestand werd steeds wanhopiger.

De gevechten om de Mort Homme duurden de hele maanden maart en april en aan het eind daarvan slaagden de Fransen erin de Duitsers weer van de heuvel te verdrijven. Die besloten nu om hun aanvallen eerst op de nabijliggende heuvel 304 te richten.

DE VEROVERING VAN BEIDE HEUVELS

Op 3 mei openden 36 batterijen geschut de aanval op heuvel 304. De beschieting duurde twee dagen en twee nachten onafgebroken. Na de oorlog schatte men dat ruim 10.000 Franse soldaten bij de verdediging van de heuvel om het leven waren gekomen. Toch kostte het de Duitsers nog drie dagen voordat ze de heuvel konden innemen.

Ze pasten nu dezelfde methode toe op de Mort Homme die op 20 mei uiteindelijk wederom in Duitse handen viel. De strijd was zeer hevig geweest en aan beide zijden waren de verliezen zwaar.

DE VERDERE STRIJD

De strijd bij Verdun duurde nu reeds zo'n 100 dagen en eind mei bedroegen de Duitse verliezen al ongeveer 174.000 man. Het werd duidelijk dat het plan van Von Falkenhayn om het Franse leger bij Verdun te laten doodbloeden, mislukt was. Het leek er meer op dat het Duitse leger zelf aan het doodbloeden was, maar de legerleiding wilde dit nog niet inzien en beraadde zich op verdere acties.

GIFGASGRANATEN OP FORT SOUVILLE

Inmiddels was ook op de oostoever van de Maas de strijd doorgegaan. Hevige gevechten werden geleverd bij Thiaumont, Froide Terre en het dorpje Fleury dat zeventien keer van bezetter verwisselde en met de grond gelijk werd gemaakt. De Duitsers beraamden nu een aanval op Fort Souville, het laatste fort in de buitenste verdedigingsring rond Verdun.

De actie zou worden ondernomen over een front van slechts 600 m breed. Intussen was het weer verslechterd en enorme stortbuien hadden het front veranderd in één grote modderpoel waardoor de aanval moest worden uitgesteld. De aanvallers, die zich reeds in hun uitvalsposities bevonden, kregen bevel daar te blijven en zich niet te verplaatsen om het verrassingselement niet te verstoren. Dat betekende dat ze dagenlang zonder onderkomen en voedsel en in drijfnatte kleding moesten blijven liggen terwijl ze blootstonden aan voortdurende Franse artilleriebeschietingen waardoor ze, zonder dat er al gevochten werd, aanzienlijke verliezen leden. Het moreel zakte dan ook tot een absoluut dieptepunt.

De L-12, een Duitse marinezeppelin op weg naar Engeland.

Fregattenkapitein Strasser, hoofd van de Duitse marineluchtvaartafdeling. Zijn zeppelin, de L-70, werd boven Engeland beschoten en stortte brandend neer waarbij Strasser de dood vond.

Eindelijk, in de ochtend van 10 juli, opende de Duitse artillerie het vuur met ruim 63.000 gifgasgranaten. De Fransen droegen echter gasmaskers zodat de uitwerking van het gifgas beperkt bleef en toen de Duitse infanterie aanviel, liepen ze regelrecht in een vreselijk spervuur en leden grote verliezen. Een nieuwe poging op 12 juli om het fort alsnog in handen te krijgen, mislukte eveneens en de aanvallers werden bloedig terug geslagen.

Verder dan Fort Souville kwamen de Duitsers dan ook niet meer. Generaal Von Falkenhayn zag in dat zijn plan mislukt was; wel wat laat, want inmiddels hadden ruim 600.000 Franse en Duitse soldaten hun leven geofferd in deze zinloze strijd. Von Falkenhayn besloot de verdere offensieve acties voorlopig te staken en zich te beperken tot consolidatie en verdediging. Operatie 'Gericht' was voor niets geweest en had niet tot resultaten geleid. Von Falkenhayn zelf werd op 27 augustus van zijn bevel ontheven, naar Roemenië overgeplaatst en opgevolgd door het duo Von Hindenburg en Ludendorff, de helden van Tannenberg.

Het wrak van de neergestorte L-70.

DE GROTE VELDSLAGEN VAN 1915 EN 1916

De 'grote mannen' bij de geallieerden. Van links naar rechts: maarschalk Joffre, president Poincaré, koning George, generaal Foch en generaal Haig.

DE BLOEDIGE STRIJD AAN DE SOMMERIVIER

De slechte gang van zaken bij de geallieerden was voor generaal Joffre aanleiding om aan het einde van dat jaar een conferentie te beleggen met de geallieerde opperbevelhebbers waarin hij hun verzocht om plannen op te stellen die hun in 1916 weer het initiatief zou moeten teruggeven.

Na de Duitse aanval bij Verdun waarbij de Fransen zeer grote verliezen leden, wilde hij nu aan de Somme een Frans-Brits offensief openen om het Verdunfront te ontlasten. Joffre bezocht persoonlijk de Britse opperbevelhebber Haig en sprak met hem af dat de Britten vóór 1 juli gereed zouden zijn met hun voorbereidingen. De aanval zou dan op de 1^e juli plaatsvinden terwijl de Fransen zelf enkele dagen later zuidelijk van de Somme een tweede

Generaal Haig te paard tijdens een inspectietour aan het front.

DE GROTE VELDSLAGEN VAN 1915 EN 1916

De generaals Haig en Foch samen met Joffre bij het verlaten van het hoofdkwartier waar gesproken werd over het openen van een tweede front in het Sommegebied.

Generaal Rawlinson, commandant van het nieuw gevormde Britse 4e leger dat aan de Somme werd opgesteld in aansluiting op het Franse 6e Leger.

DE GROTE VELDSLAGEN VAN 1915 EN 1916

Generaal Rawlinson met enkele stafofficieren tijdens een oriëntatie aan de Somme.

Een Frans 400 mm-kanon wordt aan de Somme opgesteld. Op 25 juni 1916 begon de slag aan de Somme met een artilleriebeschieting die zeven dagen zou aanhouden.

DE GROTE VELDSLAGEN VAN 1915 EN 1916

Een Britse batterij houwitsers in actie tijdens de inleidende beschietingen. Tijdens het bombardement schoot de Britse artillerie meer dan 1 miljoen granaten op de Duitse stellingen af.

Een Britse 'Kite', artilleriewaarnemings- en observatieballon met twee waarnemers, aan het Sommefront.

Brits munitiedepot aan de Somme.

Artilleristen voeren de zware 15 inch houwitsergranaten aan.

aanval zouden openen die voor de Duitsers mogelijk als verrassing zou komen. Haig was het met dat laatste niet zo eens omdat hij vreesde dat de Fransen hun belofte niet zouden nakomen en hij dan het zwaartepunt van de strijd zou moeten dragen waarna de Fransen dan met een eventuele overwinning goede sier zouden kunnen maken. Wel werden beiden het eens over het tijdstip en de doelen die bereikt moesten worden, de lijn Bapaume-Péronne-Han waarbij de Fransen dan bij Péronne en de Britten bij Rancourt-Combles zouden aanvallen.

De Britten verzamelden een enorme troepenmacht voor de slag aan de Somme.

Brits-Indische rijwielsoldaten bij Mametzroad. Juli 1916.

Links: loopgraafmortieren liggen gereed.

DE GROTE VELDSLAGEN VAN 1915 EN 1916

De opening van het Somme-offensief was voor Joffre zo belangrijk geworden omdat de Fransen bij Verdun het steeds zwaarder kregen en vanwege de enorme verliezen die zijn troepen daar leden. Het werd dringend noodzakelijk om de druk op dat front te verlichten. Haigs wantrouwen was overigens niet helemaal onterecht geweest, want Joffre deelde hem later mede dat hij de eerder afgesproken 22-26 divisies als gevolg van de grote verliezen bij Verdun, niet meer beschikbaar had en dat de Franse bijdrage beperkt moest blijven tot 12 divisies.

Inmiddels hadden de Britten, naast het 3^e leger, een nieuw leger gevormd met 7 divisies en 3 reservedivisies, het 4^e onder generaal Rawlinson, dat werd opgesteld op een front van ongeveer 30 km, in het zuiden vanaf de Somme waar

Franse versterkingen op weg naar het Sommefront.

DE GROTE VELDSLAGEN VAN 1915 EN 1916

Britse troepen wachten in hun loopgraven op het aanvalssein.

Links: een Britse werkploeg op weg naar de voorste loopgraven om prikkeldraadversperringen aan te leggen.

DE GROTE VELDSLAGEN VAN 1915 EN 1916

Ook de Fransen waren gereed en wachtten op het sein om aan te vallen.

Britse wachtposten in hun goed uitgebouwde loopgraaf.

DE GROTE VELDSLAGEN VAN 1915 EN 1916

10 minuten voor zero. De mijnen onder Hawthornredoute worden tot ontploffing gebracht. De slag aan de Somme staat op het punt van uitbreken.

De Britten brengen de mijnen onder een Duitse stelling bij Beaumont Hamel tot ontploffing. 1 juli 1916.

Australische troepen vlak voor het aanvalssein in de voorste linie.

DE GROTE VELDSLAGEN VAN 1915 EN 1916

'Over the top'. Somme 1916, slechts weinigen keerden terug.

het aansloot op het Franse 6ᵉ leger, tot in het noorden bij Commecourt, waar het 3ᵉ Britse leger zich bevond.

De Britse voorbereidingen waren indrukwekkend. In tegenstelling tot de voorbereidingen bij het Gallipoli-avontuur werd voor de slag aan de Somme logistiek niets aan het toeval overgelaten. Haig liet in het gebied van Albert tot Amiens enorme voorraden aanleggen en zorgde voor goede communicatielijnen. Ruim 1000 stukken veldgeschut, 180 zware kanonnen en 245 zware houwitsers werden, met het ontzagwekkende aantal van 3 miljoen granaten, opgesteld en uitgangsstellingen gereedgemaakt voor de troepen die aan de slag zouden deelnemen. De 29e divisie, die bij Gallipoli ten onder was gegaan, was inmiddels aangevuld en opnieuw uitgerust en ook hier weer present. Ook de zogenaamde 'Pals battallions', de 'Kitcheners Army', waren ingedeeld. Voor veel soldaten zou het hun eerste oorlogservaring worden.

Haigs plan was om, na een enorme artilleriebeschieting die maar liefst zeven dagen zou moeten duren, op 1 juli door de vijandelijke linies te breken. Het geweldige artilleriebombardement zou naar verwachting van de Duitse stellingen

Sommigen kwamen niet eens verder dan de loopgraaf.

De eerste aanvalsgolf verliet, alsof ze aan het wandelen waren, rustig de loopgraven, op weg naar een zekere dood.

Om precies 7.30 uur in de ochtend komen de Britten en Fransen uit hun loopgraven en vallen de Duitse stellingen aan ...

Een tweede aanvalsgolf volgde, nog vol vertrouwen op de overwinning.

Rechts: ... zonder dekking en in open formatie, alsof het een oefening was.

Golf na golf verliet de loopgraven om dan meedogenloos door de Duitse mitrailleurs te worden neergemaaid.

Reserves in afwachting van het bevel naar de voorste linies te gaan.

De weinige overlevenden probeerden wanhopig een gat te vinden in de Duitse prikkeldraadversperringen die duidelijk nog geheel intact waren. Ondanks het zeven dagen durende geallieerde artilleriebombardement ...

... sneuvelden ook zij. De Duitsers hadden een onbelemmerd zicht op het niemandsland voor hen.

geen spaander heel laten en er werd dan ook weinig of geen weerstand meer verwacht. De aanvallende troepen zouden de Duitse loopgraven moeten innemen, die bezetten, om daarna door te stoten naar het 10 km verder liggende Bapaume. Haig en zijn staf waren ervan overtuigd dat het voor de aanvallende infanterie min of meer een *walk over* zou worden en Haig gaf dan ook opdracht om in gesloten linies op te rukken. Het was de bedoeling dat het veldgeschut de Duitse prikkeldraadversperringen en de loopgraven onder vuur zou nemen, terwijl het zware geschut de vijandelijke artillerie en bepaalde versterkingen moest vernietigen. De infanterie-aanval zou worden voorafgegaan door een *creeping barrage* waarachter de soldaten dan door niemandsland zouden oprukken terwijl de vijand dekking moest zoeken voor de barrage.

DE GROTE VELDSLAGEN VAN 1915 EN 1916

Na de eerste Britse aanval zonden de Duitsers snel versterkingen naar het Sommefront. Troepen uit Verdun op weg naar de Somme.

Duitse versterkingen op weg naar het Sommegebied (de soldaten op deze foto dragen nog de oude helmen).

Rechts: het Britse bombardement had weinig effect gesorteerd op de diep gegraven betonnen Duitse onderkomens.

DE GROTE VELDSLAGEN VAN 1915 EN 1916

Het leek allemaal erg eenvoudig, maar Haig had verzuimd zich op de hoogte te stellen van de resultaten van een soortgelijke artilleriebeschieting bij de opening van het Duitse Verdunoffensief. Had hij dat wel gedaan, dan zou hij zeker minder optimistisch zijn geweest en mogelijk waren er dan duizenden jonge mannen, in de bloei van hun leven, niet nodeloos gesneuveld of voor het leven verminkt. Wat was het geval? Allereerst was het gebied bij de Somme in feite slecht aanvalsgebied. De Duitsers namen gunstige posities in en hadden zich ingegraven in de kalkheuvels. Ook nu weer werd er door de Britten veel te weinig aan het verzamelen van inlichtingen gedaan. Tijdens de inleidende beschietingen werd nauwelijks aandacht geschonken aan de meldingen van uit-

Duitse 'dug-outs' aan het Sommefront.

DE GROTE VELDSLAGEN VAN 1915 EN 1916

Duitse 210 mm-houwitser aan de Somme.

Een Duitse 'communicatie'-loopgraaf, leidende naar een batterij houwitsers.

DE GROTE VELDSLAGEN VAN 1915 EN 1916

De Duitse soldaten trachtten zich achter het front zo comfortabel mogelijk in te richten en bouwden van hout en blik hun onderkomens.

Rechts: een zware granaat ontploft midden tussen de aanvallende Britse troepen.

DE GROTE VELDSLAGEN VAN 1915 EN 1916

Aan het eind van die 1ᵉ juli waren 21.392 Britse soldaten gedood en 35.500 gewond.

Duitse veldartillerie wacht de aanvallers rustig op.

Duitse artillerie beschiet de voorste Britse loopgraven en het gebied daarachter.

Gewonde Britse soldaten trachtten kruipend naar de eigen linies terug te keren.

Bij een tegenaanval zetten de Duitsers vlammenwerpers in.

DE GROTE VELDSLAGEN VAN 1915 EN 1916

Gedood door een vlak bij ontplofte granaat.

gezonden patrouilles dat de Duitsers nog in hun onderkomens verbleven en dat de zware prikkeldraadversperringen niet leken te zijn aangetast. Generaal Hunter-Weston, die het 8e korps onder zijn commando had verviel weer in zijn oude fout, net als tijdens zijn commando in Gallipoli. Hij was veel te optimistisch en onderzocht ook nu de zaken niet ter plekke. Hij meldde zelfs dat de draadversperringen bij de Duitsers in zijn sector totaal vernietigd waren en dat zijn troepen 'rechtstreeks naar binnen konden wandelen' terwijl het prikkeldraad in werkelijkheid nog overal aanwezig was en voor veel van zijn mannen de dood zou betekenen. Feit is dat Haig er zelf van uitging dat de draadversperringen inderdaad waren opgeruimd zoals hij in zijn dagboek op 30 juni nog noteerde.

Natuurlijk waren de Britse voorbereidingen de Duitsers niet geheel ontgaan. Het Sommegebied was tot dan toe vrij rustig geweest en de Duitsers hadden van

Links: een van de 21.392 soldaten die niet meer terugkeerden.

DE GROTE VELDSLAGEN VAN 1915 EN 1916

Dode soldaten in niemandsland.

DE GROTE VELDSLAGEN VAN 1915 EN 1916

Hij bereikte de Duitse stellingen, maar kon geen doorgang vinden en werd alsnog gedood.

Een haastig gedolven graf voor een gesneuvelde kameraad.

DE GROTE VELDSLAGEN VAN 1915 EN 1916

Gesneuvelde Britse soldaten aan de Somme nabij Arras.

DE GROTE VELDSLAGEN VAN 1915 EN 1916

En de strijd ging door. Britse hospitaalsoldaten brengen gewonden binnen na een gasaanval.

Een hand, als in wanhoop omhooggestoken, was alles wat overbleef.

DE GROTE VELDSLAGEN VAN 1915 EN 1916

Een dode en een gewonde soldaat gereed om te worden weggehaald.

Rechts: ambulances reden af en aan om de gewonden te vervoeren.

DE GROTE VELDSLAGEN VAN 1915 EN 1916

die gelegenheid gebruikgemaakt het terrein goed in te richten voor de verdediging. Op strategische punten hadden ze machinegeweerposten opgesteld, een uitstekend en diep loopgravenstelsel gegraven en voor de manschappen betonnen onderkomens gebouwd die 10 meter onder de grond lagen en hen beschermden tegen de vijandelijke granaten. Ten slotte waren de loopgraven nog beschermd door enorme prikkeldraadbarrières, kortom: de Duitse stellingen waren uitstekend op een komende aanval voorbereid.

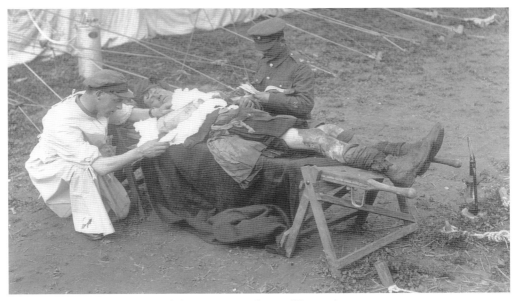
Een gewonde soldaat ontvangt eerste hulp bij een vooruitgeschoven veldhospitaal.

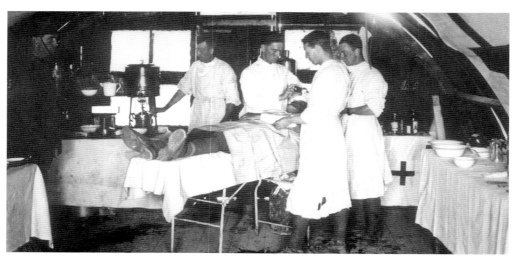

Operatietent van een van de veldhospitalen aan de Somme.

Duitse humor aan de Somme.

Rechts: de vernietigde kathedraal van Péronne.

DE GROTE VELDSLAGEN VAN 1915 EN 1916

Ook de Britten hielden de moed erin.

DE GROTE VELDSLAGEN VAN 1915 EN 1916

Een Franse loopgraaf aan de Somme.

Weer een nieuwe aanval. Britse troepen in afwachting van de oprukkende Duitsers.

Een Britse officier geeft nieuwe instructies vlak voor de aanval.

Onder leiding van een officier plaatsen Britse soldaten cilinders in daarvoor speciaal vervaardigde containers, ter voorbereiding op een gasaanval.

DE GROTE VELDSLAGEN VAN 1915 EN 1916

Onder dekking van een rookgordijn vallen de Britten weer aan.

Een nieuwe vinding wordt voor het eerst ingezet aan de Somme. Een Britse 'vlammenprojector'. 1 juli 1916.

Op 16 juni gaf Haig zijn laatste instructies aan de commandanten van het 3^e en 4^e leger en stelde de doelen nogmaals vast. Op 25 juni begon het Britse artilleriebombardement op de Duitse stellingen. Zeven dagen lang namen de Britse artilleristen die onder vuur waarbij ze meer dan 1 miljoen granaten van alle soorten kaliber op de vijand afschoten. Het hele gebied stond in vuur en vlam en ook nu weer leek het onmogelijk dat er nog menselijk leven aanwezig kon zijn. Zo naderde die fatale datum van 1 juli, de dag die in de annalen van de Britse militaire geschiedschrijving zou worden geboekstaafd als de grootste ramp aller tijden, de dag waarop het Britse zelfvertrouwen een slag werd toegedeeld waarvan het nimmer meer geheel zou herstellen, de dag ook waarop meer dan 20.000 jonge mannen de zon wel op, maar niet meer zouden zien ondergaan.

DE GROTE VELDSLAGEN VAN 1915 EN 1916

Een Duitse gasaanval aan de Somme in 1916.

Ook aan de Somme modder en eindeloze transportproblemen.

DE GROTE VELDSLAGEN VAN 1915 EN 1916

Slechts enkelen keerden terug.

DE GROTE VELDSLAGEN VAN 1915 EN 1916

Niets dan dood, vernietiging, stank en eeuwige modder.

DE EERSTE JULI

De eerste juli brak aan met een strak blauwe hemel en een stralende zon. Om precies 07.30 uur kregen de manschappen bevel tot de aanval over te gaan. Achter een rookgordijn en een creeping barrage verlieten zij de loopgraven op weg naar de vijand. Het 6ᵉ Franse leger, onder generaal Remile Fayolle, dat zuidelijk van de Somme aanviel kwam goed vooruit, maar aan Britse kant, waar voor het eerst ook dienstplichtigen meevochten (Groot-Brittannië had op 12 januari 1916 de dienstplicht ingevoerd) leek alles fout te gaan. De creeping barrage waarvan Haig zo veel had verwacht en die een van de belangrijkste onderdelen van zijn aanvalsplan was, ging veel te snel en bereikte de Duitse linies veel eerder dan de infanterie. Zodoende konden de Duitsers hun eerste linie weer ongehinderd bezetten en hadden nog genoeg tijd hun machinegeweren op vooraf bepaalde sectoren te richten. De Britse soldaten kwamen daardoor geheel onbeschermd in open veld in lange brede linies op hen af en werden met duizenden tegelijk neergemaaid. Nieuwe linies volgden, werden eveneens met het grootste gemak neergemaaid, maar werden gevolgd door weer nieuwe linies. Van de 17 aanvallende Britse divisies bereikten er slechts vijf de Duitse voorste loopgraven. De overige twaalf kwamen niet verder dan niemandsland en velen werden gedood voor ze zelfs maar de loopgraven hadden verlaten. Duitse soldaten verklaarden later ontdaan te zijn geweest van de volstrekt zinloze wijze waarop de Britten aanvielen. Ze hoefden niet eens meer te richten om hun slachtoffers te raken en toen die uiteindelijk moesten terugtrekken staakten de Duitsers het vuren om verdere slachtingen te voorkomen.

Links: een troosteloos en geschonden landschap waarin men moest leven, strijden en uiteindelijk onvermijdelijk sterven.

DE GROTE VELDSLAGEN VAN 1915 EN 1916

Britse troepen tijdens een gevechtspauze in april 1917 te Tilloy.

DE GROTE VELDSLAGEN VAN 1915 EN 1916

Volgelopen loopgraven, modder en graven.

De met water volgelopen mijnkraters bij Mametz.

DE GROTE VELDSLAGEN VAN 1915 EN 1916

Wat er overbleef van Beaumont Hamel na de slag.

DE GROTE VELDSLAGEN VAN 1915 EN 1916

De soldaten aan het front trachtten tussen de gevechten door toch nog wat huiselijke sfeer op te roepen. Australische soldaten zetten thee in hun loopgraaf.

DE GROTE VELDSLAGEN VAN 1915 EN 1916

Aan het eind van de Britse aanval op die dag waren 21.392 jonge Britse soldaten gesneuveld terwijl nog eens 35.500 man min of meer ernstig gewond op het slagveld achterbleef. Nog dagenlang lagen om hulp roepende stervende Britse soldaten in het niemandsland zonder dat hun hulp kon worden geboden. Ten slotte werd het stil: ze waren door bloedverlies, uitputting of gebrek aan water gestorven.

Had Haig de slag bij Verdun beter bestudeerd, dan had hij geweten dat een geweldige artilleriebeschieting, hoe hevig ook, bij lange na niet het effect had op goed voorbereide stellingen als men zou mogen verwachten. Bij Verdun door-

De Franse minister-president Clemenceau tijdens een bezoek aan het front.

DE GROTE VELDSLAGEN VAN 1915 EN 1916

De omstandigheden aan het front werden nog ondragelijker toen de winter aanbrak.

In afwachting van een aanval.

Met ezels werd soep naar de eerste linie gebracht.

stonden de Fransen de zware bombardementen en verrasten de Duitsers door hun aanwezigheid daarna. Ook de Duitsers dachten toen aan een *walk over* en kwamen daarmee bedrogen uit. Het Franse prikkeldraad bleek niet te zijn vernietigd, maar door de beschietingen juist nog ondoordringbaarder te zijn geworden. Van dit alles had men kunnen leren, maar er werd geen aandacht aan geschonken.

De communicatie tijdens de aanval faalde volkomen. Haig verkeerde nog op 2 juli in de veronderstelling dat het 8ᵉ korps de loopgraven niet zou hebben verlaten, terwijl daarvan toen al 14.000 man waren gesneuveld. Zelfs op 3 juli had Haig nog steeds geen volledig overzicht van de strijd en gaf hij bevel om de gevechten voort te zetten. Als gevolg daarvan vielen die ochtend ruim 3000 man aan in de richting van Ovillers. Een uur later waren 2400 van hen gesneuveld. Generaal Rawlinson, die de strijd leidde, begon pas toen iets te vermoeden van de ramp die had plaatsgevonden.

Voor Haig waren de vreselijke verliescijfers echter geen reden de gevechten te staken en zo werd de slag aan de Somme een herhaling van die van Verdun. Steeds maar nieuwe zinloze aanvallen en steeds grotere verliezen, aanvallen die tot eind oktober werden voortgezet terwijl het weer slechter en slechter werd en het het terrein onbegaanbaar maakte, totdat de beschikbare mankracht praktisch was 'opgebruikt' en men wel gedwongen werd de strijd te beëindigen. Toen

DE GROTE VELDSLAGEN VAN 1915 EN 1916

Troepentransport bij Méricourt. 1916.

Somme 1916. Verstopte wegen, troepen, ambulances, modder.

DE GROTE VELDSLAGEN VAN 1915 EN 1916

Bij gebrek aan ruimte werden de zwaarst gewonden vaak buiten gelegd. Velen stierven daar van koude of gebrek aan medische hulp.

Een gewonde Britse officier wordt door Duitse krijgsgevangenen weggebracht.

DE GROTE VELDSLAGEN VAN 1915 EN 1916

Een door Britse artillerie vernietigde Duitse loopgraaf nabij Avilliers.

DE GROTE VELDSLAGEN VAN 1915 EN 1916

Britse krijgsgevangenen helpen een zwaargewonde Duitse soldaat te midden van zijn gesneuvelde kameraden.

DE GROTE VELDSLAGEN VAN 1915 EN 1916

Duitse krijgsgevangenen worden naar achteren afgevoerd. Voor hen was de hel van de Somme voorbij.

DE GROTE VELDSLAGEN VAN 1915 EN 1916

Een aan de hals gewonde Tommy krijgt een vuurtje van een Duitse soldaat.

DE GROTE VELDSLAGEN VAN 1915 EN 1916

dit uiteindelijk gebeurde, telden de Britten 400.000 doden, gewonden en vermisten, bij de Fransen bedroeg dit aantal 200.000 en de Duitse verliezen werden geschat op 600.000 man, in totaal dus 1,2 miljoen man. De Britten kwamen bij deze vreselijke gevechten slechts 10 km vooruit, elke km kostte hen dus 40.000 soldaten.

De strijd aan de Somme zou echter nog niet gestreden zijn. Gedurende de winter trokken de Duitsers zich achter een nieuwe linie terug, de Hindenburglinie. Het door hen achtergelaten gebied werd door de geallieerden zonder slag of stoot ingenomen (maart 1917), maar tijdens het Duitse maart-offensief van 1918 verdreven die de geallieerden in slechts één dag weer uit hun stellingen en drongen hen in twee weken 50 km terug. Weer sneuvelden tienduizenden soldaten op de slagvelden van de Somme en pas in november 1918 kwam daar een definitief eind aan de strijd.

HET BRITSE RAS

Haig kreeg enorme kritiek te verduren. Nog tot op de dag van vandaag is de vaak heftige discussie over zijn beleid niet verstomd. Hijzelf schreef in zijn dagboek dat de gevechten aan de Somme zinvol waren geweest omdat de Duitsers

Het trieste einde van een trieste strijd. Duits kerkhof met 500 graven van hen die nooit meer terugkeerden.

De beroemde Russische generaal Brusilov, die op 4 juni 1916 het offensief opende op een front van 325 km met vier legers. Aanvankelijk verliep zijn offensief met groot succes.

daardoor genoodzaakt waren troepen en geschut bij Verdun weg te halen, waardoor ze daar de strijd uiteindelijk niet langer konden voortzetten. Dat is juist. De Duitsers moesten inderdaad op een kritiek moment van de strijd zes divisies van het Verdunfront en zwaar geschut naar het Sommegebied overbrengen. Het is echter twijfelachtig of dit de reden was waarom de strijd bij Verdun in november moest worden gestaakt.

Als tweede reden gaf Haig op dat het de geallieerden gelukt was de Duitsers zeer ernstige verliezen toe te brengen. Ook dat was juist, maar dan wel ten koste van eveneveel eigen verliezen die zeer moeilijk op te vullen waren, waardoor de hulp van Amerika een absolute must werd. Het is welhaast zeker dat zonder die Amerikaanse hulp de Britten en Fransen de oorlog niet hadden kunnen voortzetten, zoals ze zelf ook toegaven in hun smeekbede om hulp aan de Amerikaanse president. Ten slotte vond Haig dat de geallieerden aan de wereld duidelijk hadden gemaakt in staat te zijn een groot offensief te lanceren... en voort te zetten waarmee 'de gevechtskracht van het Britse ras' voor iedereen duidelijk was geworden. Dat 'Britse ras' was in 1916 echter reeds hard op weg zichzelf te vernietigen en geheel afhankelijk van Amerikaanse hulp geworden.

DE BRUSILOVOFFENSIEVEN

HET JUNIOFFENSIEF

Tijdens de besprekingen in 1915 tussen generaal Joffre en de geallieerde commandanten over de militaire planning voor 1916 hadden ook de Russen en Italianen toegezegd offensieven te zullen openen, zodat op alle fronten tegelijk zware druk op de Duitsers zou worden uitgeoefend.

Overeenkomstig die afspraken en nadat de Italianen een dringend beroep daartoe deden om door een Russisch offensief de Oostenrijk-Hongaarse druk op het Italiaanse front te verlichten, begonnen de Russen op 18 maart 1916 een groot offensief bij het Narocmeer dat echter rampzalig verliep en hun ruim 100.000 man aan verliezen kostte terwijl er nog eens 10.000 man in krijgsgevangenschap raakten. Oorzaak was de slechte coördinatie tussen artillerie en infanterie waardoor de infanterie in eigen vuur terechtkwam en omdat slechts op

DE GROTE VELDSLAGEN VAN 1915 EN 1916

Russische troepen trekken zegevierend een veroverde stad binnen.

Oostenrijkse officieren met Russische krijgsgevangenen.

DE GROTE VELDSLAGEN VAN 1915 EN 1916

Voedselschaarste in een door de Russen bezette stad.

een beperkt front werd aangevallen, werden ze ook nog eens van drie kanten door de Duitse artillerie beschoten. In de eerste acht uur van de aanval verloren ze reeds 15.000 man en de slachting duurde voort toen steeds meer versterkingen, onder dezelfde omstandigheden, het vuur in werden gestuurd. Aan het eind van de maand moest het Russische offensief dan ook worden gestaakt. De omstandigheden waarin de gevechten werden gevoerd waren vreselijk en in de barre koude vroren ruim 11.000 man dood. Enkele dagen later voerden Duitse troepen een tegenaanval uit waarbij ze al het verloren gegane terrein weer terugveroverden.

NIEUWE POGING

In juni probeerden de Russen het opnieuw. Onder leiding van generaal Brusilov zetten ze op 4 juni een groot offensief tegen de Oostenrijk-Hongaarse troepen in over een lengte van 323 km, van de Pripetmoerassen tot Bukovina. Brusilov lanceerde twee gelijktijdige aanvallen met in totaal 4 legers, het 8^e leger bij Luzk (15 divisies), het 11^e leger (9 divisies) in het zuiden waar een bruggenhoofd werd gevormd over de rivier Turya bij Sopanov, het 7^e leger (10,5 divisie) in Oost-Galicië ten westen van Tarnopol en het 9^e leger (14 divisies) tussen de

Rechts: de Oostenrijks-Hongaarse groothertog Frederick bezoekt het front in de Dolomieten.

Keizer Karel van Oostenrijk tijdens een inspectie bij de Duitse troepen in Tirol.

rivier de Dnjestr en de Roemeense grens. Tegenover deze 48 Russische divisies stonden 38 Oostenrijk-Hongaarse divisies van resp. het 4e, 1e, 2e en 7e Oostenrijk-Hongaarse leger en het Duitse zuidelijke leger.

Het Russische offensief, dat op 31 mei nog werd voorafgegaan door een afleidingsmanoeuvre, begon met een inleidende artilleriebeschieting door 1938 kanonnen, op de Oostenrijk-Hongaarse linies. Het duurde een volle dag en vernietigde een groot deel van de Oostenrijkse stellingen, waarbij vooral de soldaten in de voorste loopgraven grote verliezen leden. De Russen overliepen de eerste drie verdedigingslinies en maakten ruim 55.000 krijgsgevangenen en een groot aantal kanonnen buit. Er brak bij de Oostenrijkers paniek uit. Hun 4e leger, dat tegenover het Russische 8e leger stond opgesteld, sloeg op de vlucht en werd bijna in z'n geheel door de Russen krijgsgevangen gemaakt. Ook het 11e Russische leger had succes. Het brak door bij Sapanov, maakte 15.000 krijgsgevangenen en bezette de stad Dubno.

Het 9e Russische leger stond opgesteld tegenover het Oostenrijk-Hongaarse 7e leger bestaande uit elitetroepen onder de bekende generaal Pflantzer, belast met de verdediging van het front tussen de Dnjestr en de Karpaten. Ondanks een overmacht aan artillerie (150 middelzware en zware kanonnen tegen 47 zware Russische kanonnen) werden de Oostenrijkers overtuigend door de Russen verslagen. Die stootten dwars door het 7e leger heen en maakten bijna 100.000 krijgsgevangenen. Verkeerd begrepen orders verhoogden de paniek nog meer en op 7 juni sloegen de restanten van het 7e leger met al hun artillerie op de vlucht; het leger bevond zich daarna in staat van ontbinding.

Op 8 juli bereikten de Russen Dalatijn, op 50 km afstand van de Hongaarse grens en eind juli viel de stad Brody in Oost-Galicië waarbij 40.000 man krijgsgevangen werden gemaakt. Op 7 augustus viel ook de stad Stanislau in handen van het 7e Russische leger waarbij 7000 Oostenrijkers en 3500 Duitsers krijgsgevangen werden gemaakt. Het Oostenrijk-Hongaarse front stortte over een breedte van ongeveer 420 km geheel in.

Na een korte rustperiode, waarin Brusilov zijn troepen bevoorraadde en opnieuw opstelde, vervolgde hij zijn veldtocht waarbij het hem lukte de hele Bukovina te bezetten en tot de Karpaten door te stoten. Inmiddels waren de Duitsers de Oostenrijkers ijlings te hulp geschoten en omdat de Russische verbindingslijnen steeds langer werden begon de bevoorrading daar te stokken. De troepen raakten vermoeid en de reserves uitgeput. Toen Brusilov om versterkingen vroeg was men niet in staat die hem te geven en eind oktober was hij gedwongen zijn offensief te staken.

De Russische verliezen waren echter enorm en bedroegen in totaal 1.000.000 man aan doden, gewonden en vermisten. Ook bij de Oostenrijk-Hongaarse troepen waren de verliezen vreselijk, 600.000 man, terwijl er nog eens 400.000 man in Russische krijgsgevangenschap geraakten. De Duitsers verloren bij hun pogingen de Oostenrijkers te helpen om de Russische offensieven te stoppen 350.000 man. Brusilov had echter de ruggegraat van de Oostenrijk-Hongaarse strijdkrachten gebroken. De dubbelmonarchie werd daarna geheel afhankelijk van bondgenoot Duitsland dat nu een grotere zeggenschap in de bevelvoering eiste waaraan de Oostenrijkers noodgedwongen gehoor moesten geven. Von Hindenburg werd benoemd tot opperbevelhebber over het gehele oostelijke front tot Tarnopol. Op het zuidelijke front bleef aartshertog Karl nog bevelhebber, maar aan hem werd de Duitse generaal Von Seeckt toegevoegd als chef-staf zodat de Duitsers in feite de leiding geheel hadden overgenomen.

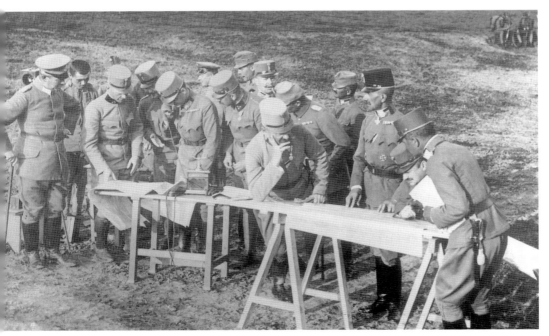

Oorlogshoofdkwartier van het Oostenrijks-Hongaarse leger te velde.

Na de Russische revolutie van 1917. Russische soldaten vieren 1 mei.

De acties van Brusilov hadden ook nog een politiek gevolg. Roemenië besloot na lang aarzelen zijn neutraliteit op te geven. De Russische successen droegen aan dit besluit bij, evenals de Frans-Russische belofte waarbij Roemenië na de oorlog belangrijke gebieden kreeg toegezegd waaronder Transsylvanië, Bukovina, Zuid-Galicië en Benat, tot de zuidhoek van Bulgarije. Overigens spraken beide grootmachten in het geheim met elkaar af dat zij deze belofte na de oorlog niet zouden nakomen.

Het Brusilovoffensief was het meest succesvolle offensief uit de hele oorlog, maar het bracht de vrede uiteindelijk niet echt dichterbij.

DE STRIJD BIJ ISONZO, ITALIË IN DE OORLOG

Toen de oorlog in 1914 uitbrak verklaarde Italië, zoals te verwachten was, zich neutraal. Zoals eerder reeds gezegd, had het land in 1902 een geheim verdrag met Frankrijk gesloten waarin werd afgesproken dat Italië zich neutraal zou opstellen indien Frankrijk betrokken zou raken bij een oorlog met Duitsland. Italië

DE GROTE VELDSLAGEN VAN 1915 EN 1916

Op 21 november 1916 stierf keizer Franz-Joseph van Oostenrijk Hongarije op 86-jarige leeftijd na een regeerperiode van 68 jaar.

De keizer werd met veel ceremonieel op 30 november 1916 ten grave gedragen.

DE GROTE VELDSLAGEN VAN 1915 EN 1916

Kroningsceremonie van keizer Karel.

Keizer Karel en keizerin Zita, tijdens de kroningsceremonie.

Keizer Wilhelm II en keizer Karel van Oostenrijk-Hongarije in 1917.

had daarbij wel enkele voorwaarden gesteld die het in staat zou stellen zelf te bepalen of het zich aan dit verdrag zou houden of niet. In feite kwam het erop neer dat Italië zich zou laten leiden door eigenbelang, de partij die de gunstigste aanbieding zou doen zou op hem kunnen rekenen. Uiteindelijk bleken dat de geallieerden te zijn. Ze boden de Italianen de Brenner Pas als natuurlijke grens, Trentine, Triëst, Istrië en havens in Dalmatië en verder nog gebied van Turkije in

DE GROTE VELDSLAGEN VAN 1915 EN 1916

Keizer Karel inspecteert Duitse troepen die naar het front vertrekken.

Duitse troepen gebruiken vlammenwerpers in de strijd bij Isonzo.

DE GROTE VELDSLAGEN VAN 1915 EN 1916

Generaal Otto von Below bezoekt het front bij Isonzo.

Oostenrijk-Hongaarse soldaten aan het Italiaanse front.

DE GROTE VELDSLAGEN VAN 1915 EN 1916

DE GROTE VELDSLAGEN VAN 1915 EN 1916

Oostenrijkse ski-troepen in de oorlog tegen Italië.

Oostenrijkse posities hoog in de bergen.

Links: een Oostenrijkse geschutsopstelling aan het front bij Isonzo.

Asiago, mei 1916. Oostenrijks muilezeltransport.

De Oostenrijkers brachten snel materiaal en munitie naar het front.

DE GROTE VELDSLAGEN VAN 1915 EN 1916

In Italiaanse krijgsgevangenschap geraakte Oostenrijkse gewonden.

Oostenrijks-Hongaarse stellingen in de Italiaanse Alpen.

Klein-Azië en delen van de Duitse koloniën. Ook in Italië was het volk opvallend geestdriftig en oefende zelfs grote druk uit op koning en regering om aan de oorlog te gaan deelnemen. Italië verbrak ten slotte zijn banden met Duitsland en Oostenrijk-Hongarije en trad uit de Driebond, om zich op 24 mei 1915 aan de kant van de geallieerden te scharen en aan de oorlog te gaan deelnemen.

De rivier de Isonzo zou een van de strijdtonelen worden waar de Italiaanse en Oostenrijk-Hongaarse troepen elkaar in twaalf grote en bloedige veldslagen zouden bevechten ten koste van honderdduizenden doden en gewonden.

DE GROTE VELDSLAGEN VAN 1915 EN 1916

Keizer Karel bezoekt het front te Bukovina.

De rivier liep op Oostenrijk-Hongaars gebied langs de grens met Italië vanaf de Golf van Venetië in het zuiden tot ongeveer de plaats Piëzo in het noorden. De Italianen hoopten de grote haven Triëst te kunnen veroveren om dan door te stoten naar Ljubljana.

Op 23 juni begonnen de Italianen de oorlog met een aanval van ruim 250.000 man, in wat de eerste slag aan de Isonzo genoemd zou worden. Op 7 juli eindigde de slag die 25.000 slachtoffers aan beide kanten had gekost zonder dat de Italianen erin geslaagd waren door te breken. Ze zouden dat jaar nog driemaal een poging wagen en daarbij ruim 240.000 man verliezen, zonder enig resultaat. Ook de daarop volgende jaren, 1916 en 1917, poogden de Italianen door massale aanvallen het front te doorbreken. Het kostte hen veel manschappen, maar leverde niets op. Integendeel, op 24 oktober 1917 stuurden de

DE GROTE VELDSLAGEN VAN 1915 EN 1916

Een Oostenrijkse artilleriebarrage aan het Isonzofront.

Oostenrijkse reserves vertrekken naar het front, uitgewuifd door familieleden.

Velen keerden nooit meer terug.

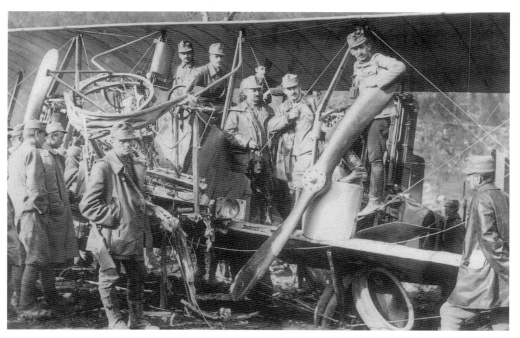
Oostenrijkse soldaten bekijken een neergeschoten Italiaanse bommenwerper.

DE GROTE VELDSLAGEN VAN 1915 EN 1916

Duitsers een grote strijdmacht ter ondersteuning van een Oostenrijk-Hongaars offensief. Na een vier uur durende artilleriebeschieting, waarbij op grote schaal ook gasgranaten werden gebruikt, raakten de Italianen in paniek en vluchtten ruim twintig kilometer terug waarbij de Duitsers de stad Caporetto innamen en ruim 260.000 krijgsgevangenen maakten. De in de Tweede Wereldoorlog bekend geworden nazi-generaal Rommel bestormde hier als luitenant twee heuveltoppen en nam 3000 Italianen gevangen en een dag later, tijdens zijn opmars, nog eens 9000 man.

Op 27 oktober moesten de Italianen hun posities aan de Isonzo ten slotte geheel prijsgeven. De strijd daar had toen ruim 200.000 Italianen en Oostenrijkers het leven gekost, nog eens 200.000 Italiaanse soldaten deserteerden en de fatale afloop veroorzaakte in Italië een geweldige crisis.

Britse en Franse militaire steun kon ten slotte de Oostenrijk-Hongaarse opmars stuiten en op 18 juni eindigde de strijd en braken er wat rustigere tijden aan. Pas in oktober 1918, aan het eind van de oorlog, kon een gezamenlijke strijdmacht van Italianen, Britten en Fransen de Oostenrijkers naar de Isonzo terugdringen, waarbij ze ongeveer 300.000 krijgsgevangenen maakten en enorme hoeveelheden artillerie buitmaakten. Toen de oorlog voorbij was telden de Italianen 615.000 gesneuvelden en bijna 1 miljoen gewonden. Een wel zeer triest einde van wat zo enthousiast en door 'de wil van het Italiaanse volk' begonnen was.

De mannen vervuilden. Luizen en ratten werden een plaag. Op de foto: ontluizingsstation aan het Italiaanse front.

DE STRIJD OP ZEE

De Grand Fleet en de Hochsee Flotte raken slaags

DE DUITSE VLOOTPLANNEN

Aan het eind van de 19ᵉ eeuw was Duitsland een natie in volle opkomst. Met meer dan een derde deel van zijn bevolking jonger dan 15 jaar en een bevolkingsgroei van 41 miljoen in 1871 naar 68 miljoen eind 1914 ontwikkelde het zich snel tot een hoog geïndustrialiseerd exportland dat het daardoor steeds moeilijker kreeg met het vinden van voor de productie noodzakelijke ruwe grondstoffen. De groei van de Duitse export was enorm en overtrof die van landen als de Verenigde Staten, Groot-Brittannië en Frankrijk.

Deze ontwikkeling baarde sommigen in Engeland grote zorgen, vooral toen de Duitse chemische industrie grote orders begon binnen te halen die daarvoor steeds door Britse firma's werden genoteerd. Duitsland nam bezit van voorheen strikt Britse markten, onder andere voor elektrotechnische apparatuur, en de Duitse textielindustrie werd een geweldige concurrent voor de Britten evenals de scheepsbouw. In sommige gevallen exporteerde Duitsland meer producten naar voorheen zuiver Britse markten dan de Britten zelf.

Het is duidelijk dat door die enorme economische groei ook de behoefte aan ruwe grondstoffen toenam. Duitsland werd daarbij steeds afhankelijker van het buitenland en wat meer was, van de Britse koopvaardij voor het vervoer daarvan.

Een U-boot nadert de Duitse onderzeebootbasis te Zeebrugge.

Duitse U-boten bijeen te Zeebrugge.

    Alleen al uit zakelijk oogpunt was het logisch dat men ging uitzien naar eigen transportmogelijkheden. Als eerste stap in die richting werd daarom begonnen met de bouw van een eigen handelsvloot. De consequentie daarvan was een verdere groei van de Duitse scheepsbouwsector en havens, waardoor de concurrentiestrijd tussen Duitsland en andere landen en vooral ook met Groot-Brittannië, steeds heviger werd. Economische expansie lag dan ook ten grondslag aan de Duitse buitenlandse politiek. Het land kon zich, met zijn snelgroeiende bevolking ook eigenlijk niet langer permitteren zich uitsluitend op het Europese continent te blijven richten en het voeren van 'wereldpolitiek' werd onvermijdelijk geacht. Deze gedachte werd echter niet overal met begrip ontvangen. Integendeel, men trachtte deze ontwikkeling zo veel mogelijk tegen te gaan of daadwerkelijk te hinderen. Bijvoorbeeld bij de huur van Kiow Chow, in 1897, bij de Duitse pogingen zich op de Salomonseilanden te vestigen, in 1898, bij het realiseren van een handelsmissie op de Filippijnen, bij het stichten van bunkerstations te Aden, de Perzische kust, op de route naar India etc. Overal vond men Rusland, Japan of Groot-Brittannië op zijn weg en het werd welhaast onmogelijk om de noodzakelijke economische expansie op vreedzame wijze te realiseren.

DE STRIJD OP ZEE

Torpedo's worden ingeladen te Zeebrugge.

Het was dan ook niet geheel onlogisch dat men de behoefte ging voelen aan eigen koloniën en aan een eigen vloot om de handelsroutes van en naar die koloniën te kunnen beschermen. Buitenlandse politiek zonder de steun van een krachtige vloot was in die dagen ondenkbaar en elk land van enige betekenis voorzag dan ook in die noodzakelijke behoefte.

De gedachte aan een eigen oorlogsvloot werd plotseling actueel toen eind december 1899 een tweetal Duitse koopvaardijschepen bij de Zuid-Afrikaanse kust door Britse oorlogsschepen werden aangehouden en naar Durban opgebracht. Dit nieuws sloeg in Duitsland in als een bom en de pers protesteerde heftig. Toen enkele dagen later ook nog een derde Duitse koopvaarder werd opgebracht diende de Duitse regering een formeel protest in tegen wat zij noemde deze 'daad van zeeroverij'. De Britten maakten later wel hun excuses en lieten de schepen begin januari weer gaan, maar het kwaad was reeds geschied. De Duitse publieke opinie stelde zich en bloc op achter admiraal Von Tirpitz die in een memorandum schreef dat het nu wel duidelijk was geworden dat buitenlandse handel en het bezit van koloniën zonder de bescherming van een eigen krachtige vloot onmogelijk was.

Reeds in 1897 had Von Tirpitz zijn eerste vlootplan ingediend dat een jaar later door de Rijksdag werd goedgekeurd. In 1900 diende hij nu zijn tweede

DE STRIJD OP ZEE

Een U-boot wordt op volle zee bevoorraad.

Een ontmoeting op volle zee tijdens zwaar weer.

Het Deense zeilschip *Marie*.

vlootwet in. Grondgedachte daarbij was dat de Duitse vloot groot genoeg zou moeten zijn om een aanval voor derden onaantrekkelijk te maken. Tegelijkertijd gaf hij te kennen dat gedurende de opbouwtijd alles moest worden gedaan om te voorkomen dat Britse belangen zouden worden geschaad. De verhoudingen met Groot-Brittannië dienden zorgvuldig te worden bewaakt en Duitsland moest zich daarom verder ook niet overmatig bewapenen en geen agressie uitlokken.

De vlootwet van Von Tirpitz voorzag in een verhouding van twee Duitse tegen drie Britse oorlogsschepen. De Duitse vloot hoefde niet superieur te zijn aan de Britse, maar sterk genoeg om rekening mee te houden en de aantrekkelijkheid van een aanval te verminderen. Hij wilde dit in een periode van twintig jaar bereiken. Op die wijze zou de Britse vloot altijd superieur blijven, maar het zou riskant zijn om de Duitse vloot aan te vallen. Die vloot zou dus een factor worden waarmee rekening moest worden gehouden en dat was precies wat nodig was om 'wereldpolitiek' te kunnen voeren en als grootmacht een stem in het kapittel te houden.

Vijand in zicht! De bemanning maakt het geschut gereed.

DE STRIJD OP ZEE

U-boot vuurt schoten af op koopvaardijschip.

In Groot-Brittannië echter zag men de plannen van de admiraal wel degelijk als een bedreiging van de Britse heerschappij op zee en men was niet van plan die positie zonder meer op te geven. In 1908 besloten de Britten de 'Two Power standard' in te voeren waarbij de Britse vloot steeds even sterk zou moeten zijn als de vloten van de twee sterkste marines van andere landen tezamen. Vanaf dat moment begon er feitelijk een wapenwedloop tussen beide landen die uiteindelijk in het nadeel van Duitsland zou worden beëindigd.

In 1912 leek het er even op dat men tot bezinning zou komen. Duitsland nam het initiatief tot het voeren van besprekingen over een eventuele beëindi-

Rechts: granaten vallen rondom het schip dat even later wordt geraakt.

In de machinekamer van een U-boot tijdens het manoeuvreren.

ging of vermindering van de kostbare vlootbouwprogramma's. Hoewel deze besprekingen in eerste instantie voorspoedig verliepen en de Britse afgevaardigde, minister Haldane, hoopvolle en positieve berichten over het verloop ervan naar huis zond, kwam er toch een voortijdig eind aan de discussie, voornamelijk als gevolg van tegenwerking door de Britse minister van Buitenlandse Zaken, Edward Grey, die zijn politiek van toenadering tot Frankrijk in gevaar zag komen en een diepgeworteld wantrouwen ten opzichte van de Duitsers had.

Uiteindelijk was het marineplan van admiraal Von Tirpitz toch gedoemd te mislukken. Toen het op bouwen aankwam, bleek Duitsland het geld niet te kunnen opbrengen. Daarbij kwam dat in 1906 de Britten de 'Dreadnought', een totaal nieuw concept oorlogsschip, van stapel lieten lopen. De Dreadnought was niet alleen veel sneller, maar ook veel zwaarder bewapend dan elk bestaand ander oorlogsschip, waardoor de nieuwe Duitse schepen al direct een enorme achterstand op de Britten hadden. Het prestige van Von Tirpitz daalde dan ook danig en uiteindelijk moest hij erkennen dat een combinatie van de Britse en Franse vloten een te sterke tegenstander voor de Duitse vloot zou zijn.

Dat de Britten de dreiging die van het Duitse vlootbouwprogramma zou uitgaan sterk hebben overdreven is echter evident en blijkt ook uit een mededeling van Churchill, toen hij schreef dat het rapport dat de Britse admiraliteit had opgesteld met vergelijkende cijfers over de Duitse en Britse marines en waarin werd gesteld dat Duitsland in 1912 over 21 Dreadnoughts zou beschikken, totaal onjuist was en 'het resultaat van een valse en leugenachtige campagne die paniek zaaide bij de marine en werd aangewakkerd als onderdeel van de agressieve politiek van de conservatieven.' Hij vervolgde dat de nationale veiligheid van Groot-Brittannië op geen enkele manier in gevaar was gekomen door het Duitse vlootbouwprogramma en dat de bewering dat dit wel het geval was, werd ingegeven uit partijpolitieke overwegingen. Het rapport van de admiraliteit was inderdaad onjuist. In 1912 had Duitsland slechts 12 Dreadnoughts in plaats van de door de admiraliteit gesuggereerde 21.

De Britten vonden echter dat Duitsland helemaal geen grote vloot nodig had en dat de bouw ervan slechts agressieve en tegen Groot-Brittannië gerichte bedoelingen moest hebben. Die stelling moge op het eerste gezicht logisch lijken, toch kwam ze niet overeen met de werkelijkheid. Volgens de Britten verstoorde het Duitse programma de bestaande *balance of power*, maar in feite was er geen sprake van een balans, de Britten hadden immers de sterkste vloot ter wereld en dat wilden ze ten koste van alles zo houden. Geen enkel land mocht te sterk worden, dat wil zeggen zo sterk dat het de ongebreidelde Britse expansie overzee in gevaar zou kunnen brengen. Een sterke Duitse vloot paste natuurlijk in het geheel niet binnen die gedachtegang.

Officiersmess in U-boot-moederschip.

DE STRIJD OP ZEE

Een van de honderden koopvaardijschepen die tot zinken werden gebracht door Duitse onderzeeboten.

DE ONBEPERKTE ONDERZEEBOOTOORLOG

Nadat de oorlog in 1914 was uitgebroken volbracht de Britse marine een plan dat reeds in 1909 door het Britse Imperial War Committee als de officiële Britse oorlogsstrategie was aanvaard. Het plan behelsde een volledige economische blokkade van Duitsland in geval van oorlog met dat land.

Op drie november 1914, de oorlog was slechts enkele maanden oud, zetten de Britten hun blokkade in gang. Ze verklaarden de Noordzee tot oorlogszone en onderwierpen de neutrale scheepvaart aan een stringent controlesysteem. Neutrale schepen dienden zich, zodra ze de Noordzee naderden, bij de Britse marine te melden om te worden doorzocht. Alle voor Duitsland bestemde goe-

DE STRIJD OP ZEE

Overlevenden verlaten het schip.

deren werden in beslag genomen. Enkele landen, waaronder de Verenigde Staten, Noorwegen en Zweden, protesteerden tegen deze maatregelen die in strijd waren met internationale wetgeving, maar de Britten trokken zich daar niets van aan.

De blokkade was in strijd met het internationale recht en ook moreel verwerpelijk. Het was voor het eerst dat de civiele bevolking van een land officieel tot oorlogsdoel werd verklaard (in totaal zouden als gevolg hiervan in Duitsland vele duizenden inwoners van de honger omkomen). De Britten erkenden dit, maar beriepen zich op de oorlogssituatie die een blokkade noodzakelijk maakte.

Als antwoord op deze Britse maatregel verklaarde Duitsland op 4 februari 1915 nu alle wateren rond Groot-Brittannië en Ierland alsmede Het Kanaal tot oorlogsgebied en verboden terrein voor alle vijandelijke koopvaardijschepen die zonder uitzondering zouden worden getorpedeerd door Duitse onderzeeboten. De Duitsers voegden daar nog aan toe dat de 'Cruiser Rules', een internationale afspraak dat bemanningen van vijandelijke koopvaardijschepen eerst de kans kregen veilig in de reddingsboten te gaan alvorens hun schip tot zinken werd gebracht, niet meer kon worden toegepast omdat gebleken was dat de aanvallende onderzeeboot daarbij groot gevaar liep zelf het slachtoffer te worden.

... dat in zinkende toestand achterblijft.

Links: een U-boot tijdens het beschieten van een geallieerd koopvaardijschip ...

DE TORPEDERING VAN DE *LUSITANIA* (1)

Helaas werden door deze beslissing vaak ook neutrale schepen getroffen: de eerste keer een Noorse koopvaarder, vervolgens een Amerikaanse tanker en een week later, op 7 mei 1915, het Britse passagiersschip *Lusitania* met een groot aantal Amerikaanse passagiers aan boord op weg van New York naar Liverpool. De torpedering van het schip, waarbij 1198 passagiers (onder wie 128 Amerikanen) het leven lieten, maakte een verpletterende indruk en de Amerikaanse regering eiste dat de Duitsers onmiddellijk zouden stoppen met hun onbeperkte onderzeebootoorlog.

Ook in Duitsland zelf was men geschrokken en men bood de Amerikanen schadevergoeding aan voor de slachtoffers, maar toch werden de aanvallen op vijandelijke koopvaardijschepen voortgezet. Op 19 augustus werd het Britse passagiersschip *Arabic* getorpedeerd en op 24 maart 1916 het Britse passagiersschip *Sussex* waarbij wederom een aantal Amerikaanse passagiers om het leven kwam.

De Amerikaanse regering stelde nu een ultimatum waarbij ze eiste dat de Duitsers de Cruiser Rules zouden toepassen alvorens tot torpedering over te gaan op straffe van het verbreken van de diplomatieke betrekkingen. Ditmaal gaf de Duitse regering toe aan de druk en de commandanten van de Duitse onderzeeboten kregen opdracht geen passagiersschepen meer aan te vallen.

Eind 1916 echter, na de vreselijke offensieven bij Verdun en de Somme, keerden de kansen aan het front zich tegen Duitsland en het oppercommando begon aan te dringen op hervatting van de onbeperkte onderzeebootoorlog. Bethmann Hollweg, de Duitse rijkskanselier, verzette zich hevig tegen een hervatting. Hij was ervan overtuigd dat dit de Amerikanen in de oorlog zou brengen en weigerde dan ook zijn goedkeuring. Dit was voor admiraal Von Tirpitz reden om af te treden. Hij werd opgevolgd door admiraal Von Capelle.

DE STRIJD OP ZEE

De bemanning van de koopvaarder wordt door de *U-35* aan boord genomen.

Het Duitse opperbevel bleef echter hameren op de noodzaak het onderzeebootwapen weer volledig in te zetten. De Duitse admiraal Henning von Holtzendorff, chef van de Duitse marinestaf, had berekend dat als de Duitsers 600.000 ton Britse scheepsruimte per maand tot zinken zouden brengen, dit land binnen vijf maanden gedwongen zou zijn zich uit de strijd terug te trekken wegens gebrek aan voedsel en materiaal. Hij verklaarde dat het risico dat de Verenigde Staten aan de oorlog zouden gaan deelnemen gering was omdat, voordat de Amerikanen gereed zouden zijn, de oorlog reeds zou zijn afgelopen. Op 7 oktober besloot Duitsland om de onderzeebootoorlog weer te hervatten, maar de commandanten kregen wel de opdracht daarbij de Cruiser Rules strikt toe te passen. De resultaten waren echter dusdanig dat Bethmann Hollweg zich niet langer kon verzetten en op 1 februari 1917 zag hij in dat Duitsland de oorlog ter land niet meer zou kunnen winnen en dat de spoedige val van Groot-Brittannië uitsluitend nog door het onderzeebootwapen kon worden gerealiseerd. Duitsland kondigde daarop de hervatting van de onbeperkte onderzeebootoorlog officieel weer aan. De gevolgen werden al spoedig merkbaar. Een op de vier schepen op weg van of naar Groot-Brittannië werd tot zinken gebracht en de situatie begon er voor het Verenigd Koninkrijk inderdaad

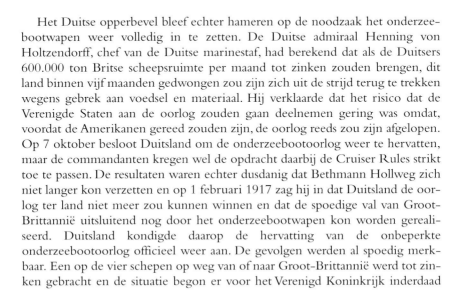

Links: een Britse koopvaarder getorpedeerd door de *U-35*.

slecht uit te zien. De hervatting van de onderzeebootoorlog had echter ook nog een ander gevolg. De Amerikaanse regering verbrak de diplomatieke betrekkingen met Duitsland en verklaarde dit land op 6 april 1917 de oorlog.

Tussen het begin van de oorlog en november 1918 torpedeerden de Duitsers in totaal meer dan 2000 koopvaardij- en oorlogsschepen, waarbij 12.000 zeelieden het leven lieten. Meer dan 200 U-boten werden vernietigd of keerden niet terug. Toch hadden de Duitsers zich vergist in de gedachte dat ze met hun duik-

Ontmoeting op volle zee. De *U-35* passeert hier de *U-42*.

boten Groot-Brittannië op de knieën zouden kunnen dwingen. Net op tijd gingen de geallieerden over tot het konvooisysteem waardoor het aantal torpederingen drastisch afnam. Ook werd een nieuw wapen, de dieptebom, ingevoerd en het effect van de onbeperkte onderzeebootoorlog nam dan ook dramatisch af. De hoop dat de oorlog in het voordeel van Duitsland beëindigd zou zijn voordat Amerikaanse troepen het vasteland zouden bereiken, werd dan ook niet bewaarheid. De Amerikaanse deelname aan de oorlog zou uiteindelijk het lot van Duitsland op dramatische wijze bezegelen.

DE SLAG BIJ JUTLAND

DE HOCHSEE FLOTTE VAART UIT

Op 31 mei 1916 voer de Duitse Hochsee Flotte onder leiding van de nieuwe vlootvoogd, admiraal Von Scheer, de Noordzee op om het gevecht aan te gaan met de Britse Grand Fleet in wat later 'de slag bij Jutland' zou worden genoemd, een treffen over de uitslag waarvan de meningen tot de dag van vandaag verdeeld zijn. Sommige historici noemen het gevecht een Britse strategische overwinning, anderen een tactische Duitse zege. Wat was het geval?

DE DUITSE TACTIEK

De Duitsers realiseerden zich dat zij met hun relatief kleine vloot niet in staat zouden zijn om de Britse blokkade te doorbreken. De officiële Duitse marinepolitiek van die dagen bestond er dan ook uit om een directe confrontatie met de Grand Fleet te voorkomen, maar door het doen van onverwachte uitvallen te trachten die vloot schade toe te brengen en te reduceren, totdat deze op de langere termijn gereduceerd zou zijn tot een niveau waarbij haar kracht gelijk of bijna gelijk aan die van de Hochsee Flotte zou zijn geworden. Pas dan zou een directe confrontatie overwogen kunnen worden.

Admiraal Von Scheer volgde deze politiek nauwgezet en voegde daar nog een element aan toe. Hij wilde, door het inzetten van onderzeeboten, zelf ook een blokkade opwerpen en Groot-Brittannië afsnijden van de aanvoer van voedsel en het voor de oorlogsvoering broodnodige materiaal. Het feit dat, onder druk van Amerika, voorlopig een eind was gekomen aan de onbeperkte onderzeebootoorlog, doorkruiste deze strategie en hij werd daardoor gedwongen zich weer te beperken tot het inzetten van zijn oppervlakteschepen. Op 31 mei 1916 leidde hij de vloot naar zee met de

De Duitse vlootvoogd admiraal Von Scheer die de Britten in de slag bij Jutland een gevoelige tactische nederlaag bezorgde.

Admiraal Hipper commandeerde de Duitse verkenningsmacht die de slagkruiservloot van de Britse admiraal Beatty in enkele uren met een derde reduceerde.

bedoeling een uitval te maken naar de Britse kust in de hoop dat dit de Britse slagkruiservloot onder admiraal Beatty, die te Rosyth voor anker lag, naar buiten zou lokken. Von Scheer verdeelde zijn vloot in twee eenheden. Een verkenningsmacht, onder admiraal Hipper als spits voorop, op ongeveer 50 mijl afstand gevolgd door de Duitse hoofdmacht. Indien de Britten inderdaad naar buiten zouden komen, dan moest Hipper ze aanvallen en meelokken in de richting van de hoofdmacht zodat Von Scheer, met zijn overmacht aan schepen korte metten zou kunnen maken met de vloot van de Britse admiraal.

De Britten, die de beschikking hadden over de marinecode van de Duitsers, waren echter op de hoogte van het uitvaren van de Hochsee Flotte en zetten nu eenzelfde val op. Admiraal Beatty liet zijn schepen het anker lichten en voer de Duitsers tegemoet. Tegelijkertijd verliet de Britse hoofdmacht onder admiraal Jellicoe haar basis te Scapa Flow. Ook hier was het de bedoeling dat Beattys schepen, zodra ze contact kregen met de Duitse spits, zich zouden terugtrekken in de richting van de 'Grand Fleet' die dan de Duitse spits zou vernietigen. Ze zou daarna de confrontatie met de Hochsee Flotte aangaan en deze, gezien de enorme Britse overmacht, met aan zekerheid grenzende waarschijnlijkheid vernietigen.

Een groots drama, dat de wereld nog jaren zou bezighouden, stond op het punt van uitbarsten. Ongeveer 250 schepen, waaronder de grootste en modernste ter wereld, bemand met ruim 100.000 zeelieden getraind en opgeleid voor precies zo'n confrontatie, kozen zee en voeren met volle snelheid op elkaar af.

Om 14.30 uur kregen de meest vooruitgeschoven verkenningseenheden elkaar in zicht en admiraal Beatty probeerde zo te manoeuvreren dat hij Hipper de weg terug naar de Jade kon afsnijden, maar deze draaide reeds, conform zijn opdracht, in de richting van de naderende Duitse hoofdmacht en beide vloten voeren enige tijd parallel aan elkaar op een convergerende koers die hen steeds dichter bij elkaar bracht. Ruim drie uur later, de schepen waren nu binnen schootsafstand gekomen, opende de *Lützow* het vuur dat onmiddellijk werd beantwoord door de *Lion*. Op dat moment kwam er een dramatisch einde aan de Britse heerschappij over de wereldzeeën, want ondanks het feit dat de Britse schepen veel sneller waren, met meer en zwaarder geschut, dat werd geleid door

Rechts: toen Jellicoe was weggepromoveerd werd hij opgevolgd door Beatty.

moderne vuurleidingssystemen en richtmiddelen, bleken ze niet opgewassen tegen de Duitse scheepsartillerie die accurater vuurde, over betere afstandsmeetapparatuur beschikte en haar communicatie veel efficiënter hanteerde. Ook de Duitse bepantsering en de uitwerking van de Duitse granaten op het Britse pantser waren effectiever.

Reeds een halfuur na het eerste vuurcontact, waarbij zowel de *Lützow* als de *Lion* werden geraakt, werd de Britse *HMS Indefatigable* door geconcentreerd vuur vanaf de *Von der Tann* getroffen en tot zinken gebracht, waarbij meer dan duizend man jammerlijk in de golven omkwamen. Nog geen halfuur later werd *HMS Lion*, het vlaggenschip van admiraal Beatty, getroffen en direct daarna de *HMS Queen Mary,* die explodeerde en zonk, twaalfhonderd man met zich meenemend naar de bodem van de zee. Ook *HMS Princess Royal* kreeg de volle laag en moest het strijdperk verlaten.

De Duitsers hadden in zeer korte tijd een derde deel van Beattys strijdmacht buiten werking gesteld en nu naderde de Duitse hoofdmacht met grote snelheid om het karwei af te maken. Admiraal Beatty begreep dat hij gevaar liep nu zelf in de val te lopen

Admiraal Jellicoe commandeerde de Grand Fleet in de slag bij Jutland. Zijn aarzelende leiding en vrees voor torpedoaanvallen kostte hem de overwinning.

DE STRIJD OP ZEE

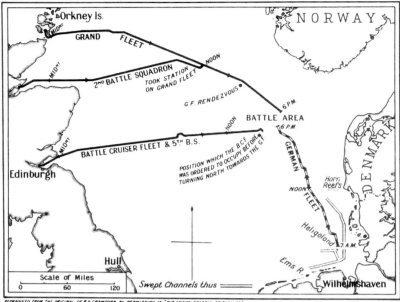

Kaart van de slag bij Jutland waar het een oppermachtige Grand Fleet niet lukte de Duitse Hochsee Flotte uit te schakelen.

De Grand Fleet verlaat zijn basis te Scapa Flow op weg naar Jutland.

DE STRIJD OP ZEE

De Duitse Hochsee Flotte vaart uit. Ruim 250 oorlogsschepen naderen elkaar met grote snelheid.

HMS Superb opende het vuur.

HMS Lion beantwoordt het vuur van SMS Lützow bij het begin van de slag op 31 mei 1916.

en gaf opdracht koers te wijzigen in de richting van de eveneens snel naderende Grand Fleet. Door slechte en onduidelijke communicatie werd zijn bevel echter verkeerd begrepen. De vier schepen van het vijfde eskader, die juist te hulp waren geschoten, misten het sein, voeren door en kwamen midden tussen de Duitsers terecht die direct het vuur openden. Al snel werd HMS Warspite getroffen en moest afdraaien terwijl de overige drie eveneens door het Duitse vuur beschadigd werden.

Om 18.30 uur openden de Duitsers een torpedoaanval die echter werd afgeslagen waarbij de V-27 en de V-29 werden getroffen en zonken. De Britten verloren bij deze actie vier torpedoboten waarvan er twee onmiddellijk zonken.

Inmiddels was Hipper nu met zijn schepen rechtstreeks in vuurcontact met de Grand Fleet gekomen. De Duitsers slaagden erin HMS Chester in brand te schieten, maar even later werd de Wiesbaden getroffen en vloog eveneens in brand. Ook de Pillau en Frankfurt werden door Brits vuur getroffen en zwaar beschadigd. Toen de *Defence* het vuur op de *Wiesbaden* wilde heropenen om haar definitief tot zinken te brengen schoot admiraal Von Scheer haar te hulp. De *Defence* werd daarbij vernietigd en *HMS Warrior* in brand geschoten.

Von Scheer die begreep dat hij met zijn veel kleinere vloot geen schijn van kans zou hebben tegen de overmacht van de Grand Fleet, gaf zijn schepen nu opdracht zich van de strijd los te maken en op tegenkoers te gaan. In een opmerkelijke manoeuvre draaide de gehele Duitse vloot in een klap 180 graden om waarbij dus de voorste linie plotseling de laatste werd. Enkele minuten vóór deze manoeuvre slaagden de Duitsers er nog in het vlaggenschip van admiraal Hood, *HMS Invincible*, reeds de derde slagkruiser van die dag, tot zinken te brengen waarbij wederom het verlies van ruim duizend zeelieden te betreuren was.

Von Scheer bemerkte nu tot zijn verbazing dat hij niet door de Grand Fleet, met zijn veel snellere schepen, gevolgd werd en gaf na enige tijd bevel weer op tegenkoers te gaan om nogmaals een aanval te wagen met zijn slagkruisers en destroyers. Hij kwam daarbij echter precies in het centrum van de Britse vloot terecht die hem met zeer zwaar vuur ontving. De *Seydlitz* vloog onmiddellijk in brand en ook de *Lützow* werd getroffen en Von Scheer moest zijn vlag overbrengen naar de *Von Moltke*. Tegelijkertijd werd S-35 getroffen en tot zinken gebracht. Von Scheer die begreep dat de Britten op het punt stonden zijn vloot te elimineren, gaf bevel tot een torpedoaanval en terwijl deze plaatsvond, herhaalde hij zijn 180 graden-manoeuvre en verdween voor de tweede maal met zijn schepen in westelijke richting. Ook nu weer was hij verrast dat admiraal Jellicoe niets on-

De Duitse kruiser *SMS Von der Tann* vernietigde *HMS Indefatigable* waar bij ruim 1000 Britse zeelieden omkwamen.

HMS Indefatigable even voordat ze werd getroffen.

HMS Indefatigable in zinkende toestand.

dernam om hem tegen te houden. Hij besloot de kortste weg naar huis te nemen en gaf per radio het bevel om dwars door de Britse linies heen te breken om zo zijn vloot in veiligheid te brengen. Ook nu weer liet Jellicoe na om een tegenaanval te laten uitvoeren en Von Scheer te achtervolgen. Het was admiraal Beatty die met de Duitsers contact bleef houden en Jellicoe toestemming vroeg opnieuw tot de aanval te mogen overgaan. Jellicoe gaf die toestemming, zij het aarzelend en op onduidelijke wijze. Tijdens het daarop volgende vuurcontact werden de zwaar beschadigde *Seydlitz* en *Lützow* opnieuw getroffen terwijl nu ook de tweede geschutstoren van de *Derfflinger* buiten werking werd gesteld, maar de

DE STRIJD OP ZEE

Door een Duitse granaat getroffen explodeerde even later *HMS Queen Mary*. Het schip nam ruim 1200 man met zich mee naar de bodem van de oceaan.

DE STRIJD OP ZEE

Ook de Britse kruiser *HMS Princess Royal* kreeg de volle laag en moest het strijdperk verlaten.

Een soortgelijk lot onderging *HMS Warspite* van Beattys 5ᵉ kruisereskader.

HMS Chester werd door de Duitsers in brand geschoten.

Duitsers wisten zich wederom van het gevecht los te maken en verdwenen in de duisternis.

Tijdens de nacht ontstond er weer vuurcontact, nu met het Britse '2nd light cruiser squadron' waarbij de *Southampton* en de *Dublin* werden beschadigd terwijl de Duitse lichte kruiser *Frauenlob* door een Britse torpedo tot zinken werd gebracht.

Intussen was Von Scheers bevel om naar Duitsland terug te keren door de Britse marine-inlichtingendienst ontvangen en gedecodeerd. Diens positie en koers werden aan Jellicoe doorgegeven die daarop slechts een parallelkoers hoefde uit te zetten om zo de Duitse vloot bij het aanbreken van de dag de pas af te kunnen snijden. Jellicoe echter vertrouwde de verkregen informatie niet en bleef zijn zuidwaartse koers vervolgen. Later die nacht volgde wederom een confrontatie toen Von Scheer met zijn schepen midden in het 4ᵉ Britse flottielje terechtkwam. Daarbij werden de Britse destroyers *Tipperary* en *Broke* buiten gevecht gesteld en de verwarring was zo groot dat de Britse *Spitfire* in aanvaring

In de chaos die volgde bleef één kanon op de Duitsers vuren. Het werd bediend door de scheepsjongen Jack Cornwall (16) die, alhoewel gewond, bleef schieten tot hij stierf. Hij kreeg postuum het Victoria Cross, een hoogst zelden uitgereikte Britse onderscheiding.

DE STRIJD OP ZEE

Scheepsjongen Jack Cornwall aan zijn kanon aan boord van *HMS Chester*.

DE STRIJD OP ZEE

HMS *Chester* na de slag in een reparatiedok.

kwam met de *Nassau* en de *Sparrowhawk* de reeds zwaar beschadigde *Broke* ramde. De Duitse kruiser *Elbing* werd zwaar getroffen en de *Rostock* getorpedeerd.

Enkele uren later kwamen de twee vloten weer in gevecht waarbij de Britse destroyers *Ardent* en *Fortune* tot zinken werden gebracht, even later gevolgd door de pantserkruiser *Black Prince* die met 750 man in de golven verdween. Vroeg in de ochtend raakten de Duitsers nogmaals in gevecht en brachten de destroyer

DE STRIJD OP ZEE

De schade aan boord van de Chester.

Turbulent tot zinken. Twee uur later lukte het de Britten op hun beurt de oude Duitse kruiser *Pommern* en de torpedoboot *V.4* tot zinken te brengen, waarmee het laatste hoofdstuk van de slag bij Jutland uiteindelijk werd afgesloten.

In totaal verloren de Duitsers tijdens de slag bij Jutland (waarbij 246 schepen en 100.000 man betrokken waren) 1 slagkruiser (*Lützow*), 1 pantserkruiser (*Pommern*), 4 lichte kruisers (*Wiesbaden, Frauenlob, Elbing* en *Rostock*), 5 torpedoboten en 2551 man aan doden en 507 gewonden.

Rechts: een Duitse granaat doorboorde het pantser waarna HMS Chester in brand vloog en het strijdperk moest verlaten.

HMS Defence opende het vuur op SMS Wiesbaden en werd daarop door SMS Lützow vernietigd.

Ook HMS Warrior werd in brand geschoten.

DE STRIJD OP ZEE

Het vlaggenschip van de Britse admiraal Hood, *HMS Invincible*, werd vernietigd waarbij 1025 Britse zeelieden jammerlijk verdronken. De Invincible was de derde 'battle cruiser' die de Britten op die dag verloren.

De *Invincible* ging om 18.34 uur ten onder in een baaierd van vuur en rook.

DE STRIJD OP ZEE

31 mei 1916, 18.34 uur, *HMS Invincible* ontploft en zinkt naar de bodem van de oceaan.

HMS Invincible brak tijdens het zinken in twee delen die nog even boven water uitstaken.

SMS *Derfflinger* nam deel aan de strijd bij Jutland. Op de foto: de *Derfflinger* tijdens het beschieten van de Britse kustplaatsen Scarbourough en Whitby op 16 december 1914.

De Britten verloren 6097 man, hadden 510 gewonden en 177 man werden door de Duitsers uit het water opgepikt en gevangengenomen. Verloren gingen 3 slagkruisers, (*Indefatigable*, *Queen Mary*, *Invincible*), 3 pantserkruisers (*Black Prince*, *Warrior*, *Defence*) en 8 destroyers (*Ardent*, *Fortune*, *Nestor*, *Nomad*, *Shark*, *Sparrowhawk*, *Tipperary* en *Turbulent*).

DE RESULTATEN

Wie had de slag bij Jutland nu feitelijk gewonnen? De Duitsers claimden de overwinning terwijl de Britten stelden dat het de Duitsers niet gelukt was om een eind te maken aan de Britse blokkade, waardoor ze hun definitieve doelstelling niet hadden bereikt. Vast staat wel dat de slag bij Jutland het bewijs leverde dat de Hochsee Flotte in staat was gebleken de Britse Grand Fleet zware schade toe te brengen terwijl het weerstandsvermogen van de Duitse zware schepen su-

Tijdens de slag bij Jutland liep de *Derfflinger* forse schade op.

DE STRIJD OP ZEE

Nadat admiraal Von Scheer zijn 180 graden-draai had gemaakt kwam hij met zijn schepen in het centrum van de Grand Fleet terecht waarbij de *Seydlitz* al direct in brand werd geschoten.

Ook de *Lützow* werd getroffen waarna Von Scheer gedwongen werd zijn vlag naar *SMS Moltke* (hier op de foto) over te brengen.

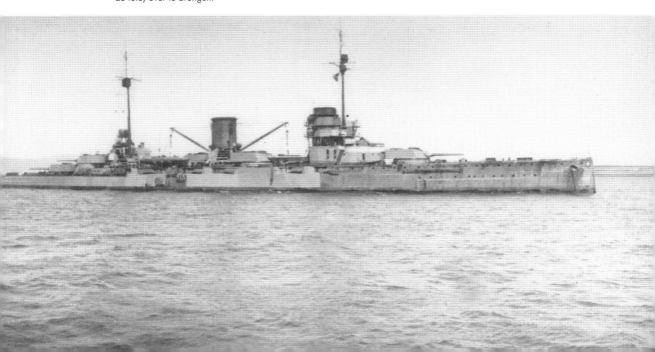

HMS Revenge en HMS Hercules namen aan de slag bij Jutland deel.

perieur bleek aan dat van haar Britse tegenstanders. De Britten verloren in de strijd 14 schepen, totaal ruim 115.000 ton, tegen 11 Duitse met een totale tonnage van ruim 61.000 ton. De Britse verliezen aan doden en gewonden waren meer dan tweemaal zo groot als die van de Duitsers, namelijk 6784 tegen 3058 man, wat neerkwam op ongeveer 11,6 % van hun totale bemanningsterkte. Voor de Duitsers was dat ca. 6,8%. De Britten verloren 8,1% van hun slagkruisers tegen de 4,8% van de Duitsers.

Tot tweemaal toe was Von Scheer erin geslaagd de Britse linies te penetreren, een aantal schepen tot zinken te brengen en weer in de duisternis te verdwijnen zonder dat de Britten erin slaagden hem tegen te houden of de terugweg af te snijden en dit ondanks de Britse numerieke overmacht en hun veel snellere schepen. In plaats van de Duitse vloot met vol vermogen te achtervolgen en alsnog te vernietigen gaf admiraal Jellicoe bevel de steven te wenden en zich voor een eventuele Duitse torpedoaanval in veiligheid te brengen. De Hochsee Flotte kreeg daardoor de gelegenheid veilig naar zijn basis terug te keren en een unieke kans om de vijand in een klap te vernietigen bleef onbenut.

Overigens moet worden opgemerkt dat Jellicoes besluit de Duitse vloot niet te achtervolgen en zich in te dekken tegen eventuele torpedoaanvallen, niet uit de lucht kwam vallen. Reeds op 14 oktober 1914 had hij in een brief aan de Britse admiraliteit duidelijk gemaakt dat hij de Duitse overmacht aan torpedoboten zo groot achtte dat hij bij een eventuele confrontatie mogelijk de beslissing zou moeten nemen om het gevecht te ontwijken om te voorkomen dat zijn schepen het onderspit zouden delven. Hij was van mening dat het verlies van de

De Britse lichte kruiser *HMS Galatio* te Jutland.

HMS Iron Duke.

HMS Canada, het schip dat eerder ook bij Gallipoli werd ingezet.

Grand Fleet gelijk stond met het verlies van de oorlog en dat zijn voornaamste taak erin bestond dat te voorkomen. Achteraf bleken zijn vrees ongegrond en zijn angst voor torpedoaanvallen overdreven, maar hij had de admiraliteit ruim bijtijds zijn standpunt bekendgemaakt. Het was Churchill zelf die zich met dit standpunt, gebaseerd op de toenmalige numerieke verhouding tussen de Britse en Duitse vloot, geheel akkoord verklaarde.

In 1916 was die verhouding echter totaal anders. De Britten vochten met een overweldigende overmacht van 37 tegen 21 Dreadnoughts en met 100 procent meer artillerie tegen de Duitsers. Desalniettemin behaalden die een onweerlegbare tactische overwinning en moest de Britse marine een vernederende nederlaag accepteren.

De klap kwam in Groot-Brittannië zeer hard aan en was maar moeilijk te verwerken. Verschillende historici hebben daarna getracht de Jutlandaffaire in een voor Groot-Brittannië wat positiever daglicht te plaatsen. De Duitsers, zo stelden zij, hadden dan wel een tactische overwinning behaald, maar de slag zou strategisch gezien toch een Britse overwinning zijn geweest omdat de Duitse vloot zich na Jutland niet meer in de Noordzee zou hebben gewaagd en deze geheel aan de Britse marine moest overlaten.

De historici die dit beweren geven blijk van onvolwassen geschiedschrijving en verdraaien de feiten. Men moet zich afvragen waarom, als deze bewering juist was, de Britse marine die, zoals Jellicoe rapporteerde, vier dagen na de slag weer gereed was voor actie, niet onmiddellijk een aanval op de Duitse kust uitvoerde, wetende dat de Duitse vloot voor reparaties in dok lag en pas in augustus weer vaarklaar zou zijn. Het was ook onjuist te stellen dat na Jutland de Duitse marine zich niet meer in de Noordzee durfde te laten zien. Von Scheer nam zijn schepen

DE STRIJD OP ZEE

HMS *Indomitable* en HMS *Inflexible* bij Jutland in gevecht.

nog verscheidene malen mee naar buiten. Reeds op 18 augustus deed hij weer een uitval naar de Britse kustplaats Sunderland in de hoop daarmee de Britse vloot weer naar buiten te lokken. De Britse marine-inlichtingendienst bemerkte ook toen de Duitse vlootbewegingen en sloeg groot alarm. De Britse vloot voer uit en er volgden voorpostgevechten waarbij de *Westfalen* beschadigd werd en naar zijn basis moest terugkeren. Toen daarop *HMS Nottingham* door een Duitse U-boot tot zinken werd gebracht was het wederom admiraal Jellicoe die zijn vloot op tegenkoers liet gaan en gedurende twee uur noordwaarts liet stomen alvorens weer terug te keren op zijn oorspronkelijke koers. Von Scheer die in-

HMS Tiger.

middels bericht had ontvangen dat de gehele Grand Fleet onderweg was, keerde daarop met zijn schepen naar zijn basis terug en gaf Jellicoe wederom het nakijken. Ook nu weer liet Jellicoe een kans lopen de Hochsee Flotte te vernietigen uit vrees voor een torpedoaanval. Verdere acties vonden plaats in november 1917 bij Helgoland en in april 1918 toen Von Scheer weer een *raid* uitvoerde, nu in Noorse wateren.

De bewering dat de Duitsers zich na Jutland niet meer in de Noordzee durfden wagen was dus onjuist. Het was eerder andersom. Het waren de Britten die, na hun ervaringen bij Jutland, besloten de Noordzee voorlopig te mijden. Admiraal Beatty verklaarde tijdens een Navy-conferentie in januari 1917 dat het Duitse slagkruiseskader 'als absoluut superieur aan het Britse eskader' moest worden beschouwd, waarbij hij herhaalde dat de Britse marine voorlopig moest afzien van gevechten met de Duitse marine. In november 1916 had hij reeds een rapport gezonden aan de admiraliteit waarin hij schreef dat het: 'onverstandig zou zijn de Hochsee Flotte uit te dagen'. Hij adviseerde een confrontatie voorlopig te voorkomen omdat er kennelijk iets *very wrong* was met de schepen onder zijn commando. Hij wees daarbij op de slechte communicatie, slechte richt- en afstandapparatuur, slechte munitie en onvoldoende bepantsering en achtte het noodzakelijk daar eerst verbetering in te brengen alvorens nieuwe uitdagingen aan te gaan.

De slag bij Jutland was in werkelijkheid een slag voor de Britse marine. Zij zou nooit meer helemaal herstellen van de klap die de Duitse marine haar bij die gelegenheid had toegediend, al is het natuurlijk juist dat er daarna niets veranderde en de blokkade onverminderd voortduurde. Admiraal Von Scheer erkende dit toen hij de keizer adviseerde zo snel mogelijk de onbeperkte onderzeebootoorlog te hervatten omdat de Hochsee Flotte alléén de Britten niet tot vrede zou kunnen dwingen. De mythe van de onoverwinnelijke Britse Navy was gebroken, maar dat bracht de vrede helaas geen stap dichterbij.

DE ONDERGANG VAN DE DUITSE VLOOT TE SCAPA FLOW, DE LAATSTE GANG

Aan het eind van de oorlog verkeerde de Duitse Hochsee Flotte in Wilhelmshaven in een staat van chaos. Er was muiterij uitgebroken die tot een algemene opstand en revolutie had geleid. De muiterij had diepe sporen achtergelaten en 'matrozenraden' hadden het bevel aan boord van hun officieren overgenomen. De discipline was weg en aan onderhoud werd niets meer gedaan. Op verschillende schepen waren de officieren de gevangenen van de muiters, op andere werden ze slechts lijdzaam geduld en in alle gevallen hadden de matrozenraden het voor het zeggen.

In die situatie kwam het einde van de oorlog waarbij de geallieerden als onderdeel van de wapenstilstandsonderhandelingen de eis stelden dat de hele Duitse vloot zich moest laten interneren. De Duitse onderzeebootvloot, ruim 200 schepen, diende zich in z'n geheel over te geven en naar Harwich te varen alwaar hun bemanningen in krijgsgevangenschap werden gevoerd.

De Britse lichte kruiser *HMS Mirningham* getroffen door Duits vuur.

Von Scheer lanceert een van zijn door Jellicoe zo gevreesde torpedoaanvallen.

Over het lot van de Hochsee Flotte konden de geallieerden echter geen overeenstemming met elkaar bereiken en besloten werd dat, hangende de te volgen vredesbesprekingen, de Duitse vloot geïnterneerd zou worden en in neutrale havens zou worden ondergebracht. Al spoedig bleek echter dat er geen neutrale havens met voldoende faciliteiten voorhanden waren en zonder de Duitsers daarover te informeren besloot men de schepen in de Britse vlootbasis Scapa Flow te verzamelen en te interneren.

De Duitse regering had geen andere keus dan, op straffe van een hervatting van de vijandelijkheden, het geallieerde besluit om de Hochsee Flotte te interneren te aanvaarden en schout-bij-nacht Herman Ludwig Von Reuter, onder andere voormalig commandant van *SMS Stettin* die had deelgenomen aan de slag bij Jutland, kreeg het verzoek het commando over de Hochsee Flotte op zich te nemen en de schepen in internering te voeren. Von Reuter accepteerde de opdracht, al begreep hij dat zijn taak uitermate moeilijk zou zijn, niet in de laatste plaats omdat er op de schepen nog steeds openlijk gemuit werd. Hij achtte het echter zijn plicht om het verzoek te accepteren omdat hij begreep dat al het mogelijke moest worden gedaan om de wapenstilstandsvoorwaarden naar de letter uit te voeren om te voorkomen dat de vijandelijkheden zouden worden hervat en de geallieerden Duitsland zouden bezetten.

Omdat internering in elk geval betekende dat gedurende die tijd de schepen Duits bezit zouden blijven, hoopte Von Reuter dat de vloot bij de definitieve vredesbesprekingen nog als onderhandelingspunt zou kunnen dienen en dat daardoor de mogelijkheid open bleef een deel ervan nog voor Duitsland te behouden.

Op 18 november 1918 voerde Von Reuter besprekingen met de admiraliteit en met het revolutionaire comité van matrozen en arbeiders, de feitelijke machthebbers op de vloot, waarbij hij als eis stelde dat niet de muiters, maar de officieren verantwoordelijk zouden zijn voor de navigatie en dat die de vrijheid zouden krijgen een en ander naar eigen inzicht voor te bereiden en uit te voeren. Verder eiste hij dat de revolutionaire raad ervoor zou zorgen dat de muiters zouden samenwerken met de officieren om de schepen vaarklaar te maken en dat de door Von Reuter aangewezen officieren niet zouden weigeren. Omdat ook de muiters geen belang hadden bij een geallieerde bezetting gingen ze akkoord, zodat Von Reuter in elk geval zeker kon zijn van enige mate van discipline en orde aan boord van de vloot die hij zou moeten aanvoeren. In de middag van de 18 november aanvaardde hij formeel het verzoek van de admiraliteit de leiding op zich te nemen en de Hochsee Flotte naar de plaats van internering te voeren.

Voordat de vloot kon vertrekken moest ze echter eerst nog worden ontwapend. De muiters kweten zich met zichtbaar plezier van deze taak. Kostbare richtapparatuur, munitie, wapens enzovoort werden ruw van hun plaatsen verwijderd en zonder omhaal op de kade gesmeten. Ook de bevoorrading verliep chaotisch terwijl in een aantal gevallen de aangewezen officieren de schepen niet meer op tijd bereikten waardoor een flottielje torpedoboten zelfs geheel zonder officieren zee moest kiezen.

Op 19 november was het dan zo ver en verliet de eens zo trotse Duitse vloot, met Von Reuter aan boord van zijn vlaggenschip *Friedrich der Grosse* aan de spits, de haven op weg naar het door de Britten opgegeven ontmoetingspunt. Bij het vertrek had Von Reuter zijn muitende bemanningen gewaarschuwd dat als ze de rode vlag zouden blijven voeren, ze de kans liepen door de geallieerden als piraat te worden beschouwd en te worden beschoten. De muiters kozen, eenmaal op zee, eieren voor hen geld en een voor een werden de rode vlaggen gestreken en vervangen door de oude keizerlijke marinevlag, uiteraard tot grote opluchting van hun officieren.

De aldus opstomende vloot, 71 schepen in totaal, bestond uit vijf slagkruisers in de voorste lijn, gevolgd door negen slagschepen, zeven lichte kruisers en vijf groepen van tien destroyers. Bij het uitvaren liep de *V-30* op een mijn en zonk, zodat in totaal 70 schepen naar het door de geallieerden vastgestelde ontmoetingspunt opstoomden.

Vroeg in de ochtend van de 20^e zagen Duitse uitkijkposten die de horizon afspeurden naar de Britse begeleiders, tot hun verbazing dat bijna de gehele Grand Fleet op hen lag te wachten. Ze vormden twee rijen waartussen de Duitse schepen in een lange linie als het ware spitsroeden moesten lopen.

Ruim 250 geallieerde schepen, bijna de gehele Grand Fleet, een aantal Amerikaanse, Franse en andere geallieerde oorlogsschepen maakten deel uit van het ontvangstcomité dat nu, onder commando van admiraal Beatty aan boord van zijn vlaggenschip *HMS Queen Elizabeth*, koers zette naar de Firth of Forth waar de Duitsers bevel kregen het anker te laten vallen.

Onmiddellijk daarna volgde per radio het bevel dat alle

Commander Marsden, de enige overlevende van een Britse destroyer die bij Jutland ten onder ging.

DE STRIJD OP ZEE

De oorlogsbodems *Von der Tann, Hindenburg, Derfflinger* gingen in de Britse vlootbasis Scapa Flow ten anker.

Duitse schepen de keizerlijke marinevlag moesten neerhalen en dat deze niet meer gehesen mocht worden. Ondanks een fel protest door Von Reuter weigerde Beatty zijn order te herroepen en hij dreigde dat als de vlaggen niet onmiddellijk werden gestreken, hij mariniers zou zenden om zijn bevel kracht bij te zetten.

Het vlaggenschip van de Duitse schout-bij-nacht Von Reuter bij het vertrek naar de plaats van internering.

DE STRIJD OP ZEE

Enkele uren na het voor anker gaan ontving Von Reuter instructies voor de geïnterneerde vloot. Berichtenwisseling tussen de schepen werd verboden. Radio-installaties moesten worden ontmanteld en niemand mocht de schepen zonder toestemming van de Britten verlaten. In feite werden de Duitsers als gevangenen op hun eigen schepen behandeld. Von Reuter leefde tot dat moment in de veronderstelling dat de vloot in de Firth of Forth verzameld lag om de geallieerden in staat te stellen te controleren of aan alle wapenstilstandsvoorwaarden was voldaan en dat de schepen daarna naar diverse neutrale havens zouden worden gedirigeerd zoals was vastgelegd in de overeenkomst, maar de Britten waren vanaf het begin al niet van plan geweest zich aan de afspraken daaromtrent te houden. Dat bleek al snel toen de Duitse vloot, onder voorwendsel dat ze in de Firth of Forth te veel werden blootgesteld aan de harde oostelijke wind, bevel kreeg naar Scapa Flow op te stomen. Pas toen merkte Von Reuter dat dit hun definitieve ankerplaats zou worden en dat vertrek naar een neutrale haven om daar geïnterneerd te worden niet meer ter sprake kwam. Natuurlijk protesteerde hij, maar hij kon niet anders dan met zijn vloot de 450 km lange reis naar Scapa Flow aan te vangen. Op 22 november lichtte de vloot, 70 oorlogsschepen met ruim 20.000 man aan boord het anker om naar Scapa Flow op te stomen. Vier dagen later, op 26 november bereikten ze hun laatste ankerplaats. De schepen zouden Scapa Flow nooit meer, of slechts als wrak, verlaten.

De Britten stelden in het begin van de interneringsperiode de eis dat de Duitsers zelf voor de benodigde voedingsmiddelen, brandstof en onderhoudsmiddelen zouden zorgen. Regelmatig kwamen er dan ook bevoorradingschepen uit Duitsland om de vloot van het meest noodzakelijke te voorzien. Al snel begon de Britse admiraliteit nu aan te dringen op vermindering van de geïnterneerde bemanningen en zo ontstond er een regelmatige pendeldienst met Wilhelmshaven waarbij ruim 15.000 man naar het vaderland werden teruggevoerd. In eerste instantie bleven er nog 5000 man te Scapa Flow voor het noodzakelijke onderhoud aan de schepen.

Intussen was de officiële rechtstreekse verbinding tussen Von Reuter en de Duitse admiraliteit geheel verbroken. De noodzakelijke berichten liepen nu via het Britse vlaggenschip en elk nieuws over het verloop van de vredesonderhandelingen werd

SMS Emden verlaat voor het laatst een Duitse haven. Later verplaatste Von Reuter zijn vlag naar dit schip vanwege de betere discipline en orde.

hem onthouden. De Britten censureerden alle brieven en slechts Engelse kranten werden, met een vertraging van vier dagen, doorgelaten. Alleen via de bevoorradingschepen kreeg hij van tijd tot tijd natuurlijk toch wel enig nieuws in handen en hoorde hij dat de vredesonderhandelingen met de geallieerden niet vlot verliepen.

Op 13 december ging Von Reuter met verlof naar Duitsland. De situatie aan boord van de schepen was uitermate verslechterd en het moreel op een dieptepunt. De verhouding met de matrozenraad was zodanig dat Von Reuter van mening was dat hij niet meer effectief kon functioneren. Over elk wissewasje moest worden gedelibereerd en hij en zijn officieren moesten zich vele schofferingen laten welgevallen. De schepen werden niet meer onderhouden en zagen er in korte tijd reeds smeriger en roestiger uit en hij schaamde zich voor hun aanzien.

Op 25 januari keerde Von Reuter toch weer op zijn post terug omdat hij, zoals hij later schreef, het zijn plicht achtte als vertegenwoordiger van de Duitse marine tot het laatste toe te trachten enige zeggenschap over de vloot te behouden. Dat werd hem nu ook wat makkelijker gemaakt door een decreet van de nieuwe Duitse rijksregering waarbij de macht van de revolutionaire raden aanzienlijk werd ingeperkt, al konden ze nog niet geheel worden genegeerd. Von Reuter verplaatste zijn vlag nu naar *SMS Emden* waar het revolutionaire comité zich veel rustiger en realistischer opstelde en waar een veel normaler toestand heerste.

In mei 1919 drong echter het laatste nieuws over de vredesonderhandelingen tot Scapa Flow door en werd bekend dat de geallieerden de Duitse vloot wilden reduceren tot een absoluut minimum. Dit veroorzaakte grote onrust onder de bemanningen en Von Reuter vernam dat de matrozenraden in het geheim een algemene vlootstaking wilden organiseren. Dit zou echter de Britten de gelegenheid bieden om in te grijpen en de schepen te bezetten wat hij ten koste van alles wilde voorkomen. Hij ging daarom akkoord met een voorstel van de Britten de bemanningen nog verder te reduceren tot een absoluut minimum en op 17 juni vertrokken wederom ruim 2500 manschappen naar Duitsland. Uiteindelijk bleven er nog 1750 man over voor het verrichten van de meest noodzakelijke diensten. Op dat moment gaf Von Reuter de hoop op dat zijn schepen nog ooit naar het vader-

Duits destroyerflottielje op weg naar Rosyth, de eerste stopplaats op weg naar Scapa Flow.

SMS *Seydlitz* op weg naar internering, gevolgd door de *Moltke* en de *Hindenburg*.

land zouden terugkeren. Hij vreesde verder dat zijn regering de schepen aan de geallieerden zou willen overleveren als compensatie voor minder zware vredeseisen. Alhoewel dit hem als officier van de oude stempel aan het hart ging, kon hij objectief gezien nog wel begrip opbrengen voor zo'n standpunt. Inmiddels staken er echter geruchten de kop op dat de Britten niet meer wilden wachten tot na de vredesonderhandelingen, maar reeds eerder de Duitse vloot in bezit wilden nemen en wel op 31 mei, de herdenking van de eerste dag van de slag bij Jutland die in Duitsland tot nationale feestdag was uitgeroepen.

Nu was een van de meest belangrijke standaardorders bij de Duitse marine, dat het commandanten van Duitse oorlogsschepen verboden was hun schip in handen van de vijand te laten vallen. Gebeurde dat toch, dan kon hij wegens verraad voor de krijgsraad gedaagd worden. Die order was, onder de omstandigheden, nog steeds van kracht en Von Reuter gaf zijn commandanten nu opdracht alert te zijn op een even-

SMS *Kaiser*, vlak na het vertrek uit Duitsland.

Het vlaggenschip van admiraal Beatty, *King George*, en *HMS Ajax*, *HMS Centurion* en *HMS Erin*, wachten op 21 november 1918 de Hochsee Flotte op om deze naar Scapa Flow te begeleiden.

tuele Britse overval en, zodra de tekenen daarop wezen, hun schepen tot zinken te brengen. De 31e mei ging echter voorbij zonder dat de Britten tot actie overgingen.

Diezelfde dag ontving Von Reuter via via nieuws over de rede die rijkskanselier Scheidemann de vorige dag in de Rijksdag had gehouden. Hierin wees deze de vredesvoorwaarden van de geallieerden met kracht van de hand. Het gevaar dat de Britten nu alsnog tot actie zouden overgaan werd nu acuut. De Britten hadden inderdaad uitgewerkte plannen om, zodra een eventueel vredesverdrag getekend zou zijn, niet te wachten tot de ratificatie daarvan door de diverse regeringen, maar onmiddellijk bezit te nemen van de geïnterneerde schepen om daarmee te voorkomen dat ze op het laatste moment nog door de Duitsers zelf tot zinken zouden worden gebracht.

Von Reuter voorzag dat en wilde ten koste van alles voorkomen dat de Britten hun plannen zouden kunnen uitvoeren. Hij bevestigde nu zijn eerdere bevel en gaf opdracht de schepen gereed te maken om te worden afgezonken, maar voegde er wel aan toe dat, om te voorkomen dat de plannen zouden uitlekken, de bemanningen nog niet op de hoogte mochten worden gesteld. Hij was er na de rede van Scheidemann van overtuigd dat de vijandelijkheden opnieuw zouden uitbreken en in dat geval diende hij te voorkomen dat zijn schepen in Britse handen zouden vallen.

Op 17 juni bracht een bevoorradingsschip weer het laatste nieuws. Von Reuter vernam bij die gelegenheid dat de geallieerden een ultimatum gesteld hadden dat op

Duitse officieren van de gezonken schepen werden in gevangenschap afgevoerd.

21 juni zou aflopen binnen welke tijd Duitsland hun voorwaarden zou moeten accepteren. Hij besloot nu definitief om de vloot vóór de 21^e te laten zinken en schreef nog diezelfde dag nauwkeurige instructies voor zijn commandanten. Na het hijsen van twee codevlaggen vanaf de brug van zijn schip, zouden zij de afsluiters aan boord van hun schepen moeten openzetten en hun schepen in de ochtend van de 21^e tot zinken moeten brengen.

Wat Von Reuter, als gevolg van het feit dat de Britten hem elk nieuws onthielden, niet wist, was dat Scheidemann op 20 juni was afgetreden en de Rijksdag het geallieerde ultimatum met 237 tegen 138 stemmen had geaccepteerd. Hij was eveneens niet op de hoogte van het feit dat de geallieerden intussen hun ultimatum hadden verlengd tot de avond van de 23^e.

In zijn bevel om de Duitse Hochsee Flotte te Scapa Flow tot zinken te brengen, schreef Von Reuter dat dit uitsluitend mocht geschieden indien de Britten een poging zouden doen de schepen in bezit te nemen zonder toestemming van de Duitse regering. Indien die regering echter akkoord zou gaan met de overgave onder de overeengekomen vredesvoorwaarden, dan dienden de schepen onbeschadigd aan de geallieerden te worden overgedragen. Hij ging er echter duidelijk van uit, gebaseerd op de rede van Scheidemann, dat de regering de vredesvoorwaarden niet accepteerde en hij achtte zich derhalve verplicht de schepen niet in vijandelijke handen te laten vallen.

En zo brak dan de ochtend aan waarin de eens zo trotse Duitse Hochsee Flotte een laatste daad zou stellen, de totale zelfvernietiging, om zo uit handen van de vijand te blijven en de eer van de Duitse marine te redden. Vroeg in de ochtend verscheen Von Reuter op de brug van zijn vlaggenschip. Tot zijn verbazing merkte hij dat de Britse vloot nergens meer te bekennen was. De Britse admiraal had juist die dag uitgekozen om met zijn schepen op oefening te gaan en dan, op de ochtend van de 23^e (de dag dat het ultimatum zou aflopen), terug te keren en tot bezetting van de Duitse vloot over te gaan.

Hij gaf nu bevel de codevlaggen 'D' en 'G' te hijsen wat betekende dat zijn officieren naar hun posten moesten gaan om nadere bevelen af te wachten. Een halfuur later liet hij het sein 'paragraaf 11 bevestig' hijsen. Daarmee verwees hij naar pa-

In de ochtend van de 21e juni gaf Von Reuter bevel zijn vloot tot zinken te brengen. Op de schepen werd het sein 'ten aanval' gehesen en de buitenboordkranen opengedraaid. Op de foto: *SMS Hindenburg* in gezonken toestand.

Ook de kruiser *Frankfurt* zonk al snel naar de bodem.

ragraaf 11 van zijn instructies met het definitieve bevel de afsluiters open te zetten. Schip na schip hees daarna het contrasein terwijl speciaal daartoe aangewezen officieren benedendeks gingen om de buitenboordkranen te openen.

Wat daarna geschiedde leek op een anticlimax. Er gebeurde namelijk helemaal niets en enige tijd leek het erop dat het bevel om de schepen te laten zinken, niet was uitgevoerd. Maar na een uur, om 12.10 uur om precies te zijn, ging de bemanning van de *Friedrich der Grosse* plotseling in de boten en precies zes minuten later kapseisde het schip en zonk snel naar de bodem van de baai. Het was ook op dat moment dat op veel schepen de seinvlag 'Z' (het marinesein voor 'aanvallen') omhoog vloog. Nu begon, alsof het was afgesproken, schip na schip over te hellen en het een na het andere kapseisde of zonk rechtstandig naar de bodem. De Duitse Hochsee Flotte voerde zijn laatste strijd en zonk naar de bodem van de baai om die

SMS Bayern kapseisde en gleed weg onder het zeeoppervlak.

nooit meer, tenzij als wrak, te verlaten. De schepen vielen niet in vijandelijke handen, de eer van de Duitse marine was gered.

Intussen zagen de nog in Scapa Flow aanwezige Britse schepen waar de Duitsers mee bezig waren. Onmiddellijk werd admiraal Fremantle, die met zijn schepen op zee verbleef, per radio ingelicht en deze keerde nu op topsnelheid naar Scapa Flow terug. Tussen 14.00 en 16.00 uur arriveerden zijn schepen in de baai om daar nog slechts een stuk of tien van de in totaal ruim zeventig schepen drijvend aan te treffen. De overigen lagen reeds op de bodem en van een aantal staken nog alleen de masten en schoorstenen boven water uit. Het water was bezaaid met sloepen vol met Duitse bemanningsleden.

Nog eenmaal zaaide de Hochsee Flotte paniek onder de Britten. Er werd in het wilde weg geschoten met mitrailleurs en geweren en in sommige gevallen openden destroyers het vuur met hun geschut op de Duitsers met als gevolg dat er na afloop van de schietpartij 9 doden en 16 gewonden werden geteld. De Britten slaagden erin drie Duitse destroyers die nog niet geheel waren gezonken op het strand te zetten, maar om precies 17.00 uur zonk ook het laatste Duitse schip, *SMS Hindenburg*, naar de bodem en staken nog alleen haar masten en schoorstenen, als een soort laatste groet, boven het water van de baai van Scapa Flow uit.

De Britten namen de ruim 1700 overgebleven bemanningsleden gevangen. Ook Von Reuter werd in gevangenschap afgevoerd. Men beschuldigde hem van het breken van de wapenstilstandsovereenkomst, maar hij beriep zich op de standaardorder van de Duitse marine die hem verbood zijn schepen aan de vijand uit te leveren. Bij hun vertrek in krijgsgevangenschap hield admiraal Fremantle een speech waarin hij de Duitsers nogmaals beschuldigde van verraad en woordbreuk. Von Reuter antwoordde dat dit onjuist was en herhaalde dat elke Britse officier in zijn plaats hetzelfde zou hebben gedaan. Met die woorden kwam er een einde aan het drama van Scapa Flow en aan het bestaan van de Duitse Hochsee Flotte, eens de hoop en trots van het Duitse volk. Uiteindelijk werd het vredesverdrag getekend en aan vier jaren van harde strijd en ten koste van miljoenen slachtoffers kwam een definitief einde. De schepping van admiraal Von Tirpitz en de droom van de keizer bleef achter als schroothoop op de bodem van de baai van Scapa Flow.

AMERIKA IN DE OORLOG

De Verenigde Staten bezegelen het lot van Duitsland

AMERIKA NEUTRAAL?

Er is veel gesproken en geschreven over de Amerikaanse houding bij het uitbreken van de Eerste Wereldoorlog en gedurende de eerste jaren daarvan toen het land nog neutraal werd geacht en zich formeel buiten het conflict wilde houden. Hoewel de meerderheid van het Amerikaanse volk deze officiële houding ondersteunde, kan niet ontkend worden dat men in het algemeen sympathiek stond ten opzichte van de geallieerden en het autocratische Duitsland veroordeelde als het land dat de oorlog begonnen was met de bedoeling de democratische landen zijn wil op te leggen en wereldmacht te veroveren.

Het was vooral de Amerikaanse president Woodrow Wilson, die zich pacifistisch opstelde en verklaarde dat de Verenigde Staten zich buiten het conflict moesten houden, daarbij fel bekritiseerd door de republikeinen en hun voornaamste zegsman Theodore Roosevelt, die een fervent voorstander was van de dienstplicht en van Amerikaanse interventie in het conflict.

In de loop van de tijd werd de Amerikaanse sympathie voor de geallieerden steeds groter, niet in de laatste plaats door de toename van de handel als gevolg van enorme bestellingen van wapens, munitie en allerhande oorlogsmateriaal bij de Amerikaanse industrie.

Nu was het voor particuliere industrieën in die tijd volstrekt legaal wapens te leveren aan oorlogvoerende landen, maar al snel bleek deze handel zich toch wel zeer eenzijdig te ontwikkelen. De geallieerden profiteerden er ten volle van, terwijl Duitsland en zijn bondgenoten van leverantie werden uitgesloten. Om te voorkomen dat de staat betrokken zou worden bij deze particuliere leveranties en in overeenstemming met de neutraliteitsgedachte, had de Amerikaanse regering bij het begin van de oorlog het verschaffen van oorlogsleningen ter financiering van wapenaankopen verboden. Al spoedig ging het bij die leveranties echter om astronomische bedragen. Er werden nieuwe fabrieken gebouwd, nieuwe industrieën ontstonden en duizenden arbeiders vonden daarin werk. De economie groeide en bloeide en er ontstond volop werkgelegenheid. De Amerikaanse regering vreesde nu dat de geallieerden hun enorme bestellingen financieel niet meer zouden kunnen dragen en zag zich geplaatst voor de keus de leveranties te gaan financieren met enorme leningen, dan wel een serieuze inkrimping van de economische groei en de daarmee gepaard gaande werkloosheid en onrust tegemoet te zien. De Amerikaanse minister van Buitenlandse Zaken Lansing adviseerde president Wilson toen om uit economische motieven oorlogsleningen ten bate van de geallieerden toe te staan. Wilson aanvaardde dit voorstel, waarmee hij dus het neutraliteitsprincipe vaarwel zei, vooral ook omdat al spoedig bleek dat de Duitsers en hun bondgenoten niet voor dit soort oorlogsleningen in aanmerking kwamen.

De machtige Amerikaanse industrie had natuurlijk reeds enige tijd aangedrongen op het toestaan van oorlogsleningen en de pers daarbij ingeschakeld. De Britten hadden in de loop van de tijd grote invloed gekregen op de Amerikaanse media waarbij de Britse persmagnaat Northcliff een belangrijke rol speelde. Omdat de belangen inmiddels zeer groot waren geworden, koos de pers steeds meer de kant van de geallieerden en dat had weer tot gevolg dat de anti-Duitse gevoelens onder het Amerikaanse volk hand over hand toenamen.

Een tweede inbreuk op de neutraliteitsgedachte was het feit dat de Amerikanen tolereerden dat Britse bewapende koopvaardijschepen Amerikaanse havens aandeden. Volgens internationaal recht en gebruiken dienden bewapende koopvaardijschepen beschouwd te worden als oorlogsschip en die kwamen daarom in aanmerking om geïnterneerd te worden. Hoewel de Duitse ambassade protesteerde en de Amerikaanse regering verschillende malen attent maakte op de aanwezigheid van

Zoals later bleek, vervoerde de *Lusitania* wel degelijk militaire goederen voor de Britse strijdkrachten, waaronder 5000 schrapnelgranaten, munitie en andere explosieven. Het schip stond te boek als Britse hulpkruiser en de Duitse ambassade had vlak voor haar vertrek door middel van advertenties gewaarschuwd dat ze gevaar liep te worden getorpedeerd.

REMEMBER THE LUSITANIA!

One mother lost all her three young children, one six years, one aged four, and the third a babe in arms, six months old. She herself lives, and held up the three of them in the water, all the time shrieking for help. When rescued by a boat party the two eldest were dead. Their room was required on the boat, and the mother was brave enough to realise it. "Give them to me," she cried. "Give them to me, my bonnie wee things. I will bury them. They are mine to bury as they were mine to keep."

With her hair streaming down her back and her form shaking with sorrow, she took hold of each little one from the rescuers and reverently placed it into the water again, and the people in the boat wept with her as she murmured a little sobbing prayer to the great God above.

But her cup of sorrow was not yet completed. For just as they were landing, her third and only child died in her arms.

BERLIN, MAY 8.
Hundreds of telegrams have been sent to Admiral von Tirpitz congratulating him.

ARTICLE IN COLOGNE GAZETTE.
The news will be received by the German people with unanimous satisfaction, since it proves to England and the whole world that Germany is quite in earnest in regard to her submarine warfare.

ARTICLE IN KOLNISCHE VOLKSZEITUNG.
With joyful pride we contemplate the latest deed of our Navy and it will not be the last.

NEW YORK, MAY 8.
Riotous scenes of jubilation took place last evening amongst Germans in the German clubs and restaurants. Many Germans got drunk as the result of toasting "Der Tag."

ENLIST TO-DAY.

Britse wervingsposter na de ramp met de Lusitania.

zulke bewapende schepen, liet die dit oogluikend toe en hoewel de Britse regering formeel wel werd gewaarschuwd, werd er de facto niets ondernomen om een eind te maken aan de situatie. Ook dit was een duidelijke schending van de neutraliteitsgedachte. Hetzelfde gold voor het, in strijd met internationaal recht, illegaal gebruik door Britse schepen van de Amerikaanse vlag. Ook hier werd weliswaar officieel tegen geprotesteerd, maar verder dan een protest kwam het niet.

Veel belangrijker echter was dat de Amerikaanse regering de door Groot-Brittannië ingestelde economische blokkade van Duitsland accepteerde. Dit was een duidelijke schending van de (nota bene door Engeland mede opgestelde) Declaratie van London van 1909. Hoewel deze declaratie, waarin de mogendheden een poging deden internationale marinewetten op te stellen, niet door het Britse House of Lords werd geratificeerd, werd afgesproken dat alle landen deze 'declaratie' als *customary law* zouden beschouwen. De Britse blokkade betekende een duidelijke afwijking van deze afspraak en tot grote woede van het Amerikaanse State Department waren ook Amerikaanse koopvaardijschepen onderhevig aan de Britse controle op zee. De regering moest lijdzaam toezien hoe Amerikaanse schepen met ladingen die de Britten als contrabande beschouwden (en dat was al snel eigenlijk alles) werden aangehouden en geconfisqueerd. Dit wekte grote irritatie bij de Amerikanen die even overwogen om dan ook hun wapenzendingen naar Engeland stop te zetten. Toen enkele ministers dit tijdens een ministerraad echter voorstelden, verzette president Wilson zich daar fel tegen. Hij verklaarde dat de geallieerden met de rug tegen de muur vochten in een strijd tegen 'wilde beesten' en dat hij niet wenste mee te werken aan welke handeling dan ook die het voor hen moeilijker zou maken de oorlog te winnen.

Dat was natuurlijk duidelijke taal die tevens aangaf hoe de president over Duitsers dacht en zeker niet van een neutrale houding in het conflict getuigde. Hoewel Duitsland heftig protesteerde bij de Amerikaanse regering en deze verweet zich eenzijdig positief op te stellen ten opzichte van de geallieerden, door toe te staan dat die een illegale hongerblokkade opwierpen die was gericht tegen de civiele bevolking door de import van voedingsmiddelen en andere levensbehoeften uit neutrale landen af te snijden, trokken de Verenigde Staten zich hiervan weinig aan. Om aan de wurgende greep van de geallieerde blokkade te ontkomen, besloot de Duitse regering over te gaan tot een tegenblokkade door de Noordzee uit te roepen tot oorlogsgebied en een onbeperkte onderzeebootoorlog te beginnen. Ze waarschuwde de regeringen van alle neutrale landen dat die hun schepen beter niet in de oorlogszone konden laten varen omdat het voor de Duitse onderzeeboten niet altijd mogelijk zou zijn hen als neutraal te herkennen. De Duitse regering adviseerde neutrale landen dan ook hun schepen uit het betreffende gebied weg te houden.

De vraag kan worden gesteld wat er gebeurd zou zijn indien Amerika de Britse blokkade, en vooral de Britse schending van de rechten van neutrale landen, niet zou hebben getolereerd. Waarschijnlijk zou de aard van de blokkade dan een ander karakter hebben gekregen en het is de vraag of de Duitsers dan tot de onbeperkte onderzeebootoorlog zouden zijn overgegaan. Op een vraag van de Amerikaanse minister van Buitenlandse Zaken Lansing of Duitsland de internationale marinewetgeving zoals vastgelegd in de Declaratie van London van 1909 zou toepassen, had de Duitse regering bevestigend geantwoord. Groot-Brittannië had echter verklaard zich het recht voor te behouden daarop wijzigingen aan te brengen. Die wijzigingen betroffen voornamelijk uitbreidingen van de lijst van contrabande met

Het Britse passagiersschip *Lusitania*, hier op zijn laatste reis, op weg naar Engeland waar het op 7 mei 1915 door de Duitse onderzeeboot *U-20* werd getorpedeerd. Bijna 1200 passagiers kwamen daarbij in de golven om.

Het oude Britse oorlogsschip *HMS Juno*, dat, na te zijn uitgevaren om de *Lusitania* door de mijnenvelden te begeleiden, onverwachts naar de haven werd teruggeroepen.

onder meer voedings- en geneesmiddelen, katoen, koper, enzovoort en maakte de invoer daarvan via neutrale landen voor Duitsland onmogelijk.

Intussen ging president Wilson wel door met het verkondigen van zijn mening dat Amerika buiten de oorlog diende te blijven. Alhoewel hij om deze houding zwaar bekritiseerd werd, vooral van republikeinse zijde, was een groot deel van het Amerikaanse volk wel gevoelig voor zijn argumenten. Toen Wilson in 1916 campagne ging voeren voor zijn herverkiezing, gebeurde dat dan ook onder de slogan 'He kept us out of war' en de president liet niet na zijn overtuiging overal in het land tijdens spreekbeurten te verdedigen, wat grote indruk maakte.

Toch is de vraag gerechtvaardigd in hoeverre Wilson echt van mening was dat Amerika zich buiten de oorlog diende te houden en nadere bestudering van deze vraag toont aan dat hij daar in werkelijkheid heel anders over dacht. Reeds in 1915 was hij tot de slotsom gekomen dat Amerika zich aan de zijde van de geallieerden zou moeten scharen en aan de oorlog moest gaan deelnemen.

Wat was het geval? In de loop van 1915 stuurde Wilson zijn persoonlijke vertrouweling, kolonel House, naar Groot-Brittannië waar deze een onderhoud had met de Britse minister van Buitenlandse Zaken, Edward Grey. Tijdens dit bezoek vroeg hij Grey te zeggen wat de Britse regering wilde dat Amerika zou doen om de geallieerden te helpen de overwinning te behalen. Dat was natuurlijk al een merkwaardige vraag waarbij duidelijk bleek dat Amerika niet langer neutraal was.

Na zijn terugkomst in de Verenigde Staten stelde House in samenspraak met de president op 17 oktober 1915 een brief op aan Grey, waarin klip en klaar werd aangeboden onder bepaalde voorwaarden aan de oorlog te gaan meedoen aan de kant van de geallieerden. In de brief schreef House dat hij naar Europa zou komen om de geallieerde wensen te komen bespreken. Daarna zou hij dan naar Duitsland vertrekken en daar suggereren dat hij verwachtte dat de geallieerden zijn voorstellen inzake het houden van een vredesconferentie zouden afwijzen. Hij was er bijna zeker van dat de Duitse regering dan onmiddellijk positief zou reageren op zijn voorstel. Deden ze dat niet, dan zou dat voor Amerika waarschijnlijk reden zijn de kant van de geallieerden te kiezen en vredesbesprekingen af te dwingen. Kwamen ze wel naar de conferentie, dan zouden de eisen van de geallieerden door Amerika worden ondersteund en werden die eisen verworpen, dan zou Amerika de conferentie als bondgenoot van de geallieerden verlaten.

In januari 1916 vertrok House naar Groot-Brittannië. In Londen herhaalde hij de toezegging om aan de oorlog te gaan deelnemen. Na Londen bezocht hij Parijs waar hij tijdens een gesprek met de Franse minister-president Briand en ambassadeur Cambon vertelde dat Amerika nu spoedig, waarschijnlijk al dat jaar, aan de zijde van de geallieerden aan de oorlog zou gaan deelnemen. De heren geloofden hun oren niet en vroegen hem dat nog eens te herhalen. Daarna zetten ze het voor de zekerheid op papier, maar House schreef in zijn dagboek dat hij alleen maar had beloofd dat als de geallieerden de strijd zouden verliezen, Amerika zou intervenieren. Hij liet daarbij wijselijk in het midden wat hij onder intervenieren verstond. In februari was hij weer terug in Londen en bezocht hij wederom de minister van Buitenlandse Zaken. Grey vroeg nog eens wat hij nu precies bedoelde met de interventie door Amerika. House herhaalde alles nog eens tot in detail waarna beide heren op 17 februari 1916 een memorandum opstelden waarin de Amerikaanse voorstellen en beloften nog eens precies werden vastgelegd. Nauwkeurig werd omschre-

Amerikaanse wervingsposter naar analogie van de beroemde Britse 'Kitchener'-wervingsposter.

ven dat president Wilson, zodra de geallieerden hem zouden mededelen dat het moment daarvoor gunstig was, een vredesconferentie bijeen zou roepen. Als Duitsland dan zou weigeren hier aan deel te nemen, dan zou Amerika waarschijnlijk aan de oorlog gaan deelnemen aan de zijde van de geallieerden. 'Kolonel House', zo ging het memorandum verder, 'verklaart dat tijdens de voorgestelde vredesconferentie Amerika voorstellen zal doen die gunstig zullen zijn voor de geallieerden. Indien de Duitsers die voorstellen zullen afwijzen en zich onredelijk opstellen zodat de vrede niet gerealiseerd kan worden, dan zal Amerika de conferentie verlaten als een bondgenoot aan de kant van de geallieerden.'

De adder onder het gras in dit Grey-Housememorandum, dat in eerste instantie zo gunstig leek voor de geallieerden, lag in het feit dat de Amerikanen, als het voorstel zou worden aanvaard, in feite de vredesvoorwaarden zouden kunnen dicteren en dat riep vooral bij de Fransen enorme weerstanden op. Het gehele plan liep dan ook op niets uit en werd tot groot verdriet van Wilson verder doodgezwegen.

De hele affaire geeft echter wel aan dat Wilson waarschijnlijk al in 1915 van plan was een vrede eventueel te forceren door de kant van de geallieerden te kiezen en de Duitsers te dwingen de eisen van de geallieerden te accepteren. Maar tegelijkertijd voerde hij campagne voor zijn herverkiezing als president onder het motto: 'he kept us out of war'. Gezien het voorgaande is het duidelijk dat hij privé toch andere plannen had. Die plannen zou hij direct na zijn herverkiezing in daden omzetten.

Er zat iets zeer tegenstrijdigs in de houding van de Amerikaanse president. Terwijl hij zeker niet oorlogszuchtig was en zich tot het einde toe heeft ingespan-

Na de *Lusitania* werden ook nog de *Arabic* en de *Sussex* getorpedeerd waarbij wederom Amerikaanse staatsburgers om het leven kwamen.

AMERIKA IN DE OORLOG

De Amerikaanse marine maakt zich gereed. Het USS *New Mexico* verlaat de haven voor deelname aan oefeningen.

nen om een rechtvaardige vrede te bereiken, waren zijn motieven daarbij veelal ambivalent en de historici oordelen nogal verschillend over de Amerikaanse president. Het is wel zeker dat hij pro-Brits was en een overwinning van Duitsland op de geallieerden een onverdraaglijke gedachte vond. Toen de Verenigde Staten ook financieel en economisch steeds meer met de geallieerde zaak verbonden raakten, werd ook de druk vanuit de industrie – en daardoor van de pers – steeds groter. Dit beïnvloedde het Amerikaanse volk in hoge mate en na de torpedering van de *Lusitania*, waarbij veel Amerikanen om het leven kwamen, gevolgd door de torpedering van de *Arabic* en *Sussex* ging de stemming in Amerika definitief om ten gunste van de geallieerde zaak. Inmiddels was Wilson tot de overtuiging gekomen dat hij zijn plannen met betrekking tot het afdwingen van een 'rechtvaardige vrede, een vrede zonder overwinnaars en zonder straf', niet zou kunnen realiseren zonder dat de Verenigde Staten partij zouden zijn in het conflict. Zijn ideaal was om de wereld de vrede terug te geven en Amerika zou daarbij een leidende rol moeten spelen. In deze gedachte werd hij gesteund door de Amerikaanse minister van Buitenlandse Zaken Lansing en zijn persoonlijk adviseur kolonel House die al vanaf het begin van mening waren dat Amerika niet buiten de oorlog kon blijven en zich aan de kant van de geallieerden diende te scharen. Wilson besloot dan ook in een vroeg stadium dat zijn land, zodra het Amerikaanse volk hem dat zou toestaan, aan de oorlog zou moeten gaan deelnemen. Die toestemming kwam toen de Duitsers aankondigden dat de onbeperkte onderzeebootoorlog weer zou worden hervat, waarna de Amerikaanse regering, gezien de voorgeschiedenis, eigenlijk wel moest reageren met het verbreken van de diplomatieke betrekkingen. Wat later besloot

AMERIKA IN DE OORLOG

Op 1 mei 1916 besloot president Wilson Amerika voor te bereiden op eventuele calamiteiten.
Op de foto: de 'preparedness'-parade in New York op 13 mei 1916.

Amerika Duitsland de oorlog te verklaren. Dit besluit kan dan ook mede verklaard worden vanuit het feit dat de Verenigde Staten zich de facto vanaf het begin niet neutraal hebben opgesteld. De hervatting van de onbeperkte onderzeebootoorlog door de Duitsers was wel het excuus voor, maar niet de feitelijke oorzaak van Amerika's besluit de oorlog in te gaan.

AMERIKA IN DE OORLOG

DE TORPEDERING VAN DE LUSITANIA (2)

EEN KILLE DAG

Het was een kille dag, die 7^e mei 1915. Ex-blauwewimpeldraagster *Lusitania*, de dekken volgepakt met passagiers, naderde Europa, na een kalme overtocht uit de Verenigde Staten. Aan boord waren ruim 1700 Britse en Amerikaanse passagiers, die een eerste glimp trachtten op te vangen van de naderende kust. Van hen zouden 1198 die kust nooit bereiken en binnen enkele uren dood zijn, verdronken

De werving van soldaten werd in Amerika groots aangepakt. Op de foto: een deel van een nieuw gevormde infanteriedivisie in marsformatie.

in de koude, onbarmhartige zee. Mannen, vrouwen en kinderen, onder wie 128 van Amerikaanse afkomst, zich onbewust van het feit dat hun dood uiteindelijk mede aanleiding zou worden tot het besluit van de Amerikaanse regering aan de oorlog tegen Duitsland te gaan deelnemen.

Het drama van de *Lusitania* heeft de gemoederen jarenlang beziggehouden en ook vandaag de dag nog kunnen de historici het niet eens worden over deze kwestie en lopen de discussies daarover hoog op.

Wat was het geval? De reis van de *Lusitania* van Amerika naar Engeland was tot dan toe voorspoedig verlopen. Onder de regels van de zogenaamde Cruiser Rules, een internationaal gerespecteerde afspraak dat onderzeeboten geen koopvaardijschepen tot zinken zouden brengen voordat passagiers en bemanning de gelegenheid hadden gekregen het schip te verlaten en de reddingsboten in te gaan, voelde men zich aan boord vrij veilig. Trouwens, de kust kwam in zicht en spoedig zou de oude trouwe *Juno*, een Britse kruiser, arriveren om hen het laatste stuk door de mijnenvelden naar de veilige haven te begeleiden. En dan ineens kwam daar de rauwe kreet van de uitkijk: 'torpedo in zicht', vrijwel onmiddellijk gevolgd door een zware explosie tussen de derde en vierde schoorsteen. Even later volgde nog een tweede explosie, zo mogelijk nog zwaarder dan de eerste. Het schip maakte snel slagzij en verdween binnen 20 minuten onder het zeeoppervlak; slechts enkele honderden overlevenden en bijna 1200 lijken als zichtbaar bewijs van haar bestaan, tussen de wrakstukken achterlatend.

De wereld reageerde geschokt. Vanaf dat moment begon de verwarring over dit drama, een verwarring die zich in de loop der jaren steeds verder toespitste en waarbij Duitsland en Groot-Brittannië elkaar de scherpste verwijten maakten. In feite ontstonden er twee versies over het gebeuren, die hieronder worden beschreven.

DE BRITSE VERSIE

Natuurlijk reageerde Groot-Brittannië furieus. Weer een daad van Duits barbarisme, het vermoorden van bijna 1200 onschuldigen onder wie veel vrouwen en kinderen, gevallen door sluipmoordenaarshand, zonder enige waarschuwing en zonder enige kans, en het schenden van internationale, door elk beschaafd land gerespecteerde wetten. De hele wereld moest deze laffe daad wel verafschuwen en deze afschuw werd nog groter toen een Britse krant bekendmaakte dat de Duitse regering zelfs een herdenkingsmedaille had uitgegeven ter viering van deze 'overwinning' op de vijand. Het was duidelijk: de moord op onschuldigen, de laffe sluipmoord door de onderzeeboot U-20 die de *Lusitania* getorpedeerd had en de smakeloze 'viering' hiervan in Duitsland brachten een golf van antipathie tegen dit land teweeg en over de hele wereld reageerde men geschokt. Het laatste restje goodwill dat Duitsland nog over had verdween vrijwel geheel.

Onderzeeboten in aanbouw op een Amerikaanse werf.

Natuurlijk kwam er een officieel onderzoek naar de oorzaak van de ramp. Er werd een commissie ingesteld die tot een voor Duitsland vernietigend oordeel kwam. Ze stelde onder andere vast dat de *Lusitania* zonder een enkele waarschuwing getorpedeerd was, dat er bewijs was dat nog een tweede torpedo was afgevuurd en dat het schip binnen 20 minuten was gezonken. De commissie veroordeelde deze 'piratendaad' waarin de 'mof' wederom het bewijs leverde aan de geciviliseerde wereld dat zijn voorraad barbaarse daden, zoals de vergiftiging van bronnen, het gebruik van gifgas en de afschuwelijke moorden op burgers in België, nog lang niet uitgeput was. De mof had deze daden nu uitgebreid met de bewuste moord op onschuldige passagiers, een misdaad die nog nooit eerder vertoond was op de vrije zeeën en die een smet op Duitsland wierp die nimmer meer vergeten zou worden.

Na deze emotionele taal volgde een zakelijke opsomming van de feiten waarin werd gesteld dat de *Lusitania* een ongewapend passagiersschip was dat niet tot de Britse marine behoorde en geen troepen of wapens vervoerde. Aangezien ze onder de Cruiser Rules voer was Duitsland niet gerechtigd het schip zonder waarschuwing te torpederen en dat land was dan ook volledig verantwoordelijk voor het schenden van de internationaal geldende zeewetten en voor de moord op 1198 passagiers.

Mevrouw Anna Olenda brak het wereldrecord 'granaatvullen' met 10.600 granaten per dag.

Duitsland wees de beschuldiging volledig af, maar zijn argumenten overtuigden niet en vanaf dat moment veranderde de stemming in de Verenigde Staten. De torpedering van de *Lusitania* en de dood van 1198 passagiers sprak zeer tot de verbeelding en de publieke opinie keerde zich volledig tegen het land dat tot zulke barbaarse daden tegenover onschuldigen in staat was gebleken.

DE DUITSE VERSIE

De Duitse regering reageerde geschrokken op de felle reacties, vooral ook van Amerikaanse zijde. Ze verklaarde in een nota aan de Amerikaanse regering dat het volgen van de Cruiser Rules voor onderzeeboten niet meer mogelijk was omdat dit de onderzeeboot en haar bemanning zelf in gevaar zou brengen. Het Britse besluit om koopvaardijschepen te bewapenen en de opdracht dat koopvaarders bij een confrontatie met Duitse onderzeeboten een poging moesten doen die te rammen maakte het, aldus de Duitse nota, onmogelijk om de Cruiser Rules nog in acht te nemen. De

Rechts: massaproductie van granaten in een Amerikaanse wapenfabriek. Op de foto: lege granaathulzen die daarna, vooral door vrouwen, werden gevuld met de benodigde springstof.

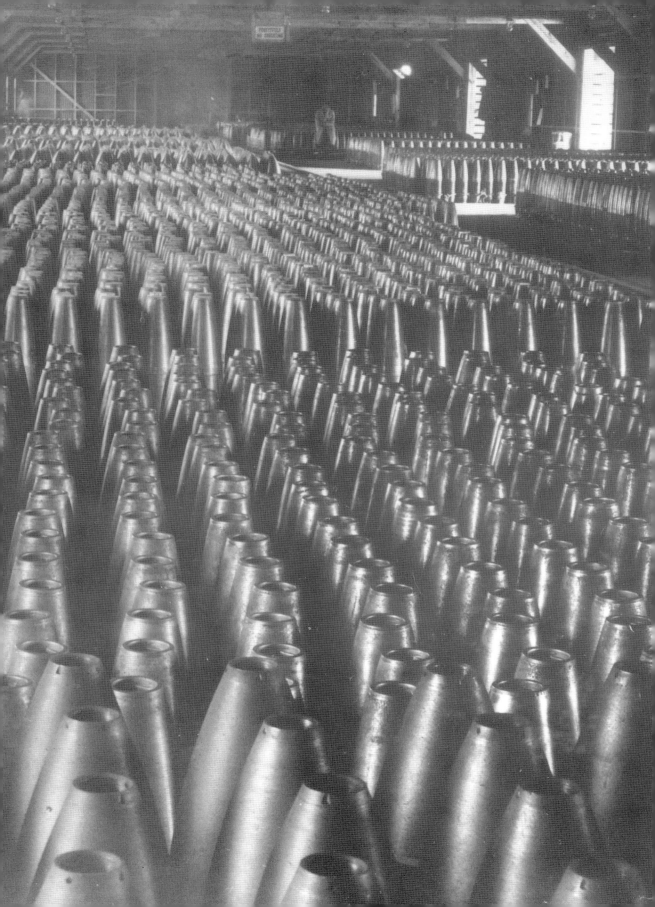

AMERIKA IN DE OORLOG

Op 2 april 1917 vroeg president Wilson het Amerikaanse Congres toestemming om Duitsland de oorlog te verklaren. Al spoedig daarna vertrokken de eerste Amerikaanse soldaten naar Frankrijk. Op de foto: troepen van het 142e regiment infanterie gaan aan boord van het troepentransportschip MS *Charles*.

onbeperkte onderzeebootoorlog was daarom, volgens de Duitse regering, een direct gevolg van de illegale blokkade door Groot-Brittannië en van het Britse besluit koopvaardijschepen te bewapenen.

Ze verklaarde verder dat de *Lusitania* een bewapende Britse hulpkruiser was, contrabande vervoerde en wapens en munitie aan boord had en dat de torpede-

AMERIKA IN DE OORLOG

Schip na schip vertrok uit Amerikaanse havens, volgepakt met troepen om aan de strijd in Frankrijk deel te nemen. Gemiddeld gingen rond 200.000 tot 250.000 man per maand op weg naar Europa.

ring daarom alleszins gerechtvaardigd was. Duitsland voegde daaraan toe dat men via advertenties in de Amerikaanse dagbladen uitdrukkelijk had gewaarschuwd dat er als gevolg van de staat van oorlog tussen Duitsland en Groot-Brittannië een oorlogszone was ingesteld in de wateren rond de Britse eilanden en dat Britse of geallieerde schepen gevaar liepen te worden getorpedeerd en dat het meevaren aan boord van zulke schepen op eigen risico geschiedde. Ten slotte verwees de Duitse regering nog naar haar nota aan alle neutrale landen waarin ze de 'onbeperkte onderzeebootoorlog' formeel en met redenen omkleed had aangekondigd.

DE AMERIKAANSE POSITIE

De positie van de Verenigde Staten als neutraal land was bijzonder moeilijk omdat bij de Lusitaniaramp Amerikaanse staatsburgers waren omgekomen. De regering had nooit gewaarschuwd dat het varen op Britse passagiersschepen gevaarlijk kon zijn en ook geen enkele maatregel genomen om op de daaraan verbonden risico's te wijzen. Passagiers waren van mening dat de Cruiser Rules nog steeds golden en dat het gevaar dat ze liepen dus beperkt was. Immers, alvorens te worden getorpedeerd zou men toch eerst gewaarschuwd worden en in de boten kunnen gaan.

De Duitse nota bracht de Amerikaanse regering nu in een lastig parket, want als ze de Duitse verklaring accepteerde zou ze zelf verantwoordelijkheid dragen voor het feit dat Amerikaanse burgers zich in de gevarenzone hadden begeven met alle consequenties daaraan verbonden. Er ontstond nu een notawisseling tussen beide regeringen die uiteindelijk niets opleverde. De Amerikanen eisten

Amerikaans troepenschip arriveert in Le Havre. Eind 1918 waren er reeds 2 miljoen Amerikaanse soldaten in Frankrijk geland.

AMERIKA IN DE OORLOG

Aankomst van de Amerikaanse bevelhebber generaal Pershing met zijn staf in Boulogne, 13 juni 1917.

dat Duitsland de volle verantwoordelijkheid op zich zou nemen en zou erkennen dat de torpedering onjuist en onwettig was. De Duitse regering weigerde dit consequent, al wilde ze – als teken van goodwill en om de verhoudingen met de Verenigde Staten niet te laten verslechteren – wel schadevergoeding betalen, maar dat werd geweigerd. Doordat er zich weer nieuwe gevallen van torpederingen voordeden verzandde de Lusitaniadiscussie en uit politieke overwegingen besloot de Amerikaanse regering uiteindelijk verdere reacties of maatregelen uit te stellen tot na de presidentsverkiezingen in 1916.

Wie had er nu gelijk in dit drama dat de gemoederen van de hele wereld zo lang had bezig gehouden en bijna tot een diplomatieke breuk tussen Amerika en Duitsland had geleid? Het antwoord daarop is niet eenvoudig. Nog vandaag de dag is de discussie hierover in volle gang en het is maar de vraag of ze ooit zal beëindigen. Er zijn natuurlijk wel een aantal antwoorden te geven. In algemene zin kan het volgende worden gesteld.

AMERIKA IN DE OORLOG

DE FEITEN

Het is niet onlogisch dat de *Lusitania* door de Duitsers beschouwd werd als Britse hulpkruiser. Haar silhouet kwam voor in *Jane's Fighting Ships*, een internationaal journaal waarin de schepen van alle oorlogsvloten ter wereld waren opgenomen. De eerste indicatie dat de *Lusitania* tot de Britse *auxiliary navy* behoorde stamde reeds uit 1902 toen de Amerikaanse scheepsmagnaat J.P. Morgan een poging deed de Britse Cunard Line over te nemen, maar daarbij stuitte op een verbod van de Britse regering, die verklaarde dat de passagiersschepen van de

AMERIKA IN DE OORLOG

Amerikaanse troepen zetten voet aan wal in Le Havre.

Cunard Line tot de Britse marine behoorden en daarom niet van de Britse registers mochten worden afgevoerd. In datzelfde jaar viel de beslissing tot de bouw van de *Lusitania*. De Britse regering verstrekte hiertoe grote subsidies, maar stelde in ruil daarvoor een aantal eisen. Zo diende het schip een snelheid van 24,5 knoop te hebben, geschikt te zijn voor de opstelling van een aantal kanonnen en Cunard moest zich verplichten dat een deel van de officieren uit reserveofficieren van de Britse marine zou bestaan. De overeenkomst, die op 30 juli 1903 werd

AMERIKA IN DE OORLOG

getekend, hield verder in dat de *Lusitania*, net als de meeste Britse passagiersschepen, in oorlogstijd als Britse hulpkruiser zou worden ingelijfd en als zodanig dienst zou moeten doen. Dit alles was de Duitsers natuurlijk niet ontgaan.

Op 19 februari 1913 kreeg de reder opdracht om de *Lusitania* in dok te laten gaan voor het aanbrengen van een aantal wijzigingen die haar meer geschikt zou maken voor haar mogelijke taak als hulpkruiser. Daarbij werden zes ketels van de 25 buiten gebruik gesteld en het voorste laadruim vergroot door het verwijderen van stuuraccommodatie. De ruimte werd in z'n geheel bestemd voor het vervoer van goederen van de admiraliteit. Geruchten dat toen ook een bewapening van zes kanonnen werd aangebracht lijken onjuist. Op 24 september 1914 vernam de rederij dat de *Lusitania* niet als hulpkruiser zou worden ingezet, maar zou worden gebruikt voor het vervoer van 'admiraliteitsgoederen' tussen de Verenigde Staten en Groot-Brittannië en aangenomen mag worden dat daarmee het vervoer van

Officiële verwelkoming van generaal Pershing op de kade te Boulogne.

AMERIKA IN DE OORLOG

De Amerikaanse ambassadeur Page, de Britse parlementariër Lord Darling en de Britse generaal French tijdens een ontvangst van Pershing.

wapens, munitie en legergoederen, contrabande dus, werd bedoeld. Alfred Booth, president van de Cunard Line, schreef hier tenminste over: 'In essence, I was ordered to be a high grade contrabandist in the national interest'.

De conclusie is gerechtvaardigd dat de Duitse bewering dat de *Lusitania* niet zomaar een onschuldig passagiersschip was, maar een Britse hulpkruiser in dienst van de Britse marine, niet geheel onjuist was. De bewering echter dat ze zwaar bewapend was, bleek te zijn gebaseerd op de wetenschap dat de Britse marine twaalf 6-inch-kanonnen besteld had voor de *Lusitania*, die echter niet geplaatst werden omdat op het laatste moment besloten werd het schip niet als hulpkruiser in te zetten.

Waar de Duitsers echter wel gelijk in hadden was dat het schip contrabande vervoerde, lading dus die bedoeld was te worden gebruikt in de oorlogvoering tegen Duitsland. Vastgesteld is dat de lading onder andere uit 1248 kisten (de Amerikaanse douane noemde later een ander aantal, 1250) met elk 4 schrapnelgranaten bestond, bestemd voor de Britse 13-pounder-snelvuurkanonnen in gebruik bij de rijdende veldartillerie. In totaal dus een kleine 5000 granaten met een totaalgewicht aan explosieven van 6260 pounds. De granaten bevatten een tijdbuis gevuld met *fulminate of mercury*, een uitermate explosieve stof.

Naast deze 5000 granaten had de *Lusitania* nog meer kisten munitie, munitieonderdelen en explosieven aan boord bestemd voor het Britse leger. Waar het op neer kwam voor Duitsland was dat een vijandelijk (Brits) schip, behorende tot de Britse marine, wapens en munitie vervoerde vanuit een neutraal land naar Engeland om te worden gebruikt in de strijd tegen Duitsland en men voelde zich derhalve gerechtigd een dergelijk schip tot zinken te brengen.

Met betrekking tot de beschuldiging dat de Duitse U-bootcommandant de Cruiser Rules niet in acht had genomen, verwees de Duitse regering naar het feit dat dit noodzakelijk was geworden door het Britse besluit om koopvaardijschepen te bewapenen en ten slotte verweet ze de Amerikaanse regering dat die bewapende Britse koopvaardijschepen toestond vanuit Amerikaanse havens te

Het eerste contingent Amerikaanse troepen marcheert op 5 juli 1917 door de straten van Parijs.

vertrekken en dat ze had nagelaten om de onwettige Britse blokkade te veroordelen en zich daar tegen te verzetten.

Nu was het inderdaad zo dat Churchill opdracht had gegeven koopvaardijschepen te bewapenen en verder dat gezagvoerders eventuele orders van Duitse onderzeeboten om te stoppen dienden te negeren. In plaats daarvan moesten ze onmiddellijk en met volle kracht op zo'n onderzeeboot in stomen en deze trachten te rammen of met hun geschut te vernietigen. Nadrukkelijk voegde Churchill hieraan toe dat gezagvoerders die hun schip aan de vijand overgaven, voor de krijgsraad zouden worden gedaagd en hij maakte hen daarmee in feite tot 'franc-tireur'. De Duitsers waren op de hoogte van deze order. Een exemplaar daarvan was in hun handen gekomen toen ze op 30 januari 1915 het Britse koopvaardijschip *Ben Chruachan* aanhielden en tot zinken brachten en deze order was mede aanleiding voor de Duitse marineleiding om de Cruiser Rules niet meer toe te passen.

AMERIKA IN DE OORLOG

Amerikaanse mariniers gereed voor vertrek naar het front, 18 maart 1918.

Ook met betrekking tot de vaststelling dat de Britse economische blokkade tegen Duitsland in strijd zou zijn met het internationale recht, hadden de Duitsers een punt. Het was juist dat de Britten de Declaratie van Londen van 1909, waarin onder andere de regels voor het uitvoeren van blokkades internationaal werden vastgelegd, niet hadden geratificeerd, maar in 1856 hadden ze wel het verdrag van Parijs ondertekend waarin eveneens blokkaderegels waren vastgelegd die tot dan toe internationaal waren erkend. Ook de Amerikaanse regering was van mening dat Groot-Brittannië met het aanhouden en opbrengen van neutrale schepen en het confisqueren van de lading, alsmede met de enorme uitbreiding van de lijst van goederen die ze tot contrabande rekende, internationale wetgeving schond. Tegelijkertijd was echter ook het loslaten van de Cruiser Rules door Duitsland in strijd met internationaal recht.

De Amerikaanse regering stelde nu aan de strijdende partijen voor dat in ruil voor het wederom invoeren van de Cruiser Rules door Duitsland, Groot-Brittannië het vervoer van voedsel door neutrale schepen, voedsel uiteindelijk bestemd voor de civiele bevolking van Duitsland, weer zou toestaan. Duitsland accepteerde dit voorstel, maar het werd door Groot-Brittannië verworpen en dus kwam er geen verandering in de zaak. Hoewel de Verenigde Staten wel protesteerden, ondernamen ze verder weinig of geen actie, voornamelijk omdat de verantwoordelijke autoriteiten met het oog op de toekomst de goede verhouding met de geallieerden niet op het spel wilden zetten.

Hoewel Duitsland formeel waarschijnlijk de beste argumenten had was het effect van de torpedering op met name de Amerikanen dusdanig dat de publieke opinie, die tot dan toe verdeeld was geweest, zich nu tegen Duitsland keerde. Nog steeds verbrak president Wilson de diplomatieke betrekkingen niet – hoewel de pers en de republikeinen daar steeds sterker op gingen aandringen – maar de torpedering moet toch gezien worden als het keerpunt en was er mede oorzaak van dat Amerika uiteindelijk toch de kant van de geallieerden koos en in april 1917

De twee broers MacDonald in Frankrijk tijdens een trainingsperiode.

aan de oorlog zou gaan deelnemen. Die Amerikaanse deelname bezegelde het lot van Duitsland. De dood van 128 Amerikaanse burgers zou uiteindelijk de ondergang van het Duitse rijk tot gevolg hebben.

HET ZIMMERMANNTELEGRAM, DE LAATSTE DRUPPEL

Zoals gezegd, de torpedering van de *Lusitania* veranderde de stemming in Amerika ten opzichte van Duitsland, maar bracht Amerika nog niet direct in de oorlog. De hervatting van de onbeperkte onderzeebootoorlog tezamen met een Duitse poging om Mexico tegen de Verenigde Staten op te zetten brachten echter de grote ommezwaai en deze twee feiten waren direct verantwoordelijk voor de beslissing van de Amerikaanse president om aan de oorlog te gaan deelnemen aan de zijde van de ententelanden.

Wat was het geval? Binnen de Duitse regering was een strijd ontstaan over het al dan niet hervatten van de onbeperkte onderzeebootoorlog. Bethmann Hollweg, de rijkskanselier, was mordicus tegen. Hij was ervan overtuigd dat dit Amerika in de oorlog zou brengen. Zimmermann, die op 22 november 1916 Jagow als minister van Buitenlandse Zaken zou opvolgen, was echter een geheel

Alvorens naar het front te vertrekken ondergingen de nog onervaren Amerikaanse troepen eerst een aanvullende trainingsperiode van twee maanden in Frankrijk.

andere mening toegedaan. Hij was het eens met Von Hindenburg en Ludendorff en met de admiraliteit die ervan overtuigd waren dat met een totale inzet van het onderzeebootwapen de oorlog nog in 1917 beëindigd kon worden. Zij beschouwden Amerika als een te verwaarlozen factor en dat was niet geheel onbegrijpelijk, want de Verenigde Staten hadden in die tijd maar een klein leger en zouden, zo dachten zij, niet in staat zijn op tijd een grote troepenmacht op de been te brengen, die te trainen en naar Europa te transporteren. Tegen die tijd zou Duitsland de oorlog zeker al hebben gewonnen, de Amerikanen zouden te laat komen en dus was het hervatten van de onbeperkte onderzeebootoorlog als middel om de oorlog snel te beëindigen in hun ogen een verantwoorde optie.

De aankondiging dat Duitsland op 1 februari de onbeperkte onderzeebootoorlog zou hervatten bracht Amerika echter inderdaad op de rand van de oorlog. Op 3 februari kondigde president Wilson aan dat Amerika de diplomatieke betrekkingen met Duitsland had verbroken, maar de beslissing om ook aan de oorlog te gaan deelnemen werd nog niet genomen. Een simpel telegram duwde hem echter over die rand heen en deed hem definitief besluiten aan de zijde van de geallieerden aan de oorlog te gaan deelnemen. Op 12 november had Zimmermann een telegram aan de Duitse ambassadeur in Mexico, Eckhardt, gezonden met het verzoek eens na te gaan of Mexico geïnteresseerd

AMERIKA IN DE OORLOG

Uitgeleide gedaan door een Brits militair muziekcorps rukt het Amerikaanse 307e regiment infanterie op naar Farnechon.

zou zijn in een alliantie met Duitsland. Het antwoord dat hij ontving leek positief genoeg en op 19 januari 1917 stuurde hij nu het volgende telegram aan Eckhardt:

'Het ligt in de bedoeling de onbeperkte onderzeebootoorlog per 1 februari a.s. te hervatten. Tegelijkertijd willen we echter trachten de Verenigde Staten van Amerika neutraal te houden. Indien we in die poging niet slagen, willen we Mexico voorstellen een alliantie met Duitsland aan te gaan onder de volgende voorwaarden:
- *Mexico neemt deel aan de oorlog aan onze zijde.*
- *Duitsland zal Mexico ruimschoots financiële steun geven.*
- *Duitsland steunt de teruggave van zijn verloren gebiedsdelen in Texas, New-Mexico en Arizona.*

U wordt verzocht dit voorstel aan de president van Mexico te overhandigen zodra de oorlog tussen Amerika en Duitsland uitbreekt en daaraan toe te voegen dat de president op eigen initiatief contact opneemt met Japan en dit land uitnodigt aan deze alliantie deel te nemen.

Ik verzoek u de president verder mede te delen dat de hervatting van de onbeperkte onderzeebootoorlog Groot-Brittannië zal verplichten binnen enkele maanden met ons vrede te sluiten. Verzoeke de ontvangst van dit telegram te bevestigen – Zimmerman.'

Wat Zimmermann niet wist, was dat de Britse inlichtingendienst al geruime tijd in staat was de Duitse diplomatieke telegrammen te onderscheppen en te decoderen. Op 24 februari overhandigden zij de Amerikaanse ambassadeur in Londen, Walter Page, een kopie van het Zimmermanntelegram die het onmiddellijk naar Washington doorzond. Dit was de druppel die de emmer deed overlopen en op 20 maart 1917 besloot de Amerikaanse president tot deelname aan de oorlog. De oorlogsverklaring werd uiteindelijk op 2 april openbaar gemaakt. De kans voor Duitsland de oorlog nog te winnen was daarmee definitief verkeken.

DE AMERIKAANSE OORLOGSVERKLARING, DE FINALE AKTE

Sinds de torpedering van de *Lusitania*, de *Arabic* en de *Sussex* was de Amerikaanse publieke opinie zich al steeds meer anti-Duits gaan opstellen. Het Zimmermanntelegram was de 'druppel die de emmer deed overlopen' en president Wilson raakte ervan overtuigd dat het moment was aangebroken waarop het volk zich niet meer zou verzetten tegen Amerika's deelname aan de oorlog aan de zijde van de geallieerden. Hij nam nu definitief het besluit om Amerika in de oorlog te voeren.

Op 2 april 1917 hield de president een rede voor het congres waarin hij het voorstelde om Duitsland de oorlog te verklaren. De president sprak daarbij de volgende woorden: 'Met een diep gevoel voor de ernst en de tragiek van de stap die ik genoodzaakt ben te nemen en voor de zware verantwoordelijkheid die ik daarbij op mij neem, maar zonder te aarzelen en gehoor gevend aan wat ik zie

Amerikaanse soldaten in hun tent tijdens hun opleiding in Frankrijk.

als mijn constitutionele plicht, stel ik het congres voor de recente acties van de keizerlijke Duitse regering te beschouwen als een daad van oorlog tegen de regering en het volk van de Verenigde Staten en zich derhalve formeel te beschouwen als in oorlog met Duitsland.' De president verklaarde verder dat Amerika zich onmiddellijk zou gaan voorbereiden en alle middelen zou aanwenden om de Duitse regering en het Duitse keizerrijk tot vrede te dwingen en een eind aan de oorlog te maken.

Het Amerikaanse congres schaarde zich unaniem achter de president en op 2 april verklaarden de Verenigde Staten van Amerika Duitsland formeel de oorlog. Het enorme Amerikaanse potentieel aan mankracht en productiecapaciteit werd nu geheel ten dienste gesteld van de geallieerden waarmee het lot van Duitsland op termijn werd bezegeld. Binnen twintig maanden na Wilsons rede voor het congres moest Duitsland om vrede vragen en werd de oorlog beëindigd. Aan het lijden van het Duitse volk zou echter nog geen einde komen en het verdrag van Versailles waarin het vredesverdrag met Duitsland tot stand kwam, zou niet de vrede brengen die de wereld zo nodig had, maar had reeds de kiem in zich van een nog vreselijkere oorlog, de Tweede Wereldoorlog, waarbij wederom miljoenen mensen het leven lieten. *l'Histoire se répète*, en ook nu zou de oorlog niet de laatste zijn.

AMERIKA IN DE OORLOG

Amerikaanse gekleurde troepen tijdens een oefening in bajonetvechten. De foto werd op 3 augustus 1918 genomen.

HET EINDE
De 'vrede zonder overwinnaars' blijkt een illusie

DE RUSSISCHE REVOLUTIE

De oorlog had inmiddels in Rusland steeds meer onrust veroorzaakt. De enorme verliezen, de toenemende honger en het gebrek aan leiding, thuis en aan het front, maakten het volk steeds opstandiger. De tsaar, die het bevel van de Russische troepen op zich had genomen en daartoe absoluut niet geschikt bleek, verviel steeds vaker in depressieve buien. De tsarina kwam meer en meer onder invloed van haar vertrouweling, de monnik Raspoetin, die haar adviseerde en via haar zijn vijanden probeerde te vernietigen. Steeds meer getrouwen werden van het hof weggezonden en de tsaar gaf in bijna alles zijn vrouw gelijk. Rond de kerstdagen van 1916 werd deze Raspoetin door twee edellieden, prins Romanov en groothertog Dimitri Pavlowitch vermoord. Raspoetin had eens geprofeteerd dat indien hem iets zou overkomen, de monarchie met hem zou vallen. Deze profetie zou worden vervuld, want slechts tien weken later zou de tsaar afstand van de troon doen en zou de revolutie het land overspoelen.

Reeds vanaf het begin van de oorlog, in 1914, onderhield de Duitse regering contacten met Russische socialisten die zich buiten het tsarenrijk (vooral in Zwitserland) ophielden. Onder hen was Lenin, een van hun belangrijkste leiders, die zich voorbereidde naar Rusland terug te keren op het moment dat de tijd daar rijp voor zou zijn.

DE TSAAR TREEDT AF

In het voorjaar van 1917 werd de situatie in Rusland steeds zorgelijker. De voorzitter van de doema (het Russische parlement), Michael Rodsjanko, waarschuwde de tsaar dat zijn komst dringend gewenst was en dat de toestand uit de hand dreigde te lopen, maar de tsaar

Russische poster waarin het volk werd opgeroepen zich in te schrijven op een 5,5% oorlogslening.

HET EINDE

De tsaar met de Russische opperbevelhebber, groothertog Nikolaj, van wie hij in 1917 het bevel over de troepen overnam.

HET EINDE

Generaal Suchomlinov, voormalig Russisch minister van Oorlog, die later op beschuldiging van corruptie voor de rechter werd gedaagd.

schonk geen aandacht aan zijn noodkreten en bleef waar hij was. Begin februari waren er grote onlusten in St. Petersburg waar het volk voedsel eiste en de winkels bestormde en plunderde. De plaatselijke commandant stuurde er kozakken op af, maar die weigerden om daadwerkelijk in te grijpen en in sommige gevallen mengden ze zich onder het volk en namen aan de plunderingen deel. De onlusten herhaalden zich enkele weken later waarbij meer dan 250 demonstranten de dood vonden toen de politie het vuur op hen opende. Ook nu weer weigerde het leger in te grijpen en de politie te helpen. Twee garderegimenten, die daarop te hulp werden geroepen, weigerden eveneens de bevelen te gehoorzamen en dat was het moment waarop het volk van St. Petersburg de macht greep en de revolutie uitbrak. De gevangenis werd bestormd en de politieke gevangenen werden vrijgelaten. De Peter-en-Paulvesting werd in brand gestoken en overal vonden plunderingen plaats op een schaal die tot dan toe nog niet was voorgekomen.

Al snel begon de revolutie zich nu te verspreiden en de minister van Oorlog meldde de tsaar dat vele regimenten en legeronderdelen aan het muiten waren geslagen. Op 27 februari stuurde de voorzitter van de doema een noodkreet naar de tsaar waarin hij deze mededeelde dat de monarchie verloren zou zijn als hij niet onmiddellijk naar St. Petersburg zou terugkeren om de leiding over te nemen. De tsaar nam niet eens de moeite hem te antwoorden. Ook de daarop volgende rapporten over toename van de muiterijen bij een aantal regimenten vermochten niet hem uit zijn lethargische houding te bevrijden. Hij negeerde al deze rampberichten en deed of ze niet bestonden. De situatie werd explosief. Het leger greep niet meer in, integendeel: de troepen gehoorzaamden niet meer aan de bevelen van hun meerderen. Ze namen deel aan de plunderingen en mengden zich onder de opstandelingen. De revolutie was een feit en verspreidde zich nu razend snel over het hele land. De tsaar, die eindelijk begreep dat de toestand ernstiger was dan hij had gedacht, vroeg nu de voorzitter van de doema om advies. De enige raad die deze hem

Sergeant Tsjibenko van het 5e Siberische leger, een Russische held en viervoudig drager van het St. George kruis, de hoogste onderscheiding voor onderofficieren in het Russische leger.

Rechts: na het uitbreken van de revolutie verlieten de Russische soldaten en masse het front. Op de foto: Russische gewonden hebben bij hun terugtocht uit Galicië een trein gekaapt om naar huis terug te keren. 30 augustus 1917.

HET EINDE

Een trein met gearresteerde Leninistische opstandelingen, weggezonden van het front, arriveert te Kiev waarna de meeste van hen werden geëxecuteerd.

HET EINDE

Bolsjevistische troepen te Kronstadt in 1917. Een kapitein van het 56ᵉ regiment infanterie spreekt de soldaten toe.

kon geven was om af te treden. Het volk was in opstand, het leger muitte, overal werden arbeiders- en soldatenraden gevormd die de macht in handen namen, en er bleef de tsaar niets anders over dan inderdaad te abdiceren. Op 16 maart 1917 ondertekende hij zijn troonsafstand ten gunste van zijn broer Michael en werd hij in gevangenschap weggevoerd.

Zijn opvolger deed echter nog diezelfde dag weer afstand van zijn recht op de troon en de minister van Arbeid, Kerensky, werd hoofd van een voorlopige revolutionaire regering. Kerensky besloot de oorlog echter voort te zetten aan de zijde van de geallieerden en het leek er even op dat daarmee de rust weer was teruggekeerd. In werkelijkheid zou echter alles anders lopen. De tsaar voegde zich bij zijn vrouw en kinderen in het paleis te Tsarskoje Selo en het gezin werd daar als gevangenen behandeld waarbij hun vele vernederingen ten deel vielen.

Enige tijd later werden ze naar Jekaterinenburg overgebracht waar ze in de nacht van 16 op 17 juli 1918 op brute wijze door de plaatselijke sovjet werden vermoord. Aan de eeuwenlange dynastie van de Romanovs was daarmee een definitief einde gekomen.

RUSLAND TREEDT UIT DE OORLOG

Intussen hadden de Duitsers de gebeurtenissen in Rusland met grote belangstelling gevolgd. Even dacht men met de voorlopige Russische regering tot overeenstemming te kunnen komen, maar toen duidelijk werd dat Kerensky de oorlog wilde voortzetten besloten ze de revolutie een handje te helpen. Zij verleenden daarop Lenin toestemming over land naar Rusland te vertrekken om daar de meer radicale elementen te gaan versterken. Op 9 april 1917 vertrok Lenin met een gezelschap van dertig getrouwen met een speciale trein vanuit Zürich naar St. Petersburg waar hij de 16e aankwam. Hij werd met groot

De revolutie begon in St. Petersburg met brand en vernielingen. Op de foto: begrafenis van de slachtoffers op 3 mei 1917.

HET EINDE

Tijdens de revolutie werden 'soldatencomités' opgericht. Hier een bijeenkomst te St. Petersburg.

HET EINDE

Tijd van grote onrust. Op de foto: een soldaat leest een van de vele proclamaties aan de troepen voor.

enthousiasme door het volk ontvangen en zou de volgende zeven jaar, tot zijn dood in 1924, leidinggeven aan de nieuwe sovjetstaat.

Maar zover was het nog niet. In een nieuw gevormde voorlopige regering werd Kerensky minister van Oorlog. In die hoedanigheid gaf hij generaal Brusilov opdracht het offensief weer te openen. Dat zou het begin van het einde betekenen. Op 1 juni 1917 opende Brusilov met 45 divisies een aanval op de Duitse en Oostenrijk-Hongaarse troepen in de Karpaten. Binnen een week was hij ruim 30 km gevorderd en zijn actie beloofde een groot succes te worden, maar toen werden de Russen tot staan gedwongen waarna het offensief volledig instortte. Zijn soldaten weigerden nog bevelen te gehoorzamen, velen verlieten de frontlijn en gingen naar huis en al snel hadden de Duitsers alle verloren terrein weer ingenomen. Brusilov werd naar huis gestuurd en er werd een nieuwe

HET EINDE

De Russische minister-president Kerensky (eerder minister van Oorlog), bezocht op 12 september 1917 het front nadat op 27 maart de tsaar was afgezet en Lenin in april de macht had overgenomen (Kerensky, midden, wijst met vinger.

voorlopige regering gevormd, weer onder leiding van Kerensky. Het garnizoen van St. Petersburg zegde toen zijn vertrouwen in de voorlopige regering op en Lenin nam de macht over. Hij vormde een raad van volkscommissarissen en verklaarde de oorlog onmiddellijk te willen beëindigen, zelfs als dat zou betekenen dat er Russisch grondgebied verloren zou gaan.

Leon Trotsky, die onder het tsaristische bewind naar Amerika was uitgeweken, maar in februari naar Rusland was teruggekeerd, werd nu door Lenin belast met Buitenlandse Zaken. Hij nam contact op met de Duitsers en bood aan een afzonderlijke vrede te sluiten. Besprekingen hierover werden in Brest-Litovsk geopend, maar de Duitse eisen waren van dien aard dat Trotsky ze onaanvaardbaar achtte. Hij verklaarde nu dat Rusland eenzijdig de oorlog beëindigde en verwachtte dat de Duitsers daar genoegen mee zouden nemen, maar het Duitse opperbevel gaf nu bevel de veldtocht tegen Rusland voort te zetten en al spoedig trokken Duitse troepen weer dieper Russisch grondgebied binnen.

Rechts: Kerensky gaf op 1 juni 1917 aan generaal Brusilov bevel een nieuw offensief tegen de Duitsers te openen. Op de foto: Russische troepen gereed voor de laatste grote aanval. In eerste instantie was het offensief een groot succes en vorderde het ruim 30 kilometer maar daarna weigerden de soldaten verder te gaan en liep het offensief volkomen vast.

HET EINDE

Bij hun opmars richting Tarnopol sprongen de Russen van granaattrechter naar granaattrechter onder het vuur van schrapnel- en 6- en 8-inch-granaten, waarbij velen sneuvelden.

Een Russische onderhandelaar wordt geblinddoekt naar het Duitse hoofdkwartier gebracht ...

HET EINDE

... en daar ontvangen om een wapenstilstand te bespreken.

Het einde nadert. Trotsky arriveert in Brest-Litovsk voor het voeren van vredesbesprekingen met de Duitsers.

HET EINDE

De kamer in het huis te Jekaterinenburg waar de tsarina haar laatste dagen in gevangenschap doorbracht, waarna zij en haar gezin op brute wijze werden vermoord.

Rondom de villa te Jekaterinenburg werd door de bolsjevieken een schutting opgericht om elk contact met de buitenwereld onmogelijk te maken.

HET EINDE

De kamer waar de dochters van de tsaar gevangen werden gehouden tot ze in de nacht van 16-17 juli 1918 op gruwelijke wijze werden vermoord.

Lenin greep nu persoonlijk in en gaf bevel de oorlog ten koste van alles te beëindigen. Op 3 maart 1918 werd de strijd officieel gestaakt en kwam aan de oorlog tussen Duitsland en Rusland een einde. Rusland raakte een derde van zijn grondgebied aan Duitsland kwijt. Ruim 90% van alle Russische kolenmijnen kwam in Duitse handen, net als een derde van de landbouwgrond en bijna de helft van de Russische industrie.

Duitsland had gezegevierd en begon met grote snelheid troepen van het oostfront naar het westelijke front over te brengen in de hoop daar het tij nog te kunnen keren. Zoals we nu weten, zou die hoop vruchteloos blijken. De solda-

HET EINDE

ten die werden overgeplaatst bleken besmet door de Russische revolutie en ze staken ook de Duitse strijdkrachten aan. Tegelijkertijd verscheen er een nieuwe tegenstander aan het front in de vorm van Amerika, waardoor de kans voor Duitsland om de oorlog nog te kunnen winnen, definitief verloren ging.

Het eenzijdig uittreden van Rusland uit de oorlog en het feit dat daar een communistisch bewind de macht had overgenomen betekende een definitieve breuk tussen Rusland en het westen die pas in onze dagen weer lijkt te kunnen worden hersteld. Intussen leed het Russische volk verder. Stalin en zijn opvolgers maakten daar, zoals we weten, beslist geen einde aan.

HET DUITSE MAARTOFFENSIEF IN 1918

EEN LAATSTE POGING

Het was begin maart 1918 en de oorlog stokte op alle fronten, met uitzondering van het oostfront waar de Russische revolutie een eind had gemaakt aan de vijandelijkheden tussen Rusland en Duitsland.

In het westen waren de geallieerden aan het eind van hun krachten gekomen en ze vermeden elke grote slag, wachtende op het moment dat de Amerikanen die inmiddels aan de oorlog waren gaan deelnemen sterk genoeg zouden zijn om de strijd een positieve wending te geven. De oorlog zou, zo verwachtte men, zeker nog tot diep in 1919 voortduren en de situatie was nog steeds niet in het voordeel van de geallieerden beslist.

Van Duitse zijde waren er inmiddels al enige pogingen gedaan om met de geallieerden aan tafel te gaan zitten, maar zonder resultaat. Ook de paus deed een bemiddelingspoging die echter op niets uitliep. In december 1916 had ook de Amerikaanse president Wilson een eerste bemiddelingspoging gedaan die, met name door de geallieerden, met kracht van de hand was gewezen.

Het was duidelijk, Duitsland hoefde niet op de welwillendheid van de geallieerden te rekenen en dat was ook wel te begrijpen. Het besluit van Amerika aan de oorlog te gaan deelnemen zou de situatie spoedig ten gunste van de geallieerden veranderen en dat was natuurlijk niet het juiste moment om over vrede te gaan praten. Het Duitse opperbevel begreep dat eveneens en besloot om nog eenmaal alles op alles te zetten. Door middel van een beslissende slag, nog voordat de Amerikanen massaal aan de strijd zouden gaan deelnemen, wilden

De oorlogsvoering ging Duitslands krachten in 1918 ver te boven en de regering trachtte door middel van oorlogsleningen de noodzakelijke financiële middelen te vergaren om de strijd te kunnen voortzetten.

HET EINDE

In maart 1918 besloten de Duitsers tot een laatste offensief, met het doel de oorlog in hun voordeel te beslissen. Op de foto: Duitse troepen op weg naar het front. Maart 1918.

HET EINDE

Duitse troepenconcentratie nabij Templeux. Maart 1918.

Nog een laatste inspectie door veldmaarschalk Von Hindenburg.

HET EINDE

Operatie 'Michaël' gaat van start. Speciaal getrainde stormtroepen van het 18e Duitse leger openen de aanval ...

ze de kansen doen keren en daardoor het sluiten van een voor Duitsland gunstige vrede mogelijk maken.

Deze motivatie lag in grote lijnen ten grondslag aan het grote maartoffensief dat Duitsland de uiteindelijke overwinning zou moeten brengen. Hierbij hanteerde het opperbevel de volgende argumenten:
- Men ging ervan uit dat de Amerikanen pas in de zomer van 1918 een grote troepenmacht zouden kunnen inzetten.
- Er stonden nog steeds meer Duitse dan geallieerde troepen aan het westfront.
- Men dacht ruim een miljoen soldaten van het oostfront naar het westfront te kunnen overplaatsen, waardoor men een nog grotere overmacht kon bereiken.

Redenen die militair gezien hout sneden. Daarbij werd de beslissing om tot het offensief over te gaan nog beïnvloed doordat de onrust in Duitsland door voedselgebrek steeds vaker de kop opstak en het opperbevel een ingreep van de politiek vreesde om de strijd te beëindigen.

OPERATIE MICHAËL GAAT VAN START
Het offensief, dat de naam 'operatie Michaël' kreeg, kwam voor de geallieerden overigens niet als een donderslag bij heldere hemel, maar van de omvang ervan had men zich geen voorstelling kunnen maken.

... en stormen op de vijand af.

Duits 77 mm-veldgeschut gaat naar voren tijdens de aanval te Ieper.

Rechts: terugtrekkende Britse troepen in Picardië.

HET EINDE

Britse infanterie op de terugtocht bij Avelay.

Maandenlang werden honderdduizenden manschappen getraind, voorraden en troepen naar het front getransporteerd, stellingen, loopgraven en onderkomens gereedgemaakt en enorme hoeveelheden munitie aangevoerd, zonder dat de tegenpartij daar veel van merkte. Alle verplaatsingen vonden 's nachts plaats. Overdag toonde het front een diepe rust en verscholen de troepen zich zo veel mogelijk in de bossen. In sommige gevallen marcheerden ze zelfs, als ze dreigden te worden ontdekt, enige tijd in tegengestelde richting om dan, als de duisternis inviel, snel weer op hun schreden terug te keren.

De training van speciale aanvalseenheden, de zogenaamde stormtroepen, werd uiterst zorgvuldig ter hand genomen en men liet niets aan het toeval over. Ten slotte was alles voor de strijd gereed en op 21 maart 1918, nadat generaal

Een op de Britten veroverd munitiedepot, maart 1918.

Niet alles viel in Duitse handen. Britse soldaten ontmantelen een munitiedepot voordat ze verder terugtrekken.

HET EINDE

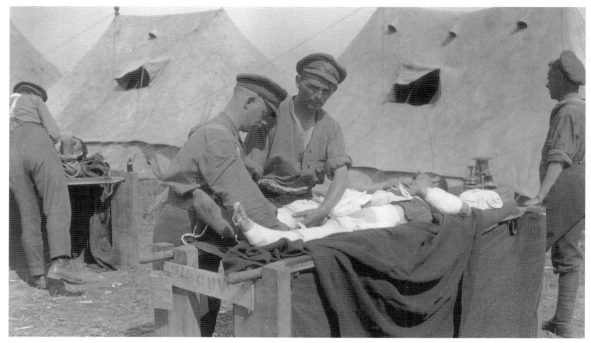

De geallieerde verliezen waren vreselijk en men kon het aantal gewonden niet meer aan.
Op de foto: eerste hulp in het open veld.

Britse gewonden verzameld om te worden vervoerd.

HET EINDE

De Britten verdedigden zich uit alle macht. Een 18-pounds stuk veldgeschut bij de verdediging van St. Albert op 28 maart 1918.

De Duitse opmars ondervond grote problemen door het moeilijk begaanbare terrein.

HET EINDE

Het slagveld nabij Armentières tussen 9 en 11 april 1918. Vanuit dit punt vielen de Duitsers de stad aan.

Gewonden van de Britse 51e divisie op weg naar een veldpost achter het front.

HET EINDE

Gewonde Britse soldaten bij een verbandpost te Merville, dat nog diezelfde dag (8 april 1918) in Duitse handen zou vallen.

Ludendorff zijn hoofdkwartier verplaatst had naar Avesnes, kon het sein voor de aanval worden gegeven. Drie legers, het 2e leger onder generaal Von Marnitz, het 17e onder Von Below en het 18e onder generaal Hutier, samen 71 divisies sterk, zetten zich daarop in beweging.

Om vijf uur in de ochtend openden duizenden kanonnen en 3000 mortieren het vuur en beschoten vier uur lang het gebied tussen La Fêrre en Arras waarna de infanterie de uitvalsloopgraven verliet en in de aanval ging. Volgens plan moest het 17e leger oprukken naar Bapaume om dan in noordelijke richting af te buigen naar Arras. Het 2e leger had Péronne als doel om na de inname daarvan in noordwestelijke richting naar Doullens af te buigen, terwijl de hoofd-

Britse troepen bij de verdediging van het kanaal bij Merville, 8 april 1918.

Brits veldkanon in stelling bij de brug te Vermont.

HET EINDE

Paarden van een munitietransport gedood door een ontploffende granaat.

Een 6 inch mark VII kanon bij Gaesteren, 23 april 1918.

HET EINDE

Een Duitse transportcolonne op weg naar het front passeert langs de weg zittende Britse krijgsgevangenen die wachten om naar achteren te worden vervoerd.

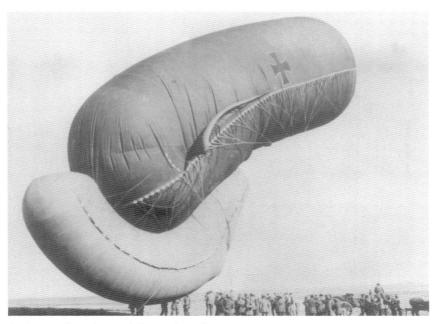

Een Duitse artillerie-observatieballon wordt opgelaten.

Links: het aantal gewonden nam nog steeds toe.

Duits troepentransport naar het front bij Ieper per smalspoortrein.

taak van het 18e leger eruit zou bestaan om in de richting van de Somme te trekken om de rechterflank van het het 17e en 2e leger te dekken tegen eventuele Franse tegenaanvallen. Op deze wijze dacht Ludendorff een doorbraak te kunnen forceren en daarna het front naar boven te kunnen oprollen, waarbij de Britten naar de Noordzeekust zouden worden gedrongen terwijl hij aan de andere kant Parijs zou bedreigen en op die wijze de twee geallieerde legers uit elkaar zou drijven en vernietigen.

De Britten waren ter plaatse zwak. De noordelijke sector werd verdedigd door het 3e Britse leger onder generaal Byng (14 divisies) terwijl zuidelijk van hem het 5e Britse leger onder generaal Gough posities had gekozen. Zuidelijk daarvan lag het 6e Franse leger onder generaal Duchêne.

Al snel na het begin van de Duitse aanval bleek het 18e leger de meeste voortgang te maken. Het 3e Britse leger bood verwoede tegenstand, maar in het zuiden werden de voorste Britse linies al tegen het middaguur ingenomen en de tweede linie viel nog vóór de avond. Ludendorff veranderde nu

Rechts: Britse machinegeweerposten wachten de vijand op.

HET EINDE

Duitse infanterie valt aan bij het Aisne-kanaal in mei 1918.

Duitse infanteristen steken onder Brits vuur een weg over.

HET EINDE

Steeds verder rukken de Duitse troepen op. Hier Duitse infanterie in de aanval bij Fisnes op 27 mei 1918.

Soissons, mei 1918. Tijdens een rustpauze in de gevechten wordt een vers glas melk getapt.

HET EINDE

van plan en liet het zwaartepunt van de aanval in het zuiden plaatsvinden. Reeds de derde dag moest generaal Gough zich achter de Somme terugtrekken. Hutier kreeg nu opdracht om langs beide zijden van de Somme op te trekken om zowel de Britten als de Fransen aan te vallen en op die wijze te trachten de zo gewenste splitsing teweeg te brengen. De Duitse troepen zwaaiden nu uit in de richting Arras in het noorden en Amiens in het midden terwijl het 18^e leger in de richting van Parijs trok. De snelle doorbraak liep echter al spoedig vast. Bij Amiens slaagden inderhaast aangevoerde reserves erin de Duitsers tot staan te brengen en ook het 18^e leger, dat een poging deed bij Noyon door te breken, moest dat opgeven omdat de troepen te uitgeput waren en rust nodig hadden. Op 4 april werd nogmaals gepoogd bij Arras door te breken, maar ook deze aanval had niet voldoende kracht meer en op 5 april moest Ludendorff noodgedwongen het bevel geven het offensief te staken.

DE TWEEDE POGING, 'OPERATIE GEORGE'

Reeds op 7 april begon Ludendorff met het voorbereiden van een tweede poging. De troepen moesten trachten ten noorden en zuiden bij Armentières door te breken. Op 9 april vielen de Duitsers met negen divisies bij Armentières aan. De streek werd verdedigd door vier Portugese divisies die

Bij Ieper veroverden de Duitsers Kemmel op de Fransen.

HET EINDE

Een Duitse soldaat werpt een handgranaat tijdens de gevechten bij Soissons.

HET EINDE

Duitse soldaten in een op de Fransen veroverde loopgraaf op de Kemmelberg.

Duitse spoorwegtroepen bij de aanleg van een smalspoorbaan in de richting van Britse loopgraven bij Ieper ...

HET EINDE

... die kort daarop werden veroverd.

onder de Duitse druk bezweken en in paniek wegvluchtten. Er ontstond een gat van zes kilometer waar de Duitsers hun troepen met grote snelheid doorheen joegen. Ook de aanval ten noorden van de stad was succesvol en op 11 april probeerden beide legers contact te maken.

De volgende dag leek het erop dat de doorbraak zou lukken. Haig stuurde reserves, maar die konden aan de situatie niets veranderen. Smeekbeden aan Foch om te hulp te komen werden niet gehonoreerd. Haig richtte zich nu in een dagorder tot zijn soldaten waarin hij hen opriep zich tot het uiterste te verdedigen omdat een Duitse doorbraak fataal zou zijn. Hij stelde generaal Plumer aan om de hele sector te verdedigen en deze was zo verstandig het front in te korten, al moest hij daarbij stukken grond prijsgeven waarvoor eerder duizenden Britse soldaten het leven hadden gelaten. Toch had dit resultaat want de Duitse opmars, die door het moeilijke terrein toch al vertraagd werd, kwam uiteindelijk tot staan en op 29 april gaf Ludendorff opdracht om ook dit offensief te beëindigen. De Duitse verliezen bedroegen 350.000 man, die van de Britten 305.000 man.

Parijs wordt weer beschoten. Op de foto: een van de langeafstandskanonnen waarmee Parijs beschoten werd.

DE DERDE POGING, HET PLAN 'HAGEN'

Ditmaal richtte Ludendorff zijn aandacht wederom op de Britse sector. Hij was er zeker van dat de Britten ernstig waren verzwakt en dat een zware aanval de doorslag zou geven. Deze operatie kreeg de naam 'Plan Hagen'. Om zo veel mogelijk Britse en Franse troepen uit de noordelijke sector weg te lokken wilde hij eerst een schijnaanval uitvoeren op de Chemin des Dames. Hiertoe plande hij een aanval met het 18^e leger van Hutier, het 7^e leger van generaal Boehn en het 1^e leger onder Von Mudra, in totaal 41 divisies, op een front van 36 kilometer tussen Anizy en Berry au Bac. Dit gebied werd verdedigd door vier Britse en zeven Franse divisies van het 6^e leger onder generaal Duchêne. Ludendorffs doel was om daar door te breken tot aan de lijn Soissons-Reims en ook deze actie werd grondig voorbereid.

Op 27 mei openden de Duitsers de aanval met ruim 4000 stukken geschut en beschoten vier uur achtereen de Frans-Britse stellingen. Daarna vervolgden ze de beschieting met een *rolling barrage* waarachter de Duitse stoottroepen oprukten. De aanval werd, mede door een verkeerde opstelling van het Franse 6^e leger, een eclatant succes. De aanvallers stootten dwars door de Franse linies en op 30 mei hadden ze reeds 45.000 krijgsgevangenen, ruim 400 kanonnen en duizenden machinegeweren buitgemaakt. IJlings toegesnelde versterkingen

HET EINDE

Duitse artilleristen monteren koppen op de granaten van het 'Parijs geschut'.

HET EINDE

Britse krijgsgevangenen worden verzameld om te worden afgevoerd.

slaagden erin de Duitse stoomwals wat te vertragen. Na de inname van Château Thierry slaagden de Amerikanen erin de Duitsers verder tegen te houden. Parijs werd nu direct bedreigd en de paniek bij de geallieerden was dan ook groot. Op 1 juni namen de Duitsers posities in op ongeveer 65 km van Parijs en inmiddels hadden ze reeds 65.000 krijgsgevangenen gemaakt. Ook Reims werd bedreigd, maar de bevoorrading werd nu steeds moeilijker en de soldaten raakten uitgeput. De opmars werd verder opgehouden omdat Duitse soldaten overgingen tot het plunderen van de veroverde geallieerde opslagplaatsen waarbij velen zich te buiten gingen aan voedsel en drank en de bevelen niet meer gehoorzaamden. Ludendorff was niet meer in staat voldoende reserves te zenden en op 3 juni moest hij beslissen ook die aanval te staken en de manschappen rust te gunnen.

HET EINDE

Ook honden werden ingezet aan het front. Hier brengen ze voedsel naar de voorste linie.

HET EINDE

Een Duits draadloos telegraafstation in het veld. Let op de twee wielrijders voor de stroomvoorziening.

DE VIERDE POGING, 'OPERATIE GNEISENAU'

Op 9 juni gaf Ludendorff opdracht tot een nieuw offensief, wederom met Hutiers 18^e leger, elf eerstelijndivisies en zeven reservedivisies, gesteund door ruim 500 vliegtuigen en 625 batterijen geschut. De divisies waren echter, als gevolg van de geleden verliezen, niet meer op volle sterkte, sommige zelfs minder dan 50 procent, anderen bezet met onervaren rekruten. Ook de voedselsituatie werd kritiek. Er kwam geen voer voor de paarden meer binnen en de voedselbevoorrading van de troepen was minimaal geworden. Veel soldaten leden honger waardoor het aantal plunderingen onrustbarend toenam en er waren ook veel deserteurs.

De aanval werd geopend met negen divisies langs een front van ruim 36 kilometer breed tussen Montdidier en Noyen en bereikte enkele uren later reeds de rivier de Oise waar ze tussen Rollot en Thiescourt doorbraken over een breedte van 10 kilometer tot zuidoostelijk van Méry. De Fransen zonden versterkingen en slaagden erin de aanvallers tegen te houden. Op de 11e juni voerden ze een tegenaanval uit en brachten het Duitse offensief tot stilstand ten koste van 40.000 man aan verliezen. De Duitsers verloren bij dit offensief 25.000 man. De Duitse offensieven tot dan toe hadden hun veel terreinwinst, 2800 stukken geschut, meer dan 8000 machinegeweren en ruim 212.000 krijgsgevangenen opgeleverd, maar tot een echte en definitieve splitsing van de Franse en Britse legers was het weer niet gekomen.

DE VIJFDE POGING, OPERATIE MARNESCHUTZ, DE SLAG OM REIMS

Ludendorff besloot nu tot een allerlaatste poging om een definitieve beslissing te forceren. Ondanks waarschuwingen te wachten tot zijn troepen weer op sterkte zouden zijn en voldoende rust hadden genoten, besloot hij het risico van een nieuwe aanval te nemen. Hij was van mening dat de oorlog in 1918 moest zijn beëindigd omdat de geallieerden, met de komst van de Amerikanen, steeds sterker werden, terwijl zijn eigen troepenmacht steeds zwakker werd en de strijd niet lang meer zou kunnen volhouden. Hij stelde 49 divisies ter beschikking en gaf generaal Boehn met zijn 7e leger opdracht de Marne over te trekken oostelijk van Château Thierry om daarna Tére-Champenois in te nemen. Het 1e en 3e leger (Von Mudra en Von Einem) moesten ten oosten van Reims in de aanval gaan om Châlons sur Marne te bezetten.

Ludendorff was opvallend optimistisch en volstrekt overtuigd dat deze aanval een succes zou worden. Deze aanval, zo verklaarde hij, zou de absolute nederlaag voor de geallieerden betekenen en Duitsland eindelijk de zo lang bevochten overwinning brengen. Dit optimisme was echter moeilijk te begrijpen omdat zijn strijdmacht ernstig was verzwakt. De vier offensieven hadden hem bijna een half miljoen verliezen gekost (waarvan 95.000 doden) en het ontbrak hem aan reserves. De reserves die van het oostfront afkomstig waren veroorzaakten zeer veel problemen. Ze waren zeer slecht gedisciplineerd en elke motivatie was hun vreemd. Het aantal deserteurs nam bovendien schrikbarend toe.

Een Britse observatiepost nabij Ieper.

HET EINDE

Britse verzamelplaats van gebruikt verbandmateriaal dat werd gewassen om opnieuw te worden gebruikt.

Op 15 juli kwamen de Duitse troepen dan toch in beweging. De aanval werd voorafgegaan door een beschieting met mosterdgas die echter door een verkeerde wind geen effect sorteerde. Het 1^e en 3^e leger ondervonden al direct veel weerstand en kwamen mede door gebrek aan voldoende artilleriesteun maar weinig vooruit. Het 7^e leger maakte wel voortgang en rukte tot circa 7 kilometer over de Marne de Franse stellingen binnen. Door het achterblijven van het 1^e en 3^e leger kwam het verband tussen hen en het 7^e in gevaar en generaal Boehn verzocht toestemming tot terugtrekken. Ludendorff, die in alle staten was omdat hij ook dit offensief, waarop hij al zijn hoop had gevestigd, weer zag mislukken, aarzelde die toestemming te geven en toen hij dat uiteindelijk toch deed, was het reeds te laat. Intussen besloot hij nu toch het groene licht te geven voor het oorspronkelijke 'plan Hagen' waartoe hij reeds troepen had samengetrokken in Vlaanderen. Het zou echter zover niet meer komen, want op 18 juli openden de Fransen een tegenoffensief en Ludendorff werd nu gedwongen plan Hagen te laten varen en de troepen aldaar onmiddellijk naar Soissons te laten overplaatsen.

HET GEALLIEERDE TEGENOFFENSIEF

Hoewel zelf reeds ernstig verzwakt, begonnen de Fransen op 18 juli hun reeds lang voorbereide tegenoffensief met ruim 1600 stukken geschut. Het 10^e Franse leger onder generaal Mangin, (tien divisies inclusief twee Amerikaanse in de eer-

HET EINDE

ste linie en zes infanteriedivisies plus een cavaleriekorps in de tweede linie, alsmede twee Britse divisies als reserve) en het 6e leger onder generaal Degoutte (zeven divisies inclusief twee Amerikaanse en één reservedivisie in de tweede linie) openden de aanval op het Duitse 7e leger (vijf divisies met zes reservedivisies) en het Duitse 9e leger (zes divisies en twee reservedivisies). Voor het eerst waren de Amerikanen in grote aantallen (ruim 85.000 man) aanwezig. Drie andere Amerikaanse divisies, (elke divisie telde 17.000 man en was daarmee veel groter dan de geallieerde of Duitse divisies), waren eveneens op weg naar het front. Deze overmacht aan geallieerde troepen drong de Duitse legers langzaam maar zeker terug en Ludendorff kreeg nu van zijn staf het advies om al zijn troepen terug te trekken op de Siegfriedlinie. Bevreesd voor de gevolgen die dit zou hebben op de politiek, het vaderland en op het moreel van zijn troepen, weigerde hij dit. Hij had echter geen reserves meer ter beschikking om het geallieerde offensief tot staan te brengen en de druk werd steeds zwaarder.

Ditmaal was het geluk nog even met hem, want ook de Fransen hadden enorme verliezen geleden (ruim 160.000 man) en waren eveneens niet meer in

Gesneuvelde Franse soldaten in een door de Duitsers veroverde loopgraaf. Juli 1918.

Maarschalk Joffre bezoekt het front, oktober 1918.

staat deze aan te vullen. Het geallieerde offensief verliep dan ook slecht en kwam op 22 juli geheel tot staan. De Duitsers verloren 110.000 man en er was geen uitzicht meer die verliezen op te vangen.

Ludendorff, die nog even van plan was het 7^e leger in zijn posities te handhaven, werd nu door Von Hindenburg gedwongen dit idee op te geven en de troepen achter de Marne terug te trekken. Hij was zeer gedeprimeerd en maakte een nerveuze en besluiteloze indruk op zijn staf en commandanten. Niet geheel onlogisch, want de grote ommekeer was begonnen en het Duitse opperbevel was het initiatief aan de geallieerden kwijtgeraakt.

8 AUGUSTUS, DE 'ZWARTE DAG' VOOR HET DUITSE LEGER

Na het tegenoffensief brak er een periode van betrekkelijke rust aan, wat de geallieerden in staat stelde versterkingen aan te voeren en de uitgeputte troepen de noodzakelijke rust te gunnen.

Tegelijkertijd maakten ze nieuwe plannen om de Duitse troepen verder terug te dringen. Ditmaal zou het Britse 4^e leger, onder generaal Rawlinson, (de opvolger van generaal Gough die in maart was ontslagen) samen met het 1^e Franse leger onder generaal Debeney een offensief ondernemen tegen het Duitse 2^e leger (generaal Marwitz) tussen de rivier de Avre en St. Albert en tegen generaal Hutiers 18^e leger.

Ook de Britse koning George en koning Albert van België bezochten de frontsector.

HET EINDE

Duitse troepen marcheren naar nieuwe achterwaartse stellingen, september 1918 ...

... en laten een enorme ravage achter.

Rechts: geen steen bleef op de andere, als onderdeel van een strategische terugtocht die het de geallieerden onmogelijk moest maken de Duitse troepen te achtervolgen.

HET EINDE

Terugtrekkende Duitse troepen blazen een spoorwegknooppunt op.

HET EINDE

De Duitsers slaagden erin het grootste deel van hun artillerie veilig te stellen.
Op de foto: een 210 mm-houwitserbatterij maakt zich gereed voor de terugtocht. Oktober 1918.

Duitse soldaten schuilen in een granaattrechter, oktober 1918.

HET EINDE

Duitse troepen tijdens hun terugtocht op de Hindenburglinie.

Terugtrekkende Duitse troepen onder zwaar geallieerd artillerievuur.

HET EINDE

Een zware Franse mortiergranaat ontploft midden tussen de Duitse stellingen.

HET EINDE

In november werd het bitter koud. Op de foto: een Duitse schildwacht verkent het besneeuwde landschap.

Vroeg in de ochtend van de 8e augustus openden de geallieerden met 2000 kanonnen langs een front van ongeveer 10 kilometer een vreselijke beschieting, gevolgd door een tankaanval met 450 tanks die op hun beurt weer werden gevolgd door infanterie. Tegen de avond waren Britse troepen reeds 15 kilometer diep in de Duitse linies doorgedrongen en maakten ruim 16.000 krijgsgevangenen en enkele honderden kanonnen buit.

Een door de geallieerden op de Duitsers veroverd machinegeweer te Landreville, 7 november 1918.

HET EINDE

Een Duitse 85 mm-loopgraafmortier gereed om af te vuren. Nog steeds vindt men dit soort granaten op de oude slagvelden in Frankrijk.

Links: de Duitsers plaatsten overal antitank-obstakels.

Een door de Amerikanen veroverde Duitse 210 mm-mortier.

Duitse Schneider-houwitser.

HET EINDE

Gecamoufleerd Amerikaans kanon in Frankrijk, 27 juli 1918.

Amerikaanse troepen gereed om aan te vallen achter rookgordijn.

HET EINDE

Duits mortieremplacement bij Varneville. Veroverd door de Amerikanen op 22 oktober 1918.

Duitse loopgraven in het Bois des Esparges waarop het Amerikaanse 261[e] regiment infanterie op 10 september 1918 de aanval opende.

Links: gesneuvelde Duitse soldaten bij Hamel.

14 inch-spoorweggeschut vuurt op Duitse stellingen in het Argonnenwoud.

Tijdens de Amerikaanse opmars ontstonden chaotische toestanden. Hier een enorme opstopping nabij St. Michiel.

HET EINDE

De Fransen waren echter minder succesvol en kwamen langzamer vooruit. Wel maakten ook zij krijgsgevangenen, ruim 5000 in totaal waarbij 160 kanonnen in hun handen vielen, maar ijlings aangevoerde Duitse versterkingen slaagden erin het geallieerde offensief te vertragen en ten slotte tot staan te brengen. Dit was voor generaal Rawlinson aanleiding Haig te verzoeken het offensief te mogen beëindigen. Haig stemde toe maar generaal Foch eiste dat de Britten eerst Péronne en Ham nog zouden veroveren om de Duitsers over de Somme terug te dringen. Het Britse 4e leger ondernam de volgende dag een poging die echter niet slaagde en ditmaal hield Haig voet bij stuk en beëindigde het offensief. De verliezen waren wederom groot. Van de 450 tanks waren er nog slechts 67 over, de Fransen en Britten verloren ongeveer 45.000 man en de Duitsers 75.000. De Brits-Franse tegenaanval was er niet in geslaagd om een doorbraak

Na de verovering van Bayonville. Amerikaanse soldaten bestuderen een Duits waarschuwingsbord tegen luchtaanvallen.

HET EINDE

Tot op het laatste moment probeerde de Duitse regering geld bijeen te krijgen om de strijd te kunnen financieren. Hier een poster die het volk tracht te interesseren voor een nieuwe oorlogslening.

te forceren, al was het duidelijk dat het initiatief nu naar geallieerde zijde was verschoven.

Ondanks het feit dat de Duitsers het geallieerde offensief tot staan hadden gebracht, werd de aanval door het Duitse opperbevel als rampzalig ervaren. Het was dan wel gelukt de opmars te blokkeren, maar de aanvankelijke snelle doorstoot kwam als een grote schok. Voor het eerst werd het duidelijk dat de wil om te overwinnen bij de Duitse troepen was gebroken. Hele eenheden hadden zich aan de vijand overgegeven, soldaten gehoorzaamden hun officieren niet meer en honderdduizenden deserteerden. Ludendorff realiseerde zich voor de eerste keer dat het gedaan was met het Duitse leger en dat een overwinning niet meer tot de mogelijkheden behoorde. Hij schreef later in zijn memoires dat hij zich in de steek gelaten voelde door zijn eigen soldaten, dat het voortzetten van de strijd niet verantwoord meer was en dat de oorlog derhalve moest worden

HET EINDE

Amerikaanse eerstehulppost in ruïne van een kerk te Neuville. 26 september 1928.

Gewonde Amerikaanse soldaten in een hospitaal te Parijs.

Links: de bevoorrading van de troepen in de voorste linies. Op de foto: Amerikaanse soldaten brengen brood naar voren.

HET EINDE

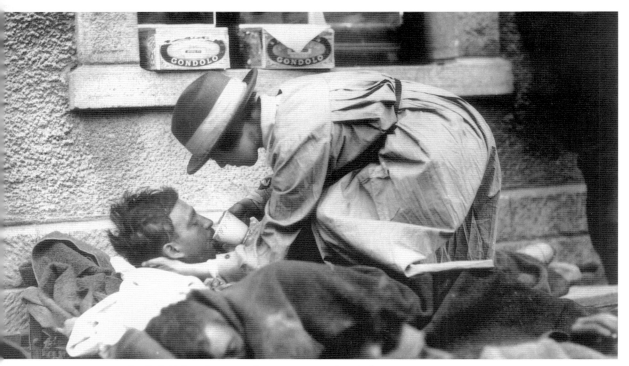

Een Rode Kruisverpleegster geeft een zwaargewonde te drinken.

Na een Duitse aanval met mosterdgas wordt de kleding van de getroffen soldaten verzameld en verbrand.

Rechts: een Amerikaanse hospitaaltrein met gewonden op weg naar Parijs.

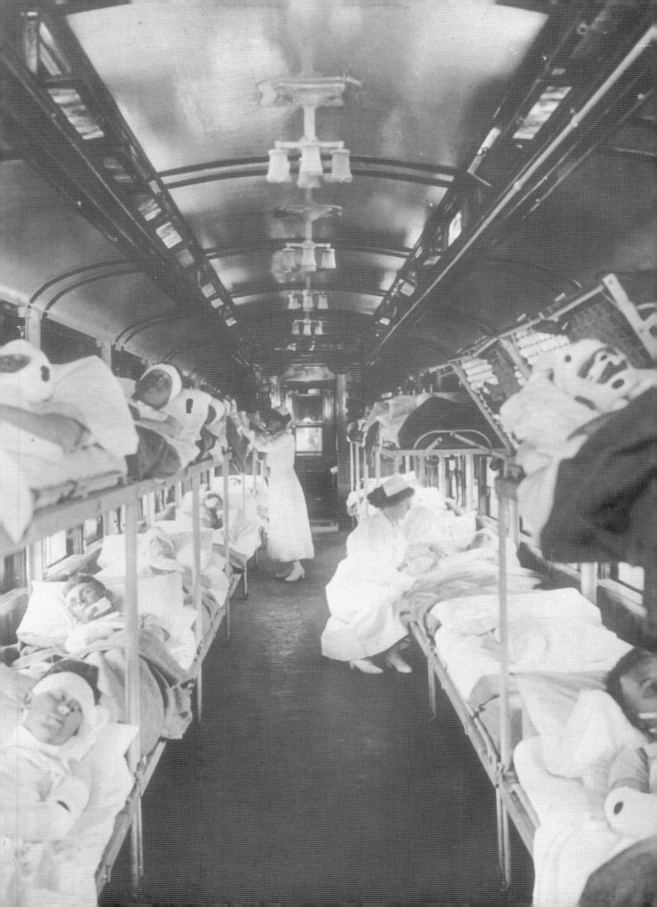

HET EINDE

Een Amerikaanse legeraalmoezenier tijdens een dienst te velde.

Het 39e regiment infanterie van de Amerikaanse 93e divisie bestond uit Amerikaanse negersoldaten die onder Frans commando werden gesteld en onder andere werden ingezet bij Maffrecourt in mei 1918. Zij vochten uitstekend en velen ontvingen hoge Franse onderscheidingen.

HET EINDE

Het Amerikaanse 326ᵉ regiment infanterie, hier in de aanval op 1 augustus 1918.

Door hun onervarenheid in het gevecht leden de Amerikanen vaak nodeloos grote verliezen.

Amerikaanse troepen tijdens hun mars naar Soissons, een belangrijk Duits spoorwegknooppunt.

gestaakt. Van nu af aan zou Duitsland zich moeten beperken tot de verdediging en het voortzetten van de gevechten kon nog slechts dienen om tijd te winnen om vredesonderhandelingen met de vijand te openen. Ook nu weer weigerde hij echter om zijn troepen terug te trekken. Die troepen dienden te blijven waar ze waren en ter plaatse de vooruitgeschoven stellingen te verdedigen. Om dat mogelijk te maken stuurde hij zo veel mogelijk versterkingen, maar andere fronten werden daardoor natuurlijk aanzienlijk verzwakt.

Dezelfde dag informeerde hij Von Hindenburg en de keizer over de situatie en vertelde dat hij van mening was dat een militaire overwinning niet meer tot de mogelijkheden behoorde. Wilhelm II hoorde de onheilstijding kalm en beheerst aan en gaf daarna opdracht een vergadering met de rijkskanselier en de minister van Buitenlandse Zaken te beleggen op het grote hoofdkwartier te Spa. Die vergadering vond plaats op 13 augustus. Ludendorff gaf een overzicht van de situatie en verklaarde wederom dat een overwinning niet meer mogelijk zou zijn. Hij beweerde echter dat ook de geallieerden aan het eind van hun krachten waren gekomen en dat zijn nieuwe strategie nu gericht zou zijn op een krachtige en stugge verdediging van het bezette terrein. Hij gaf als zijn overtuiging dat dit de wil

HET EINDE

Het Amerikaanse 308ᵉ regiment infanterie na de verovering van de tweede Duitse linie in het Argonnenwoud ten noorden van Four de Paris.

HET EINDE

De communicatie verliep nog primitief en tanks waren niet met radio uitgerust. Op de foto: een postduif wordt uit een zware tank losgelaten met een bericht voor de commandopost.

HET EINDE

Franse tanks leverden een belangrijk aandeel bij de Amerikaanse opmars zoals hier bij Soissons in 1918.

Geallieerde tanks in de aanval bij Soissons.

HET EINDE

Amerikaanse troepen graven zich in nabij Nanteuil sur Marne op 29 juni 1918.

HET EINDE

Op 13 augustus 1918 vallen de Amerikanen aan bij St. Barbe.

Bij deze aanval waren de Amerikaanse verliezen zeer groot.

Links: het Amerikaanse 326e regiment infanterie valt op 1 augustus aan bij Choloy.

HET EINDE

Ook op 8 oktober waren de Amerikanen weer van de partij. Hier de 30ᵉ divisie in de aanval bij Fremont.

Nog in oktober 1918, een maand voor zijn abdicatie, bezocht keizer Wilhelm II een wapenfabriek te Kiel waar hij een beroep op de arbeiders deed het werk niet neer te leggen.

om nog verder te strijden bij de geallieerden zou breken en hen alsnog zou dwingen vrede te sluiten. Dit was natuurlijk een veel te rooskleurige voorstelling van zaken die nergens op berustte en slechts blijk gaf van een ongehoord en niet reëel optimisme. De rijkskanselier stelde voor om toch voorbereidingen te treffen tot het openen van vredesbesprekingen, maar dit werd door Ludendorff scherp van de hand gewezen. Vredesonderhandelingen, zo stelde hij, waren pas mogelijk als eerst weer een militaire overwinning was behaald en hij verzekerde het gezelschap dat de situatie wel ernstig, maar zeker niet hopeloos was. Von Hertling en

Duitse gesneuvelde soldaten tijdens de Amerikaanse opmars.

HET EINDE

In Duitsland was gebrek aan alles. Hier een Duitse oproep tot het verzamelen van vrouwenhaar voor de defensie-industrie.

De Duitse keizer tijdens zijn bezoek aan Kiel, in gesprek met een arbeider.

Amerikaanse reserves trekken op langs de Marne.

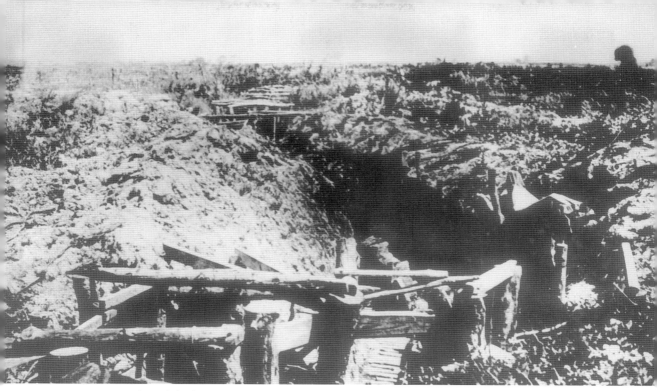

Gezicht op de frontlijn vanuit de loopgraaf van de Amerikaanse 'A'-compagnie. 14 juni 1918.

Amerikaanse veldbakkerij. Met een bezetting van 54 bakkers en 8 ovens bakte men dagelijks 54.000 pond brood voor de troepen in het veld.

HET EINDE

De gebruikte strijdmiddelen waren vaak meedogenloos en wreed. Op de foto een 'mensenval'.

HET EINDE

De strijd in het Argonnenwoud. Hier de weg Varenne-Four de Paris, op 4 november 1918.

HET EINDE

Duitse krijgsgevangenen van de Amerikaanse 27^e en 33^e divisie.

Gegrepen op het laatste moment. Vier Duitse spionnen in Amerikaanse uniformen werden ontdekt en ter plaatse doodgeschoten. November 1918.

Te midden van dood en vernietiging bidt een Amerikaans soldaat bij een gespaard gebleven Christusbeeld bij Somme Dieu, november 1918.

minister Hintze gingen met een bezwaard hart maar toch enigszins gerustgesteld naar Duitsland terug nadat ook Von Hindenburg nog eens nadrukkelijk had verklaard dat ze niet moesten vergeten dat de Duitse troepen zich nog steeds op vijandelijk gebied bevonden en daar zo mogelijk ook zouden blijven.

Al spoedig echter zou blijken dat, gezien de werkelijke situatie aan het front, het door het opperbevel tentoongestelde vertrouwen op niets was gebaseerd en dat van verder standhouden vooralsnog geen sprake kon zijn. De geallieerden waren inmiddels bezig, nu met aanzienlijke Amerikaanse hulp, een nieuw groot

HET EINDE

Een Canadese soldaat roept bij een veroverde Duitse dug-out eventueel schuilende Duitsers op om naar buiten te komen. Dury, 2 september 1918.

offensief voor te bereiden waartegenover de Duitsers geen troepen in het veld konden brengen en al snel drong het tot Von Hindenburg en Ludendorff door dat hun niets anders restte dan toe te geven dat de situatie hopeloos was. Om te redden wat er nog te redden viel, eisten zij nu plotseling dat de regering om een wapenstilstand moest vragen en ze waarschuwden dat dit snel moest geschieden omdat elke dag uitstel tot een regelrechte ramp zou kunnen leiden. Deze eis overviel de regering volkomen. Zij zag zich nu gedwongen een wapenstilstand te realiseren waarbij zij met lege handen stond, een wapenstilstand vanuit een ondergeschikte positie en onder de slechtst mogelijke omstandigheden. Een groot drama stond op het punt zich te voltrekken.

DUITSLAND VRAAGT OM EEN WAPENSTILSTAND

Vastgesteld moet worden dat de Duitse offensieven van maart tot juli grote tactische overwinningen, maar geen strategische doorbraak tot stand hadden gebracht en dat, na het falen van deze offensieven, de mogelijkheid de oorlog nog

met de wapenen te winnen, definitief tot het verleden behoorde. In maart had Duitsland nog een forse overmacht aan troepen, in juli was die situatie totaal veranderd. De laatste offensieven hadden ruim 700.000 man aan verliezen gekost en van juli tot oktober verloor men nog eens 800.000 man. De totale Duitse verliezen sinds het uitbreken van de oorlog in 1914 bedroegen 4,5 miljoen aan doden, gewonden, vermisten en krijgsgevangenen en er waren gewoonweg niet voldoende mannen meer in leven om deze verliezen nog langer aan te vullen. Het was in de praktijk zelfs niet meer mogelijk om voldoende mannen bijeen te garen voor de bouw van nieuwe, achterwaartse stellingen. Veel divisies aan het front bestonden alleen nog maar in naam of waren maar gedeeltelijk bemand.

Tegelijkertijd scheen de geallieerde gevechtskracht alleen maar toe te nemen. Begin november 1918 waren er reeds 1,8 miljoen Amerikanen in Frankrijk geland en maandelijks kwamen daar nu zo'n 200.000 tot 250.000 man bij. Overigens waren de Amerikaanse troepen nog slechts gedeeltelijk gevechtsklaar en nog zeer onervaren.

Een Britse soldaat in de onneembaar geachte Hindenburglinie.

HET EINDE

Het blijft uitermate vreemd dat de geallieerden niet goed op de hoogte waren van de deplorabele toestand waarin de Duitse strijdkrachten zich bevonden. Hoewel men uiteraard bemerkte dat men aan de winnende hand leek te zijn en de Duitsers kennelijk het initiatief kwijt waren, leefde de gedachte dat, gezien de nog steeds zeer zware tegenstand van het Duitse leger, de oorlog nog lang niet was afgelopen en mogelijk nog tot diep in 1919 zou voortduren. Men vroeg zich daarbij af of de geallieerde volkeren de voortzetting van de oorlog nog wel zouden blijven steunen. De eigen verliezen waren dan ook gigantisch en be-

Maarschalk Foch. De Duitse delegatie vroeg hem naar zijn voorstellen; Foch antwoordde geen voorstellen te hebben.

Op 2 juli 1918 kwamen de geallieerden bijeen om hun wapenstilstandseisen op te stellen.

De Britse minister-president Lloyd George tijdens de 'Inter-Allied Conference' op 2 juli 1918.

HET EINDE

De Amerikaanse vertegenwoordiger bij het geallieerde hoofdkwartier, generaal H. Bliss.

droegen in de periode maart tot en met juli 850.000 man. Die verliezen waren in de periode tussen juli en november zo mogelijk nog bloediger. De Fransen verloren daarbij 530.000 man, de Britten 410.000 en de Amerikanen 300.000 man, alles tezamen in 1918 dus 2,1 miljoen man. Maar er was nog meer. Niet alleen de Duitse divisies waren als sneeuw voor de zon geslonken, ook de Britse divisies moesten worden ingekrompen van twaalf naar negen bataljons en in mei moest men zelfs tien divisies opheffen als gevolg van onvoldoende mankracht. Ook de offensieve capaciteit van het Franse leger, nooit meer geheel hersteld na de grote muiterijen van 1917, bleef problematisch en hing volledig af van Britse en later van vooral Amerikaanse steun. Ook bij de geallieerden waren de reserves praktisch geheel uitgeput. Nog in juni 1918 vroegen de geallieerden aan president Wilson om onmiddellijk 4 miljoen man te zenden omdat anders de oorlog verloren zou zijn. Vier miljoen man! Een absurd aantal, meer dan de totale geallieerde strijdmacht op dat moment in Frankrijk bijeen en wel een bewijs hoe slecht de geallieerden zelf er op dat moment bijstonden, en dat men niet wist dat ook de Duitsers aan het absolute eind van hun krachten waren gekomen. De geallieerde generaals konden wel grote offensieven plannen, maar het

De nieuwe Duitse rijkskanselier prins Max von Baden die tot taak kreeg wapenstilstandsbesprekingen met de geallieerden te initiëren.

Churchill te Lille, vlak voor de wapenstilstand, 24 oktober 1918.

Generaal Von Winterfeldt, hoofd van de Duitse wapenstilstandscommissie op 29 november 1918.

Herr Erzberger, lid van de Rijksdag en lid van de wapenstilstandscommissie na het gesprek met maarschalk Foch in diens trein.

HET EINDE

Deel van de Duitse wapenstilstandscommissie, op weg naar maarschalk Foch.

ontbrak hun aan voldoende stootkracht om die offensieven ook daadwerkelijk en met succes uit te voeren.

Er was nog een ander belangrijk aspect. President Wilson was met vredesvoorstellen gekomen die de geallieerden absoluut niet zinden. De Amerikanen hadden laten doorschemeren dat als de geallieerde hun vredesvoorstellen zouden verwerpen, ze mogelijk een aparte vrede met de vijand zouden sluiten. Dat moest natuurlijk ten koste van alles voorkomen worden want zonder de Amerikanen kon men de oorlog niet meer winnen. Met name de Britten waren van mening dat het, als zou blijken dat de oorlog nog lang zou moeten duren, wellicht verstandiger zou zijn om snel tot vredesbesprekingen met de Duitsers te komen omdat men vanuit een positie van kracht betere voorwaarden zou kunnen stellen dan die waarmee president Wilson was gekomen. Men wilde voorkomen dat de Amerikanen de dienst zouden gaan uitmaken en hun voorwaarden dwingend zouden opleggen aan de overige geallieerden. Het toenemend aantal Amerikaanse troepen dat voet op Franse bodem zette, maakte de kans dat die het voor het zeggen zouden krijgen inderdaad met de dag waarschijnlijker.

Zo was de situatie toen het Duitse opperbevel besloot de regering te verzoeken over te gaan tot het realiseren van een wapenstilstand. Dat verzoek kwam overigens voor het volk als een donderslag bij heldere hemel. Tot dan toe had het opperbevel steeds volgehouden dat de eindoverwinning, ondanks alle opofferin-

HET EINDE

Geallieerde leden van de wapenstilstandscommissie te Spa. Van links naar rechts: luitenant-generaal Sir Haking (Groot-Brittannië), majoor-generaal Rhiodes, (Verenigde Staten) en generaal Dunant (Frankrijk).

gen en grote verliezen, mogelijk was. Nog op 13 augustus hadden Von Hindenburg en Ludendorff verklaard dat men op z'n minst het bezette gebied zou kunnen behouden en een eervolle vrede zou kunnen afdwingen. Van vredesonderhandelingen wilden ze toen niets weten. Nu, van het ene moment op het andere, zou alleen een wapenstilstand nog redding kunnen brengen en deze mededeling veroorzaakte een schok van ongeloof en wantrouwen bij het Duitse volk. Het was in feite het signaal aan de revolutionaire krachten in het land om de revolutie in gang te zetten en zo een definitief eind aan de oorlog te maken.

HET EINDE

Aankondiging van de wapenstilstand in Le Havre.

HET EINDE

Scène in Winchester bij het bekend worden van de wapenstilstand.

Ook in Duitsland vierde men feest. Op de foto: terugkerende troepen worden als helden binnengehaald.

Links: een jubelende menigte verzamelde zich op 11 november 1918 bij Buckingham Palace om de wapenstilstand te vieren.

HET EINDE

Een juichende menigte bij het keizerlijk paleis bij de terugkeer van Duitse soldaten in het vaderland.

Het Duitse opperbevel riep deze revolutie over zichzelf af door het volk stelselmatig een verkeerde voorstelling van zaken te geven over de toestand aan het front. Toen de werkelijkheid dan eindelijk in de openbaarheid kwam had dat het effect van een donderende schokgolf die het laatste restje vertrouwen en hoop bij het Duitse volk wegvaagde met alle gevolgen van dien. Ook bij de geallieerden veroorzaakte het wapenstilstandsverzoek grote verbazing; het kwam volstrekt onverwacht. Het was duidelijk dat zij, nu bleek dat de Duitsers het wilden opgeven en er dus niet meer gevochten zou worden, hun eisen zo hoog mogelijk zouden opschroeven. Dat bleek dan ook tijdens de wapenstilstandsonderhandelingen. De teerling was geworpen, Duitsland had de strijd verloren en moest wapenstilstands- en later vredeseisen accepteren die reeds de kiem bevatten van een volgende, nog vreselijkere oorlog, een oorlog die reeds zo'n twintig jaar later zou uitbreken waarbij ook toen weer de Amerikanen uiteindelijk de redding moesten brengen. De geschiedenis zou zich herhalen, men had daarvan niets geleerd en de gevolgen zouden vreselijk zijn.

Links: 'met vliegende vaandels en slaande trom'. Duitse troepen marcheren Berlijn binnen.
Men voelde zich niet verslagen.

HET EINDE

Duitse soldaten die waren achtergebleven, keren per trein uit Rusland terug.

Von Hindenburgs privévertrek te Spa.

Rechts: Britse lichtgewonden keren terug in hun woonplaats.

Ludendorffs verblijfplaats te Spa.

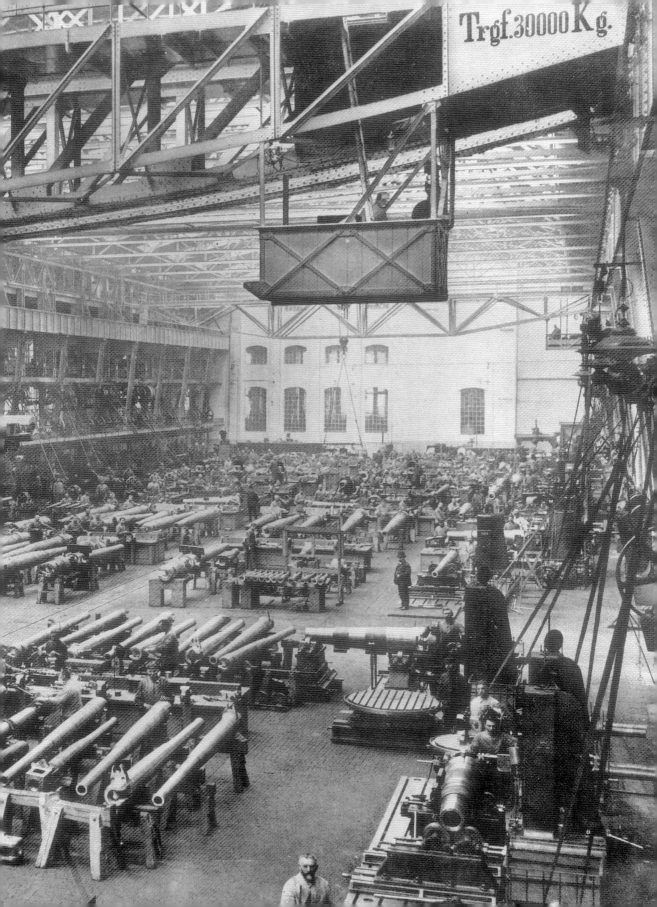

VREDE ZONDER OVERWINNAARS

DE WAPENSTILSTANDSONDERHANDELINGEN

Reeds in 1917 waren er in Duitsland politici die niet meer in de eindoverwinning geloofden en een snelle vrede noodzakelijk achtten. Een van hen, Erzberger, vernam in de zomer via een bevriende relatie binnen de strijdkrachten dat de militaire situatie voor Duitsland steeds moeilijker zou worden en dat bondgenoot Oostenrijk-Hongarije misschien de strijd eenzijdig zou moeten staken. Erzberger vormde daarop een groep van leden van de Rijksdag van het centrum, sociaal-democraten en progressieven, die samen een 'vredesresolutie'

De Britse opperbevelhebber, generaal D. Haig, met zijn officieren op wapenstilstandsdag, 11 november 1918.

Links: de geweldige wapenfabrieken van Krupp moesten worden ontmanteld.

HET EINDE

De Amerikaanse sergeant Philips bij het kanon waarmee hij het laatste schot van de oorlog afvuurde – in de Amerikaanse sector bij Neuville sur Meuse – op 11 november 1918.

Amerikaanse troepen passeren op 20 november 1918 de grens van Luxemburg, op weg naar Duitsland.

HET EINDE

Britse troepen op weg naar Keulen.

HET EINDE

De Britse koning George V en zijn gemalin Mary op weg naar de St. Paul's Cathedral voor het bijwonen van een herdenkingsdienst ter gelegenheid van de wapenstilstand.

opstelden, een initiatief om snel tot vrede te komen. Zij waren van mening dat daartoe in elk geval eerst de constitutie diende te worden veranderd in een parlementair systeem. Hun plan ontving al spoedig brede steun en werd ten slotte, zij het met grote tegenzin, door de keizer geaccepteerd.

De rijkskanselier, Von Bethmann Hollweg, achtte de invoering van het plan, waarmee hij het overigens in grote lijnen wel eens was, echter nog niet opportuun en het vredesplan kwam daarmee voorlopig in de la terecht, waarmee ook de kans op een vervroegde invoering van het parlementair systeem in Duitsland verkeken was.

Ook anderen werkten echter aan een vredesplan. Daarbij zetten de ambities en persoonlijke inzet van president Wilson de toon. Zijn eerste echte grote bemiddelingspoging tussen de strijdende partijen vond plaats kort na de torpedering van het Britse passagiersschip *Lusitania* in 1915. Wilson ontbood toen de Duitse ambassadeur en stelde voor dat Duitsland de onderzeebootoorlog zou staken in ruil voor Amerikaanse druk op Engeland om een einde te maken aan de zeeblokkade van Duitsland, maar die poging liep op niets uit.

HET EINDE

Wat later zond de president in de winter van 1915-1916 zijn vertrouweling kolonel House naar Groot-Brittannië waar deze een onderhoud had met de Britse minister van Buitenlandse Zaken Edward Grey, waarbij hij de mogelijkheden om tot vredesonderhandelingen te komen, verkende.

House herhaalde dit bezoek aan Grey enkele maanden later, waarbij hij de eerder nog strikt in acht genomen neutraliteitsprincipes reeds wat liet varen. Hij vroeg Grey daarbij naar diens wensen en vertelde hem dat de Verenigde Staten zich graag zo zouden opstellen dat het de geallieerden tot maximale steun zou zijn bij het winnen van de oorlog of, zoals hij het stelde: 'the USA wanted the British Government to do what would enable the USA to do what was necessary for the Allies to win the war'.

Hij stelde zich nog nadrukkelijker achter de geallieerden op toen hij bij zijn daarop volgend bezoek aan Parijs verklaarde dat, indien de geallieerden zouden verliezen, de president tussenbeide zou komen. De geallieerden maakten daaruit op dat dan de Verenigde Staten aan hun kant aan de oorlog zouden gaan deelnemen, maar later verklaarde House dat hij dat zo nooit had bedoeld en dat die

De Amerikaanse president Wilson kwam speciaal over naar Engeland. Op de foto: bezoek aan Manchester op 30 december 1918.

HET EINDE

gevolgtrekking onjuist was, overigens zonder erbij te vertellen wat hij dan eigenlijk wél had bedoeld.

House stelde nu voor om een vredesconferentie te beleggen waarbij hij er dan voor zou zorgen dat de aldaar te bespreken punten zodanig geformuleerd zouden worden dat ze het standpunt van de geallieerden verwoordden. Als Duitsland die punten dan zou verwerpen, zo stelde hij, dan zou Amerika aan de oorlog gaan deelnemen aan de zijde van de geallieerden. Een en ander werd daarop in een memorandum, het beruchte 'House-Greymemorandum' van 22 januari 1916, vastgelegd. De 'adder onder het gras' in dit memorandum, dat toch zo gunstig leek voor de geallieerden, lag in het feit dat de Amerikanen, na acceptatie van het voorstel, de facto de te stellen vredesvoorwaarden zouden kunnen dicteren, en dat leidde tot enorme weerstand bij Groot-Brittannië en Frankrijk. Het gehele plan ging dan ook niet door en wederom liep een vredesinitiatief van de Amerikaanse president op niets uit.

Eind 1916 wendde Duitsland zich, na zijn overwinning op Roemenië, tot Amerika en vroeg aan de Amerikaanse president om nogmaals een bemiddelingsvoorstel te doen. De president reageerde daarop positief en zond een nota

De Amerikaanse president Wilson, toegejuicht tijdens een rijtoer door Londen.

HET EINDE

De Duitse minister van Buitenlandse Zaken, Brockdorff-Rantzau, hoofd van de Duitse missie bij de vredesonderhandelingen in 1919. 'Wij voelden bij onze binnenkomst reeds de haat die u ons toedraagt, de erkenning van schuld uit mijn mond zou een leugen zijn ...'

aan de strijdende partijen waarin hij hun vroeg wat nu precies hun wensen en eisen waren om tot een duurzame vrede te komen. Deze nota werd aan geallieerde zijde nogal bekritiseerd. Het werd Wilson kwalijk genomen dat hij zich nog steeds niet openlijk aan geallieerde zijde had geschaard. Desondanks voldeed men schoorvoetend aan zijn verzoek en legde een aantal eisen op tafel. De kern ervan was onvoorwaardelijke overgave van Duitsland.

Ook Duitsland was niet erg toeschietelijk en zond een nogal halfslachtig en onduidelijk antwoord. De oorlogvoerenden waren duidelijk nog niet aan vrede

HET EINDE

President Wilson bij het verlaten van de vredesconferentie op 17 mei 1919 waar de Duitsers de vredesvoorwaarden in ontvangst namen.

toe en kwamen zelfs steeds onverzoenlijker tegenover elkaar te staan. Toch beseften de Duitsers wel dat hun positie er op den duur niet beter op zou worden en om een gunstige oplossing te forceren grepen ze nu naar het wapen van de onbeperkte onderzeebootoorlog waardoor ze de kans op een vergelijk tussen beide partijen welhaast tot nul reduceerden.

De Amerikaanse president bleef echter actief in zijn rol van vredestichter en op 22 januari 1917 hield hij een gloedvolle rede waarin hij zich tot de wereld richtte met een opzienbarend vredesplan. Hoofdthema was zijn stelling 'Peace without Victory', een vrede zonder overwinning en zonder overwinnaars. In dit plan zouden de strijdende partijen vrede moeten sluiten op basis van vooraf gemaakte afspraken over de vrijheid van alle zeeën, het zelfbeschikkingsrecht

HET EINDE

De Britse minister-president Lloyd George verlaat de conferentie.

Het paleis te Versailles, waar het vredesverdrag door Duitsland, onder protest, werd ondertekend op 28 juni 1919.

voor alle volkeren, afschaffing van alle geheime allianties en verdragen en terugtrekking op het eigen voormalige grondgebied. En dat alles op basis van volstrekte gelijkheid zonder nog verder de schuldvraag te stellen.

Het was een edel plan, maar nogal naïef en het werd dan ook door iedereen verworpen. Het bleef angstig stil rondom Wilson en het was mede dit gebrek aan positieve reacties dat de president zich deed afvragen of hij zijn neutraliteitspolitiek niet moest opgeven en de zijde van de geallieerden moest kiezen. Deze aarzeling werd nog versterkt door de incidenten met de *Lusitania* en de *Arabic*. Het Zimmermanntelegram en de hervatting door Duitsland van de onbeperkte onderzeebootoorlog deden de deur dicht en bracht Wilson tot een definitief

besluit zich aan de kant van de geallieerden te scharen. Op 3 februari 1917, nadat Duitsland de hervatting van de onbeperkte onderzeebootoorlog officieel had aangekondigd, verbrak hij de diplomatieke betrekkingen. Op 2 april 1917 verklaarde Amerika Duitsland de oorlog.

WILSONS VEERTIENPUNTENPLAN

Hoewel Amerika nu officieel aan de kant van de geallieerden aan de oorlog deelnam, weerhield dit de Amerikaanse president er niet van door te gaan met zijn vredesinitiatieven. Integendeel, zijn besluit aan de oorlog te gaan deelnemen werd mede ingegeven door de gedachte dat hij daardoor veel meer invloed op de strijdende partijen zou kunnen uitoefenen dan wanneer Amerika buiten de

HET EINDE

Zijvleugel van het paleis te Versailles.

oorlog zou blijven. Door partij te worden kon hij aan de geallieerden eisen stellen en daar eventueel ook kracht achter zetten.

Inmiddels werkte hij de gehele zomer en een deel van de winter 1917-1918 aan de uitwerking van zijn 'Peace without Victory'-plan en op 8 januari 1918 hield hij zijn wereldberoemd geworden veertienpuntenrede die op dat moment, met name in de Verenigde Staten zelf, met gejuich werd ontvangen.

Helaas, in Europa was men wat minder enthousiast. De geallieerden waren het in principe met geen van de veertien punten eens. De Franse minister-president Clemenceau maakte een spottende opmerking en de *Times* merkte op dat Wilson kennelijk dacht dat het 'Rijk der gerechtigheid' reeds op aarde was neergedaald. Ook Duitsland reageerde koel en niet erg toeschietelijk.

Het plan van de president bevatte een aantal belangrijke punten waaronder clausules over het principe van een vrije zee, het verdwijnen van alle economische barrières, de teruggave van Elzas-Lotharingen door Duitsland aan Frankrijk, een vrije en eerlijke regeling met betrekking tot alle koloniale afspraken – waarbij de belangen van de betrokken bevolkingen even zwaar dienden te wegen als dat van de koloniale machten – zelfbeschikkingsrecht voor de Balkanstaten, het openstellen van de Dardanellen en het oprichten van een Volkerenbond waarin alle naties, groot en klein, dezelfde rechten op politieke onafhankelijkheid en territoriale integriteit dienden te krijgen.

HET EINDE

Op het eerste gezicht een schitterend plan maar de praktische uitvoering ervan lag toch wel wat moeilijker. Zo was een vrije open zee voor Groot-Brittannië onaanvaardbaar, het zou zijn heerschappij ter zee tot in de wortel aantasten. Voor Duitsland was de teruggave van Elzas-Lotharingen onverteerbaar en de voorstellen inzake de koloniën vonden bij niemand gehoor. De negatieve reacties ontmoedigden Wilson echter niet. Integendeel, op 11 februari hield hij weer een rede waarin hij nog eens vier min of meer nieuwe punten ('the four principles') aan de eerdere veertien toevoegde. Daartoe behoorden de stellingen dat zo veel mogelijk moest worden tegemoetgekomen aan de aspiraties van de leiders van door koloniale machten geregeerde gebieden en dat elke territoriale afspraak in het belang diende te zijn van het betrokken land.

Ook deze rede van de president werd met veel kritiek ontvangen. In Groot-Brittannië dacht men onmiddellijk aan het Britse koloniale imperium. Wat Wilson hier voorstelde zou in feite de ontmanteling van het Britse koloniale rijk betekenen en daar zaten de Britten natuurlijk niet op te wachten, maar ook ditmaal trok de president zich weinig van de kritiek aan. Op 4 juni 1918 voegde hij nog eens vier punten aan zijn programma toe, 'the four points' genaamd. In het kort kwamen ze hierop neer:
1   Onpartijdigheid en rechtvaardigheid tussen de volkeren.
2   Definitieve regeling van het recht op zelfbeschikking.
3   Voor alle volkeren dezelfde morele principes.

Het Britse 'Imperial War Cabinet' bijeen.

HET EINDE

4 Een nadere uitwerking van de stichting van een wereldvredesorganisatie.

Ditmaal werkte de oorlogssituatie in Wilsons voordeel. De Duitsers waren in maart met een groot offensief begonnen en de geallieerden moesten overal terugtrekken. De situatie was dusdanig dat ze nu vreesden alsnog de oorlog te zullen verliezen en ze smeekten Amerika meer troepen te zenden. Nu men in nood was leek men wat meer bereid om naar Wilsons voorstellen en plannen te luisteren.

De president reageerde op 17 september door nogmaals enkele nieuwe punten ('the five particulars') aan zijn plan toe te voegen. Een belangrijk punt was

De Britse minister-president Lloyd George beloofde het Britse volk Duitsland te zullen uitpersen als 'de pitten uit een citroen'.

de eis dat er sprake moest zijn van volstrekte gelijkheid van alle deelnemers aan de komende vredesbesprekingen, alle bestaande geheime afspraken tussen landen dienden openbaar gemaakt te worden en het vormen van geheime allianties of verdragen zou in de toekomst verboden zijn.

Voor Duitsland, dat zijn aanvankelijk succesvolle maartoffensief zag mislukken en aan het eind van zijn krachten was gekomen, was vooral de eis van gelijkheid tijdens de vredesbesprekingen uitermate belangrijk. Op 4 oktober deelde de Duitse regering president Wilson mee zijn veertienpuntenprogramma te accepteren als basis bij het starten van vredesbesprekingen met de geallieerden

8 juni 1919. Op de plaats waar op 18 januari 1871 het Duitse keizerrijk werd uitgeroepen – de Spiegelzaal van het paleis te Versailles – vond datzelfde keizerrijk een roemloos einde door het vernederende vredesverdrag.

HET EINDE

De handtekeningen onder het verdrag van Versailles, dat een eind maakte aan de Eerste Wereldoorlog, maar reeds de kiem legde voor een nog vreselijker oorlog, zo'n twintig jaar later.

HET EINDE

Een Frans regiment tijdens een overwinningsparade op 19 juli 1919 te Londen.

en vroeg zij hem te bemiddelen om besprekingen over een wapenstilstand op gang te brengen.

De geallieerden waren echter absoluut niet gelukkig met Wilsons veertienpunten-, of beter: Wilsons 27-puntenplan. Clemenceau kon niet nalaten op te merken dat 'de goede God zelf slechts tien punten nodig had' en hij wees het Duitse verzoek om tot wapenstilstandsonderhandelingen te komen onmiddellijk af omdat hij van mening was dat Duitsland zich niet tot Amerika, maar tot de geallieerden had moeten wenden met dit verzoek.

De Britse premier Lloyd George dacht daar echter wat realistischer over. Hij vreesde dat Wilson zijn zin toch zou doorzetten, eventueel zonder medewerking van de geallieerden en dan mogelijk Duitsland militair te veel tegemoet zou komen. De sluwe vos begreep heel goed dat Wilsons plannen dan wel edel en verheven, maar niet echt doordacht en zeker niet erg praktisch waren en dat men met het onder druk zetten van Wilson en met scherp onderhandelen nog heel wat aan die plannen zou kunnen bijsturen.

Uiteindelijk antwoordden de geallieerden dat ze onder bepaalde voorwaarden bereid waren Wilsons plan als uitgangspunt voor vredesonderhandelingen te aanvaarden. De president zelf bevond zich, na ontvangst van de Duitse nota, overigens in een lastig parket. Hij wist immers dat de geallieerden niet van blijd-

HET EINDE

De 'held van Verdun', generaal Pétain, ontvangt op 19 juli 1919 een hoge onderscheiding uit handen van de Britse koning George V.

schap stonden te springen bij zijn plan. Hoe zou zijn eigen volk, dat hij juist in een oorlogsstemming had gebracht, nu op zijn vergaande vredesplannen reageren? En hoe kon hij er zeker van zijn dat de Duitsers oprecht waren met hun wapenstilstandsverzoek?

Op 8 oktober zond hij daarom een nota aan de Duitse regering met de mededeling dat het niet alleen om de veertien punten ging, maar ook om de onmiddellijke ontruiming van alle door de Duitsers bezette gebieden. Hij eiste verder dat de Duitse regering uit naam van het Duitse volk zou spreken en niet uit naam van de keizer of het opperbevel.

Duitsland antwoordde op 12 oktober ook op deze nieuwe eisen in positieve zin, maar nu kwam Wilson, onder druk van de geallieerden, met weer nieuwe

Tijdens de plechtigheid waren ook de zoon van generaal Pershing en de beide dochters van de Britse opperbevelhebber Haig aanwezig.

HET EINDE

De generaals Pershing (Verenigde Staten) en Haig (Groot-Brittannië).

eisen. Op 14 oktober antwoordde hij dat er ook aan een aantal militaire eisen voldaan zou moeten worden en dat die eisen door de geallieerden zouden worden opgesteld. Tevens diende Duitsland onmiddellijk de onderzeebootoorlog en de nog steeds voortgaande systematische vernietiging van bezet gebied te beëindigen.

Op 20 oktober antwoordde de Duitse regering dat het ook die voorwaarden accepteerde, maar nu eiste Wilson dat voordat er over een wapenstilstand kon worden gesproken, de Duitse keizer moest aftreden. Zou dit niet gebeuren dan kon er niet over een wapenstilstand, maar slechts over volledige capitulatie worden gesproken. Gezien de inmiddels in Duitsland uitgebroken revolutie was men daar wel gedwongen ook deze eis te accepteren en hoewel de keizer nog

HET EINDE

Na de oorlog ontstond er in Vlaanderen een beweging die de onafhankelijkheid van Vlaanderen voorstond.

niet was afgetreden zond men Wilson een bevestigend antwoord. Deze stuurde daarop een conceptvredesverdrag naar Duitsland ter bestudering.

Onder druk van Groot-Brittannië en Frankrijk waren er echter enkele essentiële wijzigingen in Wilsons veertienpuntenplan aangebracht. Zo was het punt over de vrije zeeën uit het concept verdwenen en was er een heel nieuw punt toegevoegd, namelijk de eis tot het betalen van aanzienlijke herstelbetalingen waardoor de basis van het plan, een volstrekte gelijkheid bij de onderhandelingen, een 'Peace without Victory', dus geheel werd losgelaten.

Duitsland had het Wilsonplan juist om die clausule aanvaard en voelde zich dan ook verraden. Gezien de staat van anarchie waarin het land echter verkeerde kon het uiteindelijk niets anders doen dan de eisen te accepteren in de hoop dat het deze tijdens de daarop volgende onderhandelingen nog zou kunnen modificeren en het vredesverdrag toch gebaseerd zou zijn op Wilsons veertienpuntenplan zoals hun was beloofd. Het zou een ijdele hoop blijken te zijn.

Duizenden Vlamingen betoogden voor onafhankelijkheid. De betoging liep uiteindelijk op niets uit.

HET EINDE

De geallieerden begonnen direct met het vernietigen van de forten en kanonnen op Helgoland overeenkomstig de voorwaarden van het verdrag van Versailles.

DE WAPENSTILSTAND

Op 8 november 1918 was het dan zover. Een Duitse delegatie trok naar de Franse stad Compiègne waar ze door maarschalk Foch namens de geallieerden in een spoorwegrijtuig werden ontvangen. Foch vroeg hen naar de reden van hun komst. De Duitse afgevaardigde Erzberger antwoordde graag de voorstellen voor het sluiten van een wapenstilstand te mogen ontvangen. Foch antwoordde geen voorstellen te hebben.

'Wij vragen naar de voorwaarden van de geallieerden', stelde een ander lid van de delegatie. Daarop volgde een diepe stilte.

'Wenst u om een wapenstilstand te vragen?' vroeg Foch nu. 'Zo ja, dan wil ik u onze eisen noemen' en daarop liet hij een van zijn medewerkers die eisen, in de Franse taal, voorlezen. De Duitse delegatie was ronduit verbijsterd. De eisen behelsden niets meer of minder dan een volledige capitulatie. Foch merkte op dat ze konden worden aangenomen of afgewezen. Onderhandelen erover was niet mogelijk.

De eisen behelsden onder andere:
1 Onmiddellijke ontruiming van alle bezette gebieden.
2 Onmiddellijke ontruiming van de westoever van de Rijn.
3 Beschikbaarstelling van bruggenhoofden op Duits gebied.
4 Repatriëring van alle krijgsgevangenen.
5 Onmiddellijke overdracht van 5000 kanonnen, 25.000 machinegeweren, 3000 mortieren, 1700 vliegtuigen en alle onderzeeboten.

De Amerikanen betrokken de 'Wacht am Rhein'. Op de foto: schildwachten van de 'Regenboogdivisie' lopen wacht te Nieder Briesig, 19 december 1918.

6   Internering van de gehele Duitse vloot.
7   Betaling van alle kosten voor het geallieerde bezettingsleger in Duitsland.
8   Herstel van alle aangerichte schade in de door Duitsland bezette gebieden.
9   Overdracht van 5000 gebruiksklare locomotieven, 15.000 wagons en 5000 vrachtwagens.
10 De economische blokkade blijft vooralsnog gehandhaafd.

Het was duidelijk. De geallieerden maakten gebruik van de inmiddels bekend geworden revolutie in Duitsland. De gestelde voorwaarden waren geen wapenstilstandsvoorwaarden, maar vormden een regelrechte en directe capitulatie-eis. Van onderhandelen was geen sprake, en het bleek al snel dat de geallieerden dat ook helemaal niet van plan waren. Duitsland had slechts te gehoorzamen en werd behandeld als een verslagen vijand.

Nog steeds hield men zich in Duitsland vast aan de laatste strohalm, Wilsons mededeling dat ook de geallieerden akkoord waren gegaan met de inhoud van zijn veertienpuntenplan, maar wederom zouden de Duitsers daarin bedrogen uitkomen. Voor wat de wapenstilstand betrof: er bleef voor de delegatie weinig anders over dan op 11 november, met het mes op de keel, de wapenstilstandsovereenkomst met hun handtekening te bekrachtigen.

HET EINDE

HET VREDESVERDRAG VAN VERSAILLES, EEN WISSEL OP DE TOEKOMST VAN EUROPA

Direct na de ondertekening van de wapenstilstandsovereenkomst begonnen de geallieerden met het opstellen van een vredesverdrag. Het zou nog tot 28 juni 1919 duren voor dit verdrag, onder protest van Duitsland, kon worden ondertekend. Daar ging nog een voor de geallieerden onaangename gebeurtenis aan vooraf. Begin juni 1919 vertrok een Duitse delegatie naar Versailles om daar officieel de definitieve vredesvoorwaarden in ontvangst te nemen.

Toen de delegatie de Spiegelzaal betrad verstomde het rumoer. Clemenceau stond op en met hem de overige 200 gedelegeerden. De Duitse minister van Buitenlandse Zaken, Brockdorff-Rantzau, liep aan het hoofd van zijn delegatie langzaam langs de zwijgende massa naar de hun toegewezen zetels, boog stijfjes en ging zitten.

Ook alle aanwezigen zetten zich weer neer met uitzondering van Clemenceau, die zich, na een kort welkomstwoord tot de aanwezigen, tot de Duitse delegatie wendde met de woorden: 'Heren afgevaardigden van Duitsland. We zijn hier bijeengekomen om onze rekeningen definitief te vereffenen. U heeft om vrede gevraagd, wij zijn bereid u die te geven. We zullen u thans onze voorwaarden overhandigen. U krijgt ruim de tijd ze te bestuderen, maar het moet u duidelijk zijn dat de geallieerden volledige genoegdoening wensen. We verwachten uw antwoord binnen twee weken. Wenst u nog wat te zeggen?'

Brockdorff-Rantzau maakte door het opsteken van zijn hand duidelijk, dat hij inderdaad wat te zeggen had. Toen hij met spreken begon stond hij niet op

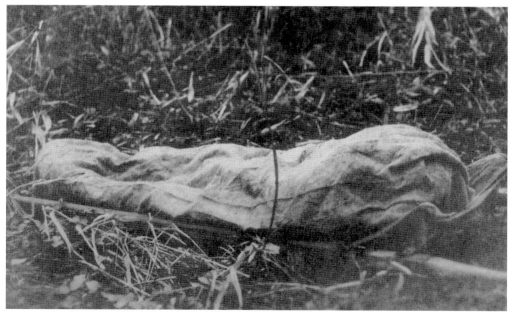

Een van de vele soldaten die niet terugkeerden wacht op zijn begrafenis.

Een gruwelijke aanblik. De beenderen van de honderdduizenden gesneuvelde soldaten werden verzameld.

maar bleef, tot verbijstering van alle aanwezigen, zitten. Het signaal was duidelijk en werd ook door eenieder ervaren als een klap in het gelaat, vooral ook omdat Clemenceau wel was gaan staan toen hij het woord tot de Duitsers richtte.

'Wij voelden bij onze binnenkomst reeds de haat die u ons toedraagt', zo begon de Duitse minister van Buitenlandse Zaken met stemverheffing. 'Van ons wordt verwacht dat wij zullen erkennen dat wij als enigen schuld hebben en verantwoordelijk zijn voor het ontstaan van de oorlog. Zo'n erkenning zou uit mijn mond echter een leugen zijn. Duitsland en het Duitse volk zijn er steeds rotsvast van overtuigd geweest slechts een defensieve oorlog te hebben gevoerd en ik ontken hier ten stelligste dat Duitsland als enige de schuld draagt. Als u straks over schadevergoeding gaat praten, verzoek ik u te bedenken dat het u zes weken heeft gekost om de wapenstilstandseisen aan ons te overhandigen en zes maanden om daarna de vredeseisen te formuleren. De honderdduizenden onschuldige Duitse burgers, vrouwen en kinderen, die na 11 november 1918 nog de hongerdood moesten sterven omdat u de blokkade continueerde, werden opzettelijk de dood ingejaagd en wel nadat u de overwinning reeds had behaald en uw veiligheid meer dan verzekerd was. Ik verzoek u aan hen te denken als u spreekt over begrippen als schuld en straf' – en daarmee was zijn toespraak beëindigd.

Rechts: 100.000 ton beenderen, de lugubere oogst uit slechts een sector van het oorlogsgebied.

HET EINDE

Het was even doodstil in de zaal, maar daarop brak er een luid tumult los. Clemenceau hamerde om stilte en sloot daarop de vergadering. De Duitse delegatie verliet de zaal en men hoorde Brockdorff-Rantzau luid tegen de andere delegatieleden zeggen: 'Wat denkt die seniele oude Clemenceau wel om ons zo te vernederen. De enige manier om hem mijn minachting te laten voelen was door te blijven zitten. We zullen dit nooit vergeten en deze schande eens uitwissen!' Profetische woorden die al snel in vervulling zouden gaan. Het verdrag zou voor de wereld inderdaad rampzalige gevolgen hebben.

Duitsland verloor 13 procent van zijn oorspronkelijke gebied en 10 procent van zijn bevolking, al zijn koloniën, inclusief alle privébezittingen aldaar, bijna de gehele koopvaardijvloot en het grootste deel van zijn spoorwegmateriaal, waarmee de ruggengraat van zijn economische bestaansmogelijkheid voor lange tijd gebroken werd.

Wat erger was, de Britse hongerblokkade werd nog tot ver in 1919 voortgezet waardoor nog veel Duitsers, vooral veel vrouwen en kinderen, stierven van honger en gebrek. De Britten wilden op die wijze voorkomen dat Duitsland te snel opnieuw handelscontacten zouden vestigen vóórdat zijzelf die zouden hebben zekergesteld. Zonder koopvaardijvloot was daar natuurlijk toch al geen kans op, maar Duitsland kreeg ook nog de verplichting opgelegd gedurende vijf jaar

minstens 200.000 ton scheepsruimte per jaar te bouwen voor de geallieerden. Bovendien moest Duitsland het kolenbekken van de Saar, dat meer kolen bevatte dan in geheel Frankrijk aanwezig was, voor een periode van 35 jaar afstaan. Boven op al die eisen kwam dan nog de verplichting tot het vergoeden van schade aan de geallieerden van ruim 1000 miljard goudmark terwijl het iedereen duidelijk was dat Duitsland dat nooit zou kunnen opbrengen.

De grootste smaad was echter de vaststelling door de Vredesconferentie dat Duitsland de enige schuldige was aan het ontstaan van de oorlog en derhalve ook als enige de volledige schade zou moeten dragen, een schade overigens die niet door een onpartijdige commissie, maar door zijn vijanden werd vastgesteld.

De beroemde econoom Keynes, die als Brits delegatielid deelnam aan de conferentie, betitelde het vredesverdrag als 'immoral and incompetent' en nam uit protest tegen de gang van zaken ontslag. Hij was niet de enige die protes-

Gestorven voor koning en vaderland!

teerde, zelfs Lloyd George probeerde te elfder ure nog veranderingen aan te brengen, maar Clemenceau blokkeerde elke wens tot versoepeling en vreemd genoeg werd hij hierin door president Wilson gesteund. Generaal Smuts, de Zuid-Afrikaanse staatsman, merkte later op dat men in plaats van vrede te sluiten doorging met de oorlog en met het reduceren van Europa tot een ruïne. 'Dit vredesverdrag zal uiteindelijk tot revolutie of een nieuwe oorlog leiden', zo stelde hij.

Duitsland was echter volstrekt weerloos geworden en moest zich, op straffe van bezetting door de geallieerden, voor de overmacht buigen. Er bleef niets anders over dan de schande te accepteren en te verklaren dat: 'buigend voor de overweldigende overmacht, maar zonder het standpunt te herzien inzake de ongehoorde onrechtvaardigheid van de vredesvoorwaarden, verklaart de regering van de Duitse republiek bereid te zijn de vredesvoorwaarden zoals vastgesteld door de geallieerde en met haar verbonden landen, te accepteren en te zullen ondertekenen.'

Aldus geschiedde. De basis voor een nieuw drama, dat van de Tweede Wereldoorlog, vond in Versailles in 1919 zijn aanvang. De voorbereidingen op de revanche zouden niet lang op zich laten wachten.

Het was pas in de jaren vijftig dat, tijdens een bijeenkomst van een groep internationale politici en historici te Verdun, officieel werd erkend dat het ontstaan van de Eerste Wereldoorlog niet de schuld was van slechts een enkel land of bevolking, maar een gevolg van een complex van oorzaken en de reacties daarop.

Helaas waren er toen opnieuw miljoenen slachtoffers gevallen. Voor hen kwam die erkenning te laat.

De Duitse delegatie verlaat het voormalige Duitse hoofdkwartier te Spa, waar de geallieerde wapenstilstandscommissie gezeteld was (zie de Duitse schildwacht bij de ingang).

BIBLIOGRAFIE

Albertini, L., The Origins of the War 1914 (London 1965)
Anderson, E.N., The First Moroccan Crisis, 1904-1906 (Chicago 1930)
Andrew, C.M. & Kanya Forstner, A.S., Gabriel Hanataux, 'The Colonial Party and the Fashoda Strategy', in: Journal of Imperial and Commonwealth History (1975)
Andriessen, J.H.J., De Andere Waarheid, 2ᵉ ed.(Amsterdam 1999)
Andriessen, J.H.J. & Dagniaux, S.D.J., Verdun 1916 (2nd ed. Amsterdam 1999)
Asprey, R.B., The German High Command at War (London 1993)
Asquith, H.H., The Genesis of the War (London 1923)
Baernreiter, J., Fragmenten eines Politisches Tagebuches (Wien 1928)
Bailey, Th.A. & Ryan, P.B., The Lusitania Disaster (New York 1975)
Ballard, R.D., Op het spoor van de Lusitania (Amsterdam 1995)
Bainville, M., Italy at War (Toronto 1916)
Barlos, I., The Agadir Crisis (Chapel Hill 1940)
Barth, Aus der Werkstatt der Deutschen Revolutions Almanach für 1919
Bennett, G., Naval Battles of the First World War (London 1983)
Bentley-Moth, Col. T., The Memoirs of Marshal Joffre (London 1932)
Berghahn, Volker R., Der Tirpitz Plan (Düsseldorf 1971)
Bethmann Hollweg, Th., Betrachtungen zum Weltkriege (Berlin 1921)
Bernstein, E. von, Dokumente zum Weltkrieg 1914 (kleurboeken) (Berlin 1915)
Beumelburg, W., Bismarck gründet das Reich (Berlin z.j.)
Birdwood, Fieldmarshal Lord, Khaki and Gown (1941)

Keizer Wilhelm II

Enver Pasha

BIBLIOGRAFIE

Bismarck, Fürst O. von, Gedanken und Erinnerungen (Berlin 1911)
Bitten, L., Österreich-Ungarns Aussenpolitik von der Bosnischen Krise 1908 bis zum Kriegsausbruch 1914. Diplomatische Aktenstücke des Österreichisch-Ungarischen Ministeriums des Aussern (Wien 1930)
Blake, R., (ed) The private papers of Douglas Haig 1914-1919 (London 1952)
Bled, J.P., Franz-Joseph (Oxford 1992)
Blond, G., Verdun (1962)
Bogitchevich, M., Die Auswärtige Politik Serbiens (z.p., z.j.)
Bogitchevich, M., An examination into the causes of the European War.
Bordeaux, H., The last days of fort Vaux (London 1917)
Brandis, C. von, Die Stürmer von Douaumont (Berlin 1917)
Brook Shepherd, C., November 1918 (Boston 1981)
Bruun, G., Clemenceau (Connecticut 1968)
Buchan, J., The Battle of the Somme (London z.j.)
Buchholz, A., Von Moltke, Schlieffen and Prussian War Planning (Oxford 1993)
Buffetout, Y., Verdun, Images de L'enfer (Paris 1995)
Bülow, B. Fürst von, Denkwürdigkeiten (Berlin 1931)
Cain, P. & Hopkins, A.G., The Political Economy of British expansion overseas (1980)
Callwell, C.E. Maj.Gen., Field Marshal Sir Henry Wilson (London 1927)
Churchill, W., The World Crisis (London 1923)
Clemenceau, G., Grandeur and Misery of Victory (London 1930)
Collin, H., La Côte 304 et le Mort Homme (Paris 1934)
Conrad von Hötzendorff, Feldmarschall, Aus meiner Dienstzeit (München 1922)
Cranon, A. von, Deutschlands Schicksalsbund mit Österreich-Ungarn (Berlin 1932)

Delcassé

Edward Grey

Poincaré

BIBLIOGRAFIE

Haldane

Suchomlinov

Dalton, H., With British Guns in Italy (London z.j.)
Diplomatische Kriegsrüstungen. Dokumente zu den englisch-russischen Verhandlungen über ein Marineabkommen aus dem Jahre 1914 (Berlin 1919)
Dobrorolski, S. Gen., Die mobilmachung der Russischen Armee 1914 (Berlin 1922)
Documents diplomatiques. Les accords franco-italiens de 1900-1902 (Paris 1920)
Dollinger, H. & Hiltermann, G.B.J., Geschiedenis van de Eerste Wereldoorlog in foto's en documenten (Baarn 1969)
Enthoven, H.E., De val van Delcassé (Utrecht 1930)
Erbelding, E., Vor Verdun (Stuttgart 1917)
Ettighofer, P.C., Verdun, das Grosze Gericht (Gütersloh 1936)
Falls, C., Caporetto 1917 (London 1966)
Farrar-Hockley, A.H., The Somme (London 1983)
Fay, S.B., The Origins of the World War (New York 1932)
Ferguson, N., Virtual History (London 1997)
Fischer, F., Griff nach der Weltmacht (Düsseldorf 1984)
Fischer, F., Wir sind nicht hineingeschlittert (Reinbak 1983)
Fischer, F., War of Illusions (New York 1975)
Fischer, K., Die Kämpfe um die I-Werke (1982)
Fischer, K. & Klink, S., Spurensuch bei Verdun (Bonn 2000)
Foch, Marshal, The Memoirs of Marshal Foch (Gulford 1932)
Frémont, (ed) Geschichte der Kampfereignisse über das fort Vaux
Freud, Sigmund & Bullitt, W., Thomas Woodrow Wilson (London 1967)
Geiss, I., Das Deutsche Reich und die Vorgeschichte des Ersten Weltkrieges (München 1985)
Gelfand, L.E., Britain and the Paris Peace Conferences 1919-1923 (Yale 1963)
Gelfand, L.E., The Inquiry, American Preparations for Peace 1917-1919 (London 1963)
Gilbert, M., First World War (London 1994)

Giles, J., The Ypres Salient (London 1979)
Gliddon, G., The Battle of the Somme (1998)
Goodspeed, D.J., Ludendorff (Gütersloh 1968)
Gorbett, J., Naval Operations (1921)
Gras, G., Douaumont (Verdun 1949)
Grey of Fallodon, E., Twenty Five Years (London 1926)
Grupp, P., Deutschland, Frankreich und die Kolonien (Tübingen 1980)
Guin, P., British Strategy and Politics 1914-1918 (Oxford 1965)
Haffner, S., Eine deutsche Revolution (München 1979)
Haldane, Viscount, Before the War (London 1920)
Hallauer, Dr., Die Explosionscatastrophe im Fort Douaumont (1916)

Admiraal Von Tirpitz

Hamilton, I., Galipoli Diary (1920)
Harper, Rear Admiral J.E.T., The Truth about Jutland (London 1927)
Hayne, M.B., The French Foreign Office and the Origins of the First World War (Princeton 1996)
Headlan, J.W., The History of Twelve Days (London 1915)
Heckscher, A., Woodrow Wilson (New York 1993)
Heller, A., Zo waren mijn frontjaren (manuscript 1919)
Hellmut, D., Seemacht Politik im 20. Jahrhundert. (München 1924)
Henig, R., Versailles and after (New York 1995)
Heresch, E., Verraad, lafheid en bedrog (Amsterdam 1993)
Herre, F., Kaiser Franz-Joseph von Österreich, seine Zeit (Köln 1978)
Heijster, R., Ieper (Tielt 1998)
Heijster, R., Verdun, Breuklijn der beschaving (Rijswijk 1996)
Hillgruber, A., Deutschlands Rolle in der Vorgeschichte der beiden Weltkriege (Göttingen 1986)
Hindenburg, Generalfeldmarschall Von, Aus meinem Leben (Leipzig 1920)
Hobbing, R., (ed) Der Friedensvertrag von Versailles und das Rheinlandstatut (Berlin 1925)

Generaal Von Hindenburg

Admiraal De Robeck

BIBLIOGRAFIE

Generaal Hunter-Weston

Horn, D., War, Mutiny and Revolution in the German Navy (Brunswick 1967)
Horne, A., The Price of Glory (New York 1963)
Hosse, Die englisch-belgische Aufmarschpläne gegen Deutschland (1930)
Hough, R., The Great War at Sea 1914-1918 (Oxford 1986)
Hughes, C., Mametz (London 1985)
Hurst, M., (ed) Key Treaties for the Great Powers (London 1972)
Japikse, N., Europa en Bismarcks vredespolitiek (Leiden 1925)
Jelavich, B., History of the Balkans (Cambridge 1983)
Jelavich, B., The Habsburg Empire in European Affairs 1814-1918 (Chicago 1969)
Jellicoe, Admiral Viscount, The Grand Fleet 1914-1916 (London 1919)
Johnson, J.H., The unexpected victory (London 1997)
Jollivet, G., Le Colonel Driant (Paris 1918)
Kabisch, E., Verdun, Wende des Krieges (Verdun 1935)
Kann, R., Kaiser Franz-Joseph und der Ausbruch des Weltkrieges (Wien 1971)
Kautsky, K., (ed) Die Deutsche Dokumente zum Kriegsausbruch (Charlottenburg 1927)
Kautsky, K., Hoe de oorlog ontstond (Rotterdam 1919)
Keegan, J., The Price of Admiralty (London 1988)
Keegan, J., The face of Battle (Harmondsworth 1983)
Keith, J., (ed) The Military Correspondence of Field Marshal Sir Henry Wilson (1985)
Kennedy, P., (ed) The War Plans of the Great Powers 1880-1914 (Boston 1985)
Kennan, G.F., Russia leaves the War (New Jersey 1989)
Kenworthy, J.M & Yong, Freedom of the Seas (London 1927)
Kettle, M., The Allies and the Russian Collapse (London 1981)
Keyes, Admiral R., Naval Memoirs (1934)
Keynes, J.M., The Economic Consequences of the Peace (1988)
Kielmansegg, P. Graf, Deutschland und der Erste Weltkrieg (Kempten 1968)

Liman von Sanders

Klüfer, K. von, Die Seelenkrafte im Kampf um Douaumont (Berlin 1938)
Knight Patterson, W.M., Germany from Defeat to Conquest 1913-1933 (London 1945)
Kraft, B.D.E., Lord Haldane's zending naar Berlijn 1912 (Utrecht 1931)
L'Alliance franco-russe. Origines de l'Alliance 1890-1893. Convention militaire 1892-1899 et Convention navale 1912 (Paris 1918)

Von Richthofen

Laffan, R.G.D., The Serbs, The Guardians of the Gate (New York 1989)
Laffin, J., Damn the Dardanelles London (1980)
Lambi, I., The Navy and German Power Politics (Boston 1984)
Lansing, R., The Peace Negotiations, a personal narrative (New York 1921)
Lansing Papers 1914-1920 (Washington 1940)
Lazarewitsj, D.R., Die Schwarze Hand (Lausanne 1917)
Lefebvre, J.H., Die Hölle von Verdun (Verdun z.j)
Lee, D.E., (ed) The outbreak of the First World War, Causes and Responsibilities (1970)
Lentin, A., Lloyd George, Woodrow Wilson and the guilt of Germany (1985)
Lieven, D., Nicholas II Emperor of all the Russians (London 1993)
Lieven, D., Russia and the Origins of the First World War (London 1987)
Linke, A.S., (ed) The Papers of Woodrow Wilson (Princeton 1966)
Lloyd George, D., War Memoirs (Long Acre 1936)
Lloyd George, D., The Truth about Reparations (London 1932)
Ludendorff, E., Meine Kriegserinnerungen 1914-1918 (Berlin 1919)
Lutz, R.H., The causes of the German collapse 1918
Lijnar, E.W., Deutsche Kriegsziele 1914-1918 (1964)
Macdonald, L., Somme (London 1983)
Mahan, Captain A.T., The influence of Sea Power upon history (London 1890)
Manfred, J., The United States and Germany (London 1984)
Marchand, R., (ed) Un Livre Noir. Diplomatie d'avant Guerre, d'après les documents des archives russes. Novembre 1910-juillet 1914 (Paris 1922)

BIBLIOGRAFIE

Marder, J.A.,(ed) Fear God and Dread Nought (London 1959)
Marsden, A., British Diplomacy and Tunis 1875-1902 (London 1972)
Marston, F.S., The Peace Conference of 1919, Organization and Procedures (Oxford 1944)
Massie, R.K., Dreadnought (London 1992)
McMaster, J.B., The United States in the World War (New York 1918)

Generaal Monroe

Winston Churchill

Mee, C.L., The end of Order, Versailles 1919 (New York 1980)
Middlebrook, M. & M., The Somme Battlefields (London 1994)
Middlebrook, M., The Kaiser's Battle (New York 1988)
Ministère des Affaires Etrangères, Documents Diplomatiques Français 1871-1914 (Paris 1936)
Ministerie van Buitenlandse Zaken België: Uit de Belgische archieven 1905-1914. Berichten der diplomatieke vertegenwoordigers van België te Berlijn, Londen en Parijs aan den minister van Buitenlandse Zaken te Brussel
Moltke, H. von, Erinnerungen, Briefe, Dokumente 1877-1916 (Stuttgart 1922)
Morel, E.D.F., Truth and the War (London 1916)
Morgenthau, H., Secrets of the Bosporus (1918)
Morris, A.J.A., Radicalism against War 1906-1914 (London 1972)
Moulton, H.G. & McGuire, C.E., Het betalingsvermogen van Duitsland (Leiden 1923)

Generaal Von Falkenhayn

Moyer, L., Victory must be ours (London 1995)
Muller, Joh., Engelands rol bij het uitbreken van de Eerste Wereldoorlog (Amsterdam 1914)
Müller, Admiral G.A., Der Kaiser, Anzeichnungen des Chefs des Marinekabinetts (Zürich 1965)
Neilson, K., The Anglo-Russian Alliance 1914-1917 (London z.j.)
Neumann, N., Die Kämpfe um das Fort Douaumont von 25/2-4/3 1916 (Meckenheim 1999)
Nicolson, H., Peacemaking 1919 (London 1967)
Nitti, F.S., Peaceless Europe (London 1922)
Nowak, K.F., Die Aufzeichnungen des General Major Max Hoffmann (Berlin 1930)
Offer, A., The First World War, An Agrarian interpretation (Oxford 1991)

Generaal Pershing

O'Keef, K.J., A Thousand Deadlines. The New York City Press and American neutrality (1972)
Oncken, E., Panthersprung nach Agadir: Die deutsche Politik während der zweiten Marokkokrise 1911 (Düsseldorf 1981)
Owen, R.L., The Russian Imperial Conspiracy 1892-1914 (New York 1926)
Owen, R.L., Rede über die Kriegsschuldfrage (Berlin 1924)
Paléologue, M., La Russie des Tsars pendant la Grande Guerre (Paris 1922)

Fregattenkapitein Strasser

Paschall, R., The Defeat of Imperial Germany 1917-1918 (Chapel Hill 1989)
Peeters, J., België 1914 (Utrecht 1997)
Persell, S.M., The French Colonial Lobby 1889-1938 (Stanford 1983)

Pershing, Gen.J., My experiences in the World War (London 1931)
Pétain, Marshal, La Bataille de Verdun (Paris 1938)
Poincaré, R., The Origins of the War (Melbourne 1922)
Poincaré, R., Au Service de la France (Paris 1926)
Powell, E.A., Italy at War (New York 1918)
Radtke, E., Douaumont, wie es wirklich war (Berlin 1934)
Radtke, E., Die Erstürmung von Douaumont (Leipzig 1938)
Ranke, L.von, Serbien und die Türkei im 19 Jahrhundert (Leipzig 1879)
Raynal, Col., Le drame du Fort Vaux (Paris 1919)
Renouvin, P., La Politique extérieure de Th. Delcassé 1898-1906 (Paris 1962)
Reuter, Admiral L. von, Scapa Flow (London 1940)
Rhodes James, R., Gallipoli (London 1965)
Ritter, G., The Schlieffenplan (London 1958)
Robers, S.H., History of French Colonial Policy 1870-1925 (London 1929)
Robertson, Fieldmarshal Sir William, Soldaten und Staatsmänner (Berlin 1927)
Röhm, Ernst, Geschichte eines Höchverräters
Rolo, P., Entente Cordiale. The Origins and Negotiation of the Anglo-French Agreements (London 1969)
Romberg, baron G. von, Falsifications of the Russian Orange Book (New York 1923)
Ruge, Viceadmiral F., Scapa Flow 1919: Das Ende der deutschen Flotte (Oldenburg 1969)
Scheer, Admiral Reinhard von, Germany's High Seas Fleet in the World War (London 1920)

Maarschalk Foch

Admiraal Von Scheer

Admiraal Jellicoe

Schulte Nordholt, J.W., Woodrow Wilson (Amsterdam 1990)
Schwabe, K., Woodrow Wilson, Revolutionary Germany and Peacemaking 1918-1919 (London 1985)
Seton Watson, R.W., Serajevo (London 1925)
Seymour, C.H., The intimate papers of Colonel House (Cambridge Mass, 1926)
Sharp, A., The Versailles settlement (London 1991)
Siccama, K.H., De annexatie van Bosnië Herzegovina 5 oktober 1908-19 april 1909 (Utrecht 1950)
Schilling, Baron von, How the War began in 1914 (London 1925)
Schreiner, G.A., (ed) Entente Diplomacy and the World (London 1921)

Ambassadeur Page

Simpson, C., The Lusitania (Boston 1972)
Suchomlinow, W.A., Erinnerungen (Berlin 1924)
Stegemans, H., Geschichte des Krieges (Berlin 1917)
Steinberg, J., Yesterday's Deterrent: Von Tirpitz and the Birth of the German Battle Fleet (New York 1965)
Steiner, Z.S., Britain and the Origins of the First World War (London 1991)

Tsaar Nikolaas II

Tarrant, V.E., Jutland (London 1999)
Taylor, A.J.P., Germany's first bid for Colonies (London 1938)
Taylor, A.J.P., The struggle for Mastery in Europe 1848-1918 (Oxford 1984)
Thinmermann, H. von, Verdun-Souville (München 1936)
Tirpitz, Grossadmiral A von, Erinnerungen (Leipzig 1919)
Toland, J., No Man's Land (London 1980)
Trevelyan, G.M., Grey of Fallodon (London 1937)
Tunstall, G.A., Planning for War against Russia and Serbia (New York 1983)

Trotsky

Uys, I., Delville Wood (Johannesburg 1983)
Vat, D. van der, The Grand Scuttle (London 1982)

Waller, Vice Admiral G., The Fifth Battle Squadron at Jutland (1935)
Warner, Ph., Kitchener (London 1985)
Watt, R.M., The Kings depart. The German Revolution and the Treaty of Versailles (Suffolk 1973)
Wegener, A. von, Die Kriegsschuldfrage (Berlin 1926)
Wendel, H., Die Ermordung des Erzherzogs Franz-Ferdinand (1923)
Werth, G., Verdun, Slacht und Mythos (1982)
Werth, G., 1916 Schlachtfeld Verdun, Europas Trauma (Berlin 1994)
Wesseling, H.L., Verdeel en heers (Amsterdam 1991)
Wilhelm II, Ereignisse und Gestalten 1878-1918 (1922)
Wilhelm II, Gedenkschriften van keizer Wilhelm II (Amsterdam 1922)
Williamson, S.R., Austria-Hungary and the Origins of the First World War (London 1994)
Wilson, K., Decisions for War (London 1995)
Winter, D., Haig's Command (London 1992)
Witte, Comte, Mémoires (Paris 1923)
Wright, P., Conflict on the Nile. The fashoda Incident of 1898 (London 1972)

Generaal Bliss

Maarschalk Joffre

Generaal D. Haig

REGISTER

A

Aehrenthal 49, 53
Albert, koning 89
Albertini 71
Albrecht, hertog 93
Ardent 403
Asquith 239

B

Beatty 398, 416, 420
Below, Von 485
Berchtold 59, 65
Bethmann Hollweg 88, 454, 562
Bieberstein, Von 76
Birdwood 234
Bismarck 14, 16, 30, 78
Black Prince 403
Boehn 498, 503
Boisdeffre 33
Booth 449
Briand 433
Brockdorff-Rantzau 583
Brusilov 356, 359, 467
Byng 490
Bülow, Von 93, 113

C

Cambon 433
Castelnau, De 83, 119
Churchill 108, 199, 232, 414, 451
Clemenceau 570, 575, 583, 587
Colman Freiherr von der Goltz 231
Conrad von Hötzendorff 50, 59, 66, 194

D

Debeney 506
Degoutte 505
Delcassé 18
Driant 259, 267
Dubail 37, 83
Ducarne 35
Duchêne 490, 498

E

Eckhardt 455
Edward VII, koning 34, 79
Einem, Von 503
Elbing 403
Emmich, Von 97
Erzberger 559, 581

F

Falkenhayn, Von 195, 247, 297
Fayolle 339
Fisher 205
Foch 497, 521, 581
Fortune 403
Francois, Von 172, 178
Franz-Ferdinand 55
Franz-Joseph 60, 64
French 102
Fryatt 109

G

Gallieni 112
Gallwitz, Von 99
Garden 205, 230
Giers 34
Gough 490, 506
Grabez 56
Grey 35, 69, 208, 433, 434, 563
Grierson 35
Guretsky 285

H

Haig 299, 306, 310, 325, 344, 497, 521
Hamilton 213, 230, 238
Hausen, Von 93
Heeringen, Von 93
Hentsch 114
Herr 272
Hertling, Von 535
Hindenburg, Von 175, 193, 195, 359, 455, 506, 528, 551
Hintze 541
Hipper 392
Hitler 149
Hoffmann 175
House 432, 563
Hunter-Weston 325
Hutier 485, 506

I

Iswolski 49, 53

J

Jagow 454
Jellicoe 392, 397, 398, 412
Joffre 83, 112, 114, 115, 272, 299, 306, 354

K

Karadjordjevic 43
Karl, aartshertog 359
Kerensky 464
Keyers 230
Keynes 586
Kiderlen Wächter 23
Kitchener 71, 208, 239
Kluck, Von 102, 113, 115
Knobelsdorf, Von 255

L

Laffin 241
Lanrezac 102
Lansing 429, 431, 435
Leman 97
Lenin 460, 465
Lettow Vorbeck, Von 246
Lichnowski 88, 92
Liman von Sanders 76, 231
Lloyd George 23, 575

REGISTER

Ludendorff 97, 175, 194, 298, 455, 485, 494, 502, 505, 522, 551

M

Mangin 504
Manoury 112
Marchand 18
Marnitz, Von 485
Marwitz 506
McCrae 165
Melow, Von 173
Moltke, Von 66, 81, 89, 113, 114, 116
Monroe 239
Morgan 446
Mudra, Von 498, 503

N

Napoleon III 12
Nassau 401
Northcliff 429

O

Obrenovic 43

P

Page 457
Pavlowitch 460
Pétain 260, 272
Pflantzer 358
Plumer 497
Poincaré 72
Pommern 404
Princip 56
Prittwitz und Gaffon, Von 172, 175

R

Raspoetin 460
Rawlinson 306, 346, 506
Raynal 285, 294
Rennenkampf, Von 173, 175, 194
Reuter, Von 421, 424, 427
River Clyde 234
Robeck, De 230
Rodsjanko 460
Romanov, prins 460
Romarch 133
Rommel 373
Roosevelt 428
Rostock 403

Rupprecht, kroonprins 93

S

Samsonov 173, 176, 181, 194
Sazonov 54, 67, 76
Scheer, Von 397, 398, 412, 414, 416
Scheidemann 424
Seeckt, Von 359
Sixt von Arnim 102
Smith Dorrien 103, 171
Smuts 587
Sophie 55
Souchon 199
Sparrowhawk 403
Stalin 474
Stettin 418
Suchomlinov 87

T

Tirpitz, Von 39, 376, 388, 427
Tisza 59, 62, 64
Trotsky 468

V

Victoria, koningin 34
Viviani 73

W

Wilhelm II 32, 80, 89, 92, 528
Wilson, Henry 23, 36, 85
Wilson, Woodrow 428, 431, 432, 434, 453, 455, 457, 474, 547, 562, 569, 571, 575, 580

Z

Zimmermann 454, 456

FOTOVERANTWOORDING

Alle foto's in dit boek, met uitzondering van die met 'aut' gemerkt, zijn afkomstig van The Imperial War Museum, Lambeth Road, London SE1 6HZ, UK
© The Trustees of The Imperial War Museum, London.